THE GOAL

더 골2 행운은 우연히 찾아오지 않는다

It's Not Luck
by Eliyahu M. Goldratt

THE GOAL
It's Not Luck

국내 출간
17주년 기념
전면 개정판

더 골2

행운은 우연히 찾아오지 않는다

엘리 골드렛 지음 | 강승덕, 김일운 옮김

동양북스

일러두기

· 이 책의 원 저작물은 1994년에 미국에서 첫 출간되었고, 국내 번역본은 2002년 8월에 1판 1쇄가 출간되었습니다. 이 개정판은 국내 출간 17주년 기념으로 내용을 전면 수정·보완한 것입니다.

"당신이 저를 어떻게 평가할 것인지 알려주십시오.
그러면 제가 어떻게 행동할 것인지 알려드리겠습니다."

— 엘리 골드렛

풀고자 하면 풀지 못할 문제는 없다

한 번 잡으면 끝까지 읽게 되는 스토리의 힘

경영서는 어렵다. 20세기 이론을 21세기 현대 경영 환경으로 끌어와서 설명하기는 더 어렵다.

현상분석체계도(Current Reality Tree), 미래모습체계도(Future Reality Tree), 전제조건체계도(Prerequisite Tree), 사고 프로세스(Thinking Process) 등 생소한 용어의 늪 속에서 흥미진진하게 내용을 풀어나가기는 정말 어렵다. 그러나 이 책은 이것을 해냈다.

TOC 이론은 경영학의 클래식이다. 경영학의 구루라 일컬어지는 피터 드러커나 톰 피터스만큼이나 오래되었고, 경영 현장에서도 많이 회자되는 이론이다. 1980년대 일본의 경영 혁신에 밀려 맥을 못 추던 미국 기업들을 기사회생시킨 장본인이라는 수식어도 따라다닌다.

그러나 일반 기업에서 전략이나 혁신의 도구로 활용하기에는 여전히 어렵다고 여기는 이론이기도 하다. 그 때문에 최대한 쉽게 설명하기 위해 여러 가지 방법이 동원된 것이다. 가능한 한 용어를 풀어서 쓰고, 해설서를 붙이고, 더 쉽게 이해할 수 있도록 소설과 만화로 만들었다. 이런 과정을 통해 나온 결과물이 바로 이 책이다.

『더 골 2, It's Not Luck』은 무엇보다 잘 읽힌다. 스토리의 힘이다. 쉽지 않은 내용에 뜻 모를 용어들이 나와도 계속 읽고 싶어진다. 기업 현장에서 흔히 일어날 수 있는 보편적인 이야기이기 때문이다. 스토리는 주인공 알렉스 부회장이 위기를 맞는 것으로 시작한다. 이제 막 어려움에서 벗어나 한 단계 도약하려는 회사를 또다시 헐값으로 매각할 수밖에 없는 상황에 처한 그가 이 위기를 어떻게 해결할지 결론이 궁금하다. 나 또한 이런 위기를 겪었거나 겪을 수 있어서다. 주인공이 해결책을 찾으면 자세한 방법이 더 알고 싶어진다. 그런 상황이 오면 나도 시도해보고 싶어서다. 주인공을 방해하는 세력이 나오는 대목에서는 나도 같이 분개한다. 나 또한 그런 사람들의 공격을 받아봤기 때문이다. 가상의 스토리이지만 현실에서 벌어지는 내 이야기처럼 느껴진다는 점. 바로 이 점 때문에 한 번 잡으면 마지막까지 책을 놓을 수가 없다.

답은 현장에 있다

무엇보다 흥미로운 지점은 주인공이 문제를 풀어가는 방식에 TOC 철학이 잘 녹아들어 있다는 것이다. 알렉스 부회장은 위기에 봉착했을 때 본인이 직접 답을 찾지 않는다. 반드시 현장을 잘 아는 직원들과 머리를 맞댄다. 자신을 포함한 구성원들이 관행적, 관습적으로 생각하던 방식을 바꾸기 위해서는 현장에서 길을 찾아야 한다는 믿음이 있어서다. 가령 최신 설비를 들여왔다고 해서 생산성이 오를까? 직원들이 야근도 불사하며 열심히 일한다는 것은 회사가 잘된다는 징조일까? 공장의 가동률은 높을수록 좋은 걸까? 모든 부서가 KPI를 달성했다고 치자. 그러면 아무 문제가 없는 걸까? TOC 이론은 우리가 전가(傳家)의 보도(寶刀)처럼 믿고 있던 경영의 기본을 근본적으로 다시 생각하게 만든다.

게다가 조직의 문제는 동시다발적으로 생긴다. 당장 발등에 떨어진 문제 하나를 처리한다고 해서 모든 것이 해결되는 것은 아니다. 문제의 원인, 그중에서도 핵심 원인을 찾아 근본적인 새 틀을 짜야 한다. 직원들이 이것을 깨닫고 스스로 답을 찾을 수 있도록 TOC 방법론을 가르쳐주고 프로세스대로 유도하는 것이 알렉스 부회장의 방식이다. 처음에는 답이 없다고 좌절하던 직원들이 결국 멋진 해결책을 찾아낼 때의 희열은 독자도 같이 느낄 수 있을 만큼 짜릿하다.

TOC 이론은 기업 비즈니스에 국한돼 있지 않다. TOC 이론을 전혀 모르는 주인공의 자녀들도 이 방식을 통해 스스로 해결책을 찾아낸다. 이것이 바로 이 책의 또 다른 장점이다.

알렉스 부회장은 회사의 경영을 책임지고 있지만, 동시에 10대 아들과 딸을 키우는 가장이다. 그가 사춘기 자녀의 고민을 TOC 이론을 통해 해결해준다는 발상은 신선함을 넘어 탁월하다. TOC 이론이 얼마나 유용하고 확장성이 높은지를 보여주기 때문이다. TOC 이론이라고 하면 흔히 공장의 재고 문제를 푸는 방법론이라고 생각한다. 그러나 이는 오산이다. 제조뿐만 아니라 물류, 마케팅, 연구 개발의 문제점도 TOC의 방법론과 프로세스를 활용하면 술술 풀린다. 심지어 친구 관계로 절망에 빠진 사춘기 딸, 비용 때문에 주저되는 취미 활동을 돈 안 들이고 효율적으로 즐길 수 있는 방법을 모색하는 10대 아들의 고민까지 해결되니 말 다한 것 아닌가?

병목 자원을 찾았다면 사고 프로세스를 활용하라

현장에서 TOC를 활용하는 경우 역시 매우 다양하다. 생산 공정에서 병목 자원(Bottleneck resource)을 찾아 재고를 획기적으로 줄였다는 P&G나 포드 자동차의 사례뿐만 아니라 은행, 병원 등 여러 현장에서 TOC의 효과를 입증했다. 가령 악명 높은 고객 응대와 느린 서비스로 존폐 위기에 몰렸던 미국의 한 은행은 현상분석체계도를 통해 핵심 원인이 '직원들의 평가 제도'라는 것을 알아냈다. 친절 교육을 시키고, 신속한 업무 처리를 위해 프로세스를 바꾸고, 창구 인원을 늘리는 것도 중요하지만 그보다 더 근본적인 것은 직원들에게 동기 부여를 불러일으킬 수 있는 평가 제도를 갖추는 일이었던 것이다.

환자들의 대기 시간이 너무 긴 것 때문에 골머리를 앓던 국내의 한 종합 병원도 TOC 이론으로 문제를 해결했다. 이 병원은 환자들의 만족도가 떨어지고, 민원이 빗발치고, 대기실이 시장 바닥처럼 혼잡하다는 문제에 빠져 있었다. 이를 해결하기 위해 내놓은 대책은 인력 보강과 3분 진료. 부족한 인력을 채우는 것은 물론 중요하다. 그러나 비용이 든다는 게 문제였다. 그래서 결국 좀 더 쉬운 길을 선택한 것이 3분 진료였다(외래 환자 한 명당 진료 시간을 3분 이내로 줄이는 것, 실제로 대형 병원에서 쓰는 용어다). 대기 시간을 줄이기 위해 어쩔 수 없다 해도 진료 품질이 떨어지는 건 당연지사다. 그럼 어떻게 해야 할까?

이 병원은 TOC 이론으로 병목 자원(이자 제약 자원)을 찾아냈다. 환자의 동선을 따라 시간을 체크해보니 접수, 진료, 수납, 일반 검사, 특수 검사, 진료, 약국, 귀가에 이르는 전체 프로세스 중 유독 시간이 오래 지체되는 곳이 있었다. 그곳은 바로 특수 검사 예약 창구, 이곳이 병목 지점이었다. 접수나 수납 창구에서 아무리 빨리 움직여도 여기서 시간을 잡아먹으니 환자의 병원 내 체류 시간이 길어질 수밖에 없었다. 그럼 접수, 수납 창구에서 검사 예약도 같이 하면 되는 거 아닐까? 그러나 업무의 내용이 확연히 달랐다. 특수 검사의 내용을 완벽하게 숙지하지 않으면 어떤 검사가 어떻게 필요한지 알 수 없어 적절한 대응을 할 수 없기 때문이다.

여기서 종합적인 사고 프로세스가 제 실력을 발휘했다. 우선 현상분석체계도를 통해 문제점이 나왔고, 대기 시간을 줄여 환자 만족도를 높인다는 미래모습체계도가 나왔다. 전제조건체계도를 통해 장애물도 도출했다. 이 과정을 거쳐 부분 최적화에서 벗어나 전체 최적화를 이뤄낼 수 있었다. 실제로 이 병원은 이와 같은 사고 프로세스를 통해 수납과 예약 프로세스를 단순화했고 결과적으로 환자들의 동선이 편리해져 총 대기 시간의 37퍼센트가 줄어드는 효과를 거두었다. 고객들의 만족도가 올라가고 평판이 좋아진 것은 당연한 결과였다.

이제 다시 이 책의 주인공 알렉스 부회장의 이야기로 돌아가보

자. 적자를 면치 못하던 회사를 짧은 시간에 회생시키지 못하면 헐값에 매각해야 하는 상황에서도 TOC 이론, 종합적인 사고 프로세스는 멋진 도구가 된다. 단순히 적자폭을 줄이는 정도가 아니라 시장의 패러다임을 근본적으로 바꿈으로써 획기적인 성공을 거두게 만든다.

이 책을 다 읽고 나니, 우리 아이들 강태와 태린이에게 당장 TOC 이론, 그중에서도 사고 프로세스를 가르쳐주고 싶어진다. 주인공처럼 아이들과 머리를 맞대고 앉아 함께 풀어나간다면 해결하지 못할 고민이 없을 것 같다.

'풀고자 하면 풀지 못할 문제는 없다.'

TOC 이론의 창시자, 엘리 골드렛 박사의 이 말처럼 말이다.

2019년 5월
조미나(HSG휴먼솔루션그룹 조직문화연구소장)

위기에 처하다

"회사가 매각되면
우리는 어떻게 될까?"

THE
GOAL
It's Not Luck

섣불리 예상하지 마라. 특히 미래에 대해서는.
―케이시 스텐겔

"다음으로 알렉스 로고 수석 부회장이 맡고 있는 사업다각화 부문에 대해 말씀드리면……."

드디어 그랜비 회장이 우리 쪽 이야기를 할 차례가 되었다. 나는 의자에 등을 기대고 앉아 그의 한 마디 한 마디를 주의 깊게 들었다. 그럴 수밖에 없는 것이, 지금 회장이 하는 말은 사업다각화 부문을 책임지고 있는 수석 부회장인 내가 직접 써준 거였다. 물론 써준 그대로 읽지는 않고 몇몇 지나친 찬사의 표현을 조금 완곡하게 바꾸기는 했다. 하지만 그거야 회장의 특권이니까.

내 귀에는 그랜비 회장의 말이 마치 음악처럼 와 닿는다. 물론 회장의 바리톤 목소리도 한몫했지만 말이다. 누가 숫자로는 교향곡을 만들 수 없다고 했는가? 이제 가장 중요한 대목으로 접어들었다.

"사업다각화 부문은 올해 총 130만 달러의 영업이익을 기록했습니다."

그랜비 회장은 벌써 다른 이야기로 넘어갔지만 내 귀에는 거의 들어오지 않았다.

수고했어.

스스로를 격려했다. 사실 1년 전에 사업다각화 부문을 처음 맡았을 때, 여기에 소속된 세 계열사는 심각한 적자에 허덕이고 있었다. 그걸 떠올리면 지금의 내가 대견스럽기까지 했다.

그랜비 회장이 말을 마쳤다. 이제는 사외 이사들이 자신들의 존재 이유를 정당화하기 위해 나설 차례였다. 사실 이사회는 크게 세 부류의 사람들로 구성되어 있다. 첫 번째는 나를 포함한 사내 최고 경영진으로 일선에서 회사 일을 담당한다. 두 번째는 얼굴마담 격의 이사들로 다른 기업의 실력자이거나 실력자였던 사람들로, 다른 곳에서 그들 본연의 일을 한다. 마지막으로 전문적인 주식 사냥꾼들이 있다. 소위 주주의 '대변인'으로서 사실 이들은 별로 하는 일이 없다.

"수고하셨습니다."

전에 한 석유회사의 최고경영자였던 이가 한껏 무게를 잡으며 말했다.

"곧 있을 시장 회복기에 맞춰서 유니코를 정상 궤도에 올려놓느라 모두 수고 많았습니다."

'말솜씨가 꽤 늘었는데. 화려했던 자기 과거를 한마디도 안 하고 말이야.'

나는 속으로 생각했다.

자, 이제는 주식 사냥꾼들의 순서다. 이번에는 누가 먼저 나서서 그랜비 회장의 보고서에 트집을 잡을까? 늘 그랬듯이 뭔가 부족하고 일처리가 잘못됐다며 비난하겠지.

"저는 내년 예산안을 좀더 과감하게 편성해야 한다고 생각합니다."

주식 사냥꾼들 중 한 명이 입을 열자, 다른 사람이 바로 말을 받았다.

"동의합니다. 내년 추정실적은 모두 시장 회복에 대한 기대를 바탕으로 한 것일 뿐, 유니코 차원의 자체적인 노력을 담은 경영계획은 전혀 보이지 않습니다."

짐작대로였다. 이 전문 주식 사냥꾼들은 현대판 노예 감독관들이다. 아무리 최선을 다해도 그들의 채찍질은 더 매서워질 뿐이다. 그랜비 회장은 아예 대꾸도 하지 않았다. 그러자 이번에는 짐 다우티가 포문을 열었다.

"회사의 경영 상태가 예전만 못하다는 점을 지적하고 싶습니다. 적극적인 경영 개선 노력이 필요하다고 봅니다."

그러고는 그랜비 회장을 보면서 말을 이었다.

"7년 전 현 회장님께서 취임하셨을 당시, 유니코의 주가는 60달러 20센트였습니다. 하지만 지금은 겨우 32달러 선을 오르내리고 있습니다."

'그래도 20달러였던 2년 전에 비하면 양반이지' 하고 나는 속으로 생각했다.

다우티의 말은 계속되었다.

"더군다나 그동안 숱한 투자 실패로 유니코의 자산 기반이 극도로 취약해졌고, 신용 등급마저 두 단계나 하락했습니다. 더는 그냥 넘길 수 없는 상황입니다. 내년도 경영계획에는 원상회복을 위한 특단의 조치가 포함되어야 한다고 생각합니다."

다우티가 이렇게 길게 말한 것은 처음이었다. 이번에는 그냥 하는 말이 아닌 것 같았다. 물론 다우티의 말이 틀린 것은 아니다. 그러나 예전과 판이하게 달라진 시장 상황도 감안해야 한다. 시장 경쟁은 유례없이 치열해졌고 요구 또한 까다로워졌다. 그 어려움을 최일선에서 직접 체험하고 있는 나로서는 그랜비 회장의 편을 들어줄 수밖에 없었다. 물론 그랜비 회장이 회사를 맡을 때만 해도 유니코가 우량 기업이었던 것은 사실이지만, 당시에 이미 상품 기반이 거의 소진된 상태였다. 적자의 늪으로 한없이 빠져드는 회사를 그나마 이만큼 살려놓은 사람이 그랜비 회장이었다.

트루먼이 손을 들자, 회의장 안이 금세 조용해졌다. 이번에는 상황이 정말 심각했다. 트루먼과 다우티가 힘을 합치면 마음대로 못할 일이 없었다. 트루먼은 회사 경영진인 우리의 얼굴을 하나하나 쳐다보면서 아주 천천히 말을 시작했다.

"현 경영진이 최선의 노력을 다했는데도 결과가 고작 이 정도라면……, 후임 최고경영자를 외부에서 영입해야 한다고 생각합니다."

젠장, 저런 폭탄 발언을! 그랜비 회장은 1년 후에 은퇴할 예정이었다. 사내에서는 그 후임 자리를 놓고 그룹 내 두 핵심 사업 부문의 수석 부회장인 빌 피치와 힐튼 스미스가 다툴 거라고 생각했다. 나는 개인적으로 그 싸움에서 빌 피치가 승리하기를 바랐다. 힐튼은 약삭빠른 정치 모사꾼에 불과했다. 그러나 이제 트루먼의 한마디로 상황이 완전히 달라졌다.

"좀 더 공격적인 조치도 고려했어야 한다고 생각합니다."

트루먼이 그랜비 회장에게 말했다.

"네, 물론 고려했습니다. 빌 피치 수석 부회장이 얘기해보세요."

그랜비 회장의 말을 빌이 이어받았다.

"계획이 있기는 하지만 아직 확실하게 마무리되지는 않았습니다. 사실 상당히 민감한 문제입니다. 구조조정을 통해서 비용을 7퍼센트 절감할 수 있을 것으로 보입니다. 하지만 공표하기에 앞서 짚어봐야 할 세부 사항이 많습니다. 간단한 문제가 아닙니다."

또 그러면 안 되는데……. 나는 우리 회사가 그럴 단계를 이미 넘어섰다고 생각했다. 이사회로부터 경영 수지 개선 압력이 가해질 때마다 반사적으로 튀어나오는 반응이 원가 절감, 즉 감원이었다.

그것은 바보 같은 짓이다. 이미 유니코는 1,000여 개의 자리를 없앴는데 그 과정에서 군살만 잘라낸 게 아니라 경영에 필수적인 피와 살도 잃었다. 공장장과 사업본부장 시절, 나는 내 아래 직원들을 보호하느라 끊임없이 빌 피치 수석 부회장과 싸워야만 했다. 구조조정에 쏟는 노력을 차라리 시장 확대에 기울였다면 사정은 지금보다 훨씬 나아졌을 텐데…….

이때 예상치 않은 원군이 나타났다.

"그것만으로는 부족합니다."

다우티였다. 트루먼도 즉시 말을 받았다.

"그런 방식은 진정한 문제 해결 방법이 아닙니다. 월스트리트의 투자자들도 더는 그런 판에 박힌 방식에 마음을 움직이지 않습니다. 더군다나 최근 통계에 따르면 감원을 단행한 기업의 절반 이상이 경영 수지 개선에 실패했습니다."

갈피를 못 잡고 있는 것은 나만이 아니었다. 모든 사내 최고 경영진이 이게 무슨 상황인가 하는 표정이었다. 아무래도 이번에 이사들이 입을 맞춰서 들어온 게 분명했다.

이들이 노리는 게 분명히 있을 텐데, 그게 뭘까?

그때 힐튼 스미스가 단호한 어조로 말했다.

"이제는 집중 전략으로 가야 합니다. 다시 말해 핵심 사업에 초점을 맞춰야 합니다."

의미 없는 빈껍데기 같은 말이나 늘어놓는군. 누가 핵심 사업에 초점을 맞추지 말라고 했나? 자기가 맡은 일을 누구한테 하라는 거야?

"핵심 사업을 지금보다 더 발전시키려면 무엇이 필요합니까?"

트루먼이 질문했다.

"투자를 증대해야 합니다."

힐튼이 대답했다. 그는 그랜비 회장의 승낙을 받고 OHP(오버헤드 프로젝터. 프레젠테이션을 할 때 주로 쓰는 기구)로 다가가서 몇 가지 슬라이드 자료를 보여주기 시작했다. 새로운 내용은 하나도 없었다. 지난 몇 달간 우리한테 했던 말 그대로였다. 첨단 설비에 대한 투자 증대, 연구 개발비 증액, 완벽한 생산 라인 구축을 위한 추가적인 기업 인수 등……. 도대체 무슨 근거로 저런 게 회사에 도움이 된다고 믿는 걸까? 지난 몇 년간 수십억 달러를 쏟아 부은 방법과 똑같잖아?

"경영 전략을 수정하는 게 옳다고 생각합니다."

다우티가 말했다. 그러자 트루먼도 지지하고 나섰다.

"힐튼 스미스 수석 부회장의 말처럼 핵심 사업에 초점을 맞춰야 합니다."

힐튼 스미스, 저 뱀 같은 모사꾼. 그러니까 한패였던 거군. 모든 게 한바탕 화려한 쇼였다. 그런데 구체적인 투자 계획이 없는 것은 물론이거니와, 도대체 저런 대규모 투자에 필요한 재원을 어디서 구한단 말인가?

"저는 사업다각화 전략 때문에 지금 이런 사태가 벌어졌다고 생각합니다."

트루먼이 그랜비 회장을 향해 몸을 돌리며 말을 이었다.

"회장님께서 사업다각화 전략을 채택한 이유는 충분히 이해합니다. 유니코의 사업 기반을 넓힘으로써 안정을 꾀하신 거죠. 하지만 현재 그 전략은 실패했습니다. 이 부분은 회장님도 동의하실 겁니다. 사업다각화를 위해 거의 3억 달러를 투자했지만 수익률은 형편없었습니다. 원래대로 돌아갈 때가 됐다고 생각합니다. 인수했던 기업들을 매각해서 신용 기반을 향상시키고, 다시 핵심 사업에 투자해야 합니다."

그랜비 회장이 이토록 공격당하는 건 처음 봤다. 그러나 지금 문제는 그게 아니다. 문제는 그랜비 회장에 대한 이들의 공격이 결론적으로 나를 죽이는 거나 마찬가지라는 거다. 지금 트루먼의 말은 내가 맡고 있는 사업다각화 부문의 계열사 세 개를 매각하자는 거니까!

이 사태를 어떻게 하지?

그래, 그랜비 회장이 결코 호락호락 넘어가지는 않을 것이다. 줄곧 그가 펼쳐온 경영 전략은 사업다각화였다.

그러나 이때부터 회의는 급행열차를 탄 것처럼 정신없이 진행되었다. 트루먼의 발의를 다른 이사들도 지지했고 결의안이 제안, 재청된 후 수락되었다. 5분도 안 돼서 모든 일이 일사천리로 끝났다. 그동안 그랜비 회장은 단 한 마디도 하지 않았다.

심지어 그랜비 회장마저 찬성표를 던졌다! 그래도 뭔가 마지막 묘수를 숨기고 있는 게 틀림없다. 그랜비 회장에게 무슨 생각이 있을 것이다.

그때 그랜비 회장이 말문을 열었다.

"다음 의제로 넘어가기 전에, 핵심 사업에 대한 힐튼 수석 부회장의 투자 계획은 신중을 기해야 한다는 점을 강조하고 싶습니다."

"동의합니다. 솔직히 조금 전에 발표한 투자 계획은 너무 진부하고 위험 부담도 매우 큽니다."

트루먼이 말을 받았다.

나는 얼른 힐튼 스미스의 표정을 살폈다. 그 재수 없는 웃음은 어느새 사라지고 없었다. 뒤통수를 얻어맞은 게 분명했다. 결국 그렇게 노리던 최고경영자 자리를 놓친 것이다. 지금으로서는 외부에서 영입할 가능성이 아주 높아 보였다.

누가 오더라도 힐튼보다는 나을 것이다.

2

인간의 뇌는 문제를 느끼지 않으면 지혜를 짜내지 않는다.
문제가 생기면 '왜'를 다섯 번만 반복하라. 해답이 나온다.
―오노 다이이치

집 안으로 들어서자, 어느 시답잖은 밴드의 음악 소리가 시끄럽게 울려 퍼지고 있었다.

곧장 아들 데이브의 방으로 갔다. 데이브는 책상에 앉아 숙제를 하고 있었다. 아빠 왔다고 얘기할 필요도 없었다. 어차피 들을 수도 없을 테니까.

나는 방문을 닫았다. 소음이 50데시벨 정도 낮아진 것 같았다. 데이브에게 스테레오를 사주면서 방에 방음문을 설치한 아내 줄리의 지혜가 새삼 놀라웠다.

딸 샤론은 전화기를 붙들고 있었다. 나는 딸아이를 향해 손을 흔들면서 부엌으로 향했다. 아내가 부부 문제 상담 센터를 연 이후, 우리 식구 모두 저녁을 늦게 먹는 데 익숙해졌다. 아내가 가장 바쁜 시간은 오후 4시에서 9시 사이였다. 상담자들이야 그 시간이 편하겠지만 덕분에 우리 식구는 아내가 타파웨어 그릇에 준비해 둔 간식으로 우선 허기를 채워야 했다. 저녁을 늦게 먹는 유럽 사람들의 습관을 우리 미국인들이라고 못 받아들일 거야 없지 하며 스스로를 위로했다.

"아빠, 나 토요일에 완전 특별한 파티에 초대받았어."

"좋겠네. 근데 뭐가 그렇게 특별한데?"

나는 닭의 간으로 만든 파테의 마지막을 베어 물면서 샤론에게 물었다.

"원래는 고등학교 2학년들 파티거든. 근데 초대받았다니까. 2학년도 아닌데 초대받은 사람은 나랑 내 친구들 넷밖에 없어."

"야, 우리 딸 인기 최고구나!"

나는 샤론에게 눈을 찡긋해 보였다.

"당연하지."

샤론은 뽐내면서 한 바퀴 빙글 돌았다.

나는 애들이 다 먹고 달랑 하나 남겨놓은 크림치즈와 올리브 샌드위치를 얼른 두 입에 삼켰다.

"그럼 아빠, 나 가도 되는 거지?"

"글쎄, 못 갈 이유는 없는 거 같은데."

말이 떨어지기 무섭게 샤론은 내게 입맞춤을 하고 춤추듯 부엌에서 나갔다.

"잠깐."

나는 얼른 샤론을 불러 세웠다.

"혹시 아빠가 허락하면 안 되는 이유라도 있는 거야?"

"아니, 그런 거 없어. 그리고 아빠, 나도 이제 거의 열네 살이잖아!"

"그래, 우리 공주님도 이제 다 컸지. 물론 생일은 아직 여덟 달이나 남았지만."

그때 문득 생각이 떠올랐다.

"그 파티 몇 시쯤 끝나는데?"

"잘 모르겠는데. 아마 좀 늦겠지."

샤론은 대수롭지 않게 툭 내뱉었다.

"얼마나?"

냉장고 문을 열어 맥주를 꺼내면서 물었다.

"아, 아빠! 그렇다고 파티도 안 끝났는데 나올 순 없어!"

샤론의 목소리가 높아졌다.

나는 맥주 캔을 따서 거실로 향하며 다시 한 번 물었다.

"그러니까 얼마나 늦는데?"

"2학년 파티라고 말했잖아."

여전히 대답을 피했다.

"무슨 말인지 모르겠어?"

"아빠도 알아. 하지만 아빠는 네가 10시 전에는 들어왔으면 좋겠는데."

나는 TV를 켜면서 말했다.

"아빠, 내 친구 데비랑 킴, 크리스 모두 간단 말이야!"

샤론은 드디어 눈물을 흘리기 시작했다.

"나만 집에 있을 수는 없어."

"아빠가 언제 파티 가지 말라고 했어? 10시까지만 들어오라고."

나는 아무 생각 없이 채널을 이리저리 돌렸다.

"엄마는 뭐라고 했는데?"

"아빠한테 물어보래."

샤론이 훌쩍거리면서 대답했다.

"그래서 넌 지금 아빠한테 물어봤고 아빠는 대답을 해줬지. 자, 이 문제는 끝난 걸로 하자, 우리 공주님."

"아빠가 그렇지, 뭐!"

샤론은 울면서 자기 방으로 달려갔다.

계속해서 채널을 돌려봤다. 6시 10분 전이다. 조금 있으면 아내가 저녁 식사를 어떻게 하라고 전화해줄 것이다. 샤론 문제를 나한테 넘기려는 생각은 도대체 어떻게 한 걸까?

아내는 내가 아이들 일에 함께하기를 원했다. 물론 나도 아내의 부담을 덜어준다는 생각으로 이에 찬성했다. 하지만 악역을 떠맡아야 하는 상황은 정말 싫다. 내가 샤론을 밤늦게 돌아다니지 못하게 할 거라는 걸 아내도 이미 짐작했을 것이다.

"다시 한 번 확인할게. 7시에 오븐을 350도로 켠 다음, 10분 후 라자니아를 넣으면 된다는 거지?"

"응. 그렇게 하면 돼. 근데 별일 없지?"

"아니, 별일 있어. 샤론이 우리랑 저녁 안 먹을 거 같아."

"혹시 안 된다고 단칼에 잘랐어?"

"그럼 안 된다고 해야지. 내가 어떻게 할 줄 알았어?"

내가 단호한 어조로 말했다.

"난 자기가 요나 교수님이 가르쳐준 협상 기법을 활용할 줄 알았지."

"난 딸하고는 협상 같은 거 안 해."

내가 약간 짜증 섞인 목소리로 말하자, 아내가 차분히 말을 이었다.

"알았어. 그거야 자기 마음이지. 근데 그 결과에 대해서도 자기가 책임져. 토요일까지는 샤론한테 좋은 아빠 대접 꿈도 꾸지 말아야 할걸."

내가 대답을 하지 않자, 아내가 계속 말했다.

"자기야, 다시 한 번만 잘 생각해봐. 이것도 전형적인 협상이야. 그 방법을 써보는 거 어때? 구름(Cloud) 모양의 대립해소도 말이야."

전화를 끊고 다시 텔레비전으로 돌아와 뉴스를 봤다. 새로운 소식은 없었다. 협상이라. 세르비아인과 이슬람교도, 유대인과 아랍인, 유괴범과 인질 가족, 어디를 보나 협상밖에 없었다.

고집 세고 콧대 높고 말 안 통하는 사람들과 협상할 '기회'는 직장만으로도 충분했다. 협상은 결코 유쾌한 일이 아니다. 요나 교수는 협상이 괴로운 이유가 상대방의 성격 탓이 아니라 서로 원하는 것이 배타적이어서 타협을 받아들이기 힘든 특수한 상황 때문이라고 했다.

처음에 나는 협상 상황 자체의 어려움도 문제이지만 그보다는 융통성 없고 옹졸한 상대방의 성격 때문에 협상이 더 어렵고 힘들다고 주장했다. 그러자 요나 교수가 이렇게 충고해주었다. 내가 상대방을 막무가내 고집불통에 비논리적이라고 여길 때 상대방도 나를 똑같이 생각한다는 것이다.

요나 교수의 이야기를 듣고 자세히 살펴보니 실제로 그랬다. 그 후 일과 관련된 협상을 할 때면 요나 교수의 기법을 활용했고, 여러 차례 어려운 고비를 넘겼다. 하지만 집에서까지? 그것도 딸아이하고?

아내 말이 옳았다. 나하고 딸은 지금 협상 중이고 서로 상대방이 비논리적이라며 등을 돌린 단계까지 이른 것이다. 오만상을 찌푸린 샤론의 얼굴을 안 보려면 요나 교수의 가르침을 따르는 게 좋을 것 같았다.

"협상 과정에서 만족할 만한 해결 방법이 보이지 않을 때, 1단계는 즉시 대화를 멈춰라."

요나 교수의 말이 들려오는 듯했다.

샤론은 이미 대화를 중단했다. 두 사람이 각자 자기 얘기만 하는 것도 대화라고 할 수 있다면 말이다.

이제는 2단계로 넘어가야 한다. 바로 마음을 가다듬는 것이다. 그리고 아무리 화가 나더라도 상대방을 감정적으로 대하지 말고 동지라고 생각해야 한다. 만족스러운 해답을 찾지 못한 채 고착 상태에 함께 갇힌 동지 말이다.

물론 이렇게 마음먹기가 말처럼 쉽지는 않았다. 애초에 문제를 제기한 것은 내가 아니라 어디까지나 샤론이니까. 그러나 한편으로는 파티에 가고 싶어 한다고 딸애를 탓하는 것도 말이 안 된다.

혹시 타협의 여지가 있을지도 모른다. 사실 10시가 절대 어겨서는 안 되는 성스러운 시간도 아니고 한 10시 30분까지는 양보할 수 있다. 하지만 샤론은 그 시간에 만족하지 않을 것이다. 그렇다고 자정까지 양보할 수는 없다.

그러면 다음 단계로 넘어가서 구름 모양의 대립해소도를 정확히 그려봐야 한다. 나는 구체적인 지침을 찾기 위해 서재로 향했다.

아무리 찾아봐도 나오지 않았다. 상관없다. 이미 다 외우고 있으니까. 종이와 펜을 가지고 구름을 그리기 시작했다.

첫 번째 질문은 '내가 원하는 것은 무엇인가?'이다. 종이 오른쪽 위에 '딸아이가 10시까지 집에 들어온다'라고 적었다. 그 아래에는 '샤론이 원하는 것은 무엇인가?'라는 질문의 답을 썼다. '12시쯤 들어온다.' 그건 절대로 안 될 말이다.

마음을 가라앉히고 협상 기법으로 되돌아갔다.

'나는 무엇 때문에 밤 10시를 주장하는가? 딸아이에게 나쁜 평판이 나지 않게 하려고?'

'애들이 파티에 가는 게 뭐가 나빠서?' 하고 나 자신에게 되물어봤다. 이웃들이 뭐라고 할까 봐? 설마 뭐라고 하겠어. 또 뭐라고 하면 어때?

'누구한테는 못하게 한 일을 갑자기 다른 아이한테만 허락할 수 없어서.'

이것도 그럴싸한 변명 같지만 사실 데이브하고는 이런 문제를 겪은 적이 없었다. 데이브가 파티에 흥미를 보이기 시작한 건 최근의 일이고, 12시를 넘긴 적도 없었다. 여자애들이란! 역시 사내애들이 키우기 훨씬 수월하다니까.

다시 당면 문제로 돌아와 생각해봤다. 그렇다면 나는 왜 10시를 강력히 고집할까? 내가 원하는 것은 분명한데 논리적인 이유를 대기가 쉽지 않았다.

'버릇을 가르치기 위해서.'

언뜻 이런 생각이 떠올랐다. 아이들도 넘어서는 안 되는 선이 있다는 걸 알아야 하고, 원하는 대로 뭐든지 하게 두어서는 안 된다. 규칙은 규칙이니까.

그런데 잠깐만. 규칙도 나름대로 타당한 이유가 있어야 한다.

그렇지 않으면 아이들에게 버릇을 가르치는 것이 아니라, 그저 내가 가장이니까 내 말을 들으라는 식의 강요가 될 뿐이다. 이는 상당히 위험한 발상이다. 이게 계속되면 아이들은 기회를 엿보다가 언제고 집을 뛰쳐나갈 것이다.

아내와 나는 그동안 터무니없는 규칙을 정하지 않으려고 애써왔다. 그럼 도대체 이 10시라는 규칙은 어디에서 나온 걸까? 내가 그 또래였을 때는 9시까지 집에 들어왔으니까? 그저 타성에 젖어서? 옛날부터 그래왔으니까?

그럴 리가 없다.

'딸의 안전.'

그래, 바로 이거다!

아이의 안전이 걱정돼 그렇게 고집을 부렸던 것이다. 마음 한편으로 안도감이 들었다. 종이의 가운데 윗부분에 '딸아이의 안전을 보장하기 위해'라고 썼다. 그다음은 샤론이 자신의 주장을 굽히지 않는 이유를 생각해내야 했다.

그걸 내가 어떻게 알아? 도대체 열세 살 여자아이 머릿속을 어떻게 알겠어?

하지만 솔직히 나는 그 이유를 알고 있었다. 샤론은 그동안 친구들에게 인기 있는 사람이 되고 싶다고 여러 차례 말해왔다. 그래, 그 정도면 된다고 생각하면서 이것을 적었다.

이제 가장 어려운 질문이 남아 있다. 즉, 우리의 공통 목표가 무엇인지 밝혀야 했다. 솔직히 지금 기분대로라면 나와 샤론 사이에는 공통 목표가 하나도 없는 것 같았다. 물론 난 내 아이들을 사랑한다. 그것은 거부할 수 없는 본능이다. 하지만 그렇다고 해서 무

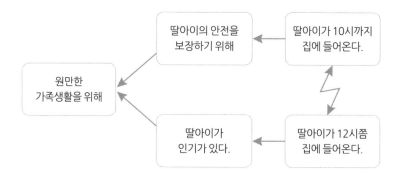

조건 오냐오냐하면서 다 받아줄 수는 없다. 아, 이 애물단지들!

자, 그럼 다시 본론으로 돌아가 우리의 공통 목표를 찾아보자. 그나마 협상이라도 해보려는 이유는 뭘까? 둘 다 받아들일 수 있는 타협안을 찾아보려는 이유가 대체 무엇일까? 그야 우리는 한 가족이고 한 지붕 밑에서 앞으로 같이 살아야 하니까. 그래서 나는 왼쪽에 '원만한 가족생활을 위해'라고 적었다.

그럼 지금까지 쓴 것을 훑어보자.

원만한 가족생활을 위해 나는 딸아이의 안전을 보장해야 한다. 물론 당연한 말이다. 다른 한편 원만한 가족생활을 위해 딸아이는 인기가 있어야 한다. 글쎄, 왜 그래야 하는지 잘 모르겠지만 어쨌든. 어린 소녀의 마음을 그 누가 알겠는가?

다음, 모순을 살펴볼 차례다.

안전을 위해서는 10시까지 집에 오게 해야 하지만, 딸아이가 인기가 있으려면 12시 정도에 들어와야 한다. 모순은 분명하다. 또한 타협의 여지도 전혀 없다. 나는 딸아이의 안전이 무엇보다도 중요하고, 솔직히 그 시끄러운 친구들 사이에서 딸아이가 인기가 있든 없든 상관없다. 하지만 딸아이의 입장에서는 정반대일 것이다.

나도 모르게 한숨을 내쉬며 샤론의 방문을 두드렸다. 마음이 무거웠다. 샤론이 벌게진 눈으로 나를 쳐다봤다. 단단히 각오해야 할 것 같았다.

"샤론, 우리 그 문제에 대해 다시 얘기 좀 해볼까?"

"무슨 얘기?"

샤론이 다시 울기 시작했다.

"아빠는 이해 못한다니까."

"그럼 아빠가 이해할 수 있게 도와주면 되잖아."

나는 샤론의 침대에 걸터앉으면서 말을 이었다.

"샤론, 우리는 같은 목표를 가지고 있어."

"우리가?"

"그래, 아빠는 그렇게 생각해. 원만한 가족생활이라는 공통 목표. 어때? 우리 둘 다 원만한 가족생활을 원하지, 그렇지?"

나는 종이에 그린 구름 모양의 대립해소도를 읽기 시작했다. 샤론은 아무 대답도 하지 않았다.

"원만한 가족생활을 위해서 네가 친구들 사이에서 인기가 있어야 한다는 점도 이해해."

"아니야, 아빠. 그게 아니야. 인기 문제가 아니라니까. 아빠, 이해 못하겠어? 친구들이 있는데 나만 빠질 수는 없어. 친구들 사이에서 인정받는 게 얼마나 중요한지 몰라?"

그게 내가 적은 것과 무엇이 다른지 모르겠지만 요나 교수의 지침을 떠올리며 굳이 따지지 않았다. 그저 내가 적은 문장에 줄을 긋고 '딸아이가 친구들에게 인정받는다'라고 고쳐 적었다.

"이런 얘기야?"

"대충."

현재로서는 그 이상을 바라는 건 무리였다. 계속했다.

"친구들에게 인정받기 위해서는 12시 정도에 집에 와야 한다, 이거지?"

"파티에 갔으면 끝날 때까지 있어야지. 어떻게 중간에 나와? 파티가 끝나기도 전에 나오는 게 어떤 의민지 알아? 그건 마치 방 한가운데 서서 '여러분, 저는 아직 어린애예요. 불러주셔서 고맙지만 전 너무 어려요. 앞으로 저한테 관심 갖지 마세요'라고 소리치는 거나 마찬가지라고. 모르겠어?"

"그럼 여기다가 뭐라고 적을까?"

"그냥 쓴 대로 둬. 분명 12시 전에는 파티가 끝날 거야. 도대체 뭐가 문제야? 이제 나도 다 컸어. 왜 그걸 인정 안 해?"

"그래 알았어, 알았어. 하지만 아빠 입장에서는 원만한 가족생활을 위해 네 안전도 중요해."

"그건 나도 알아."

"그래서 네가 10시 전에 집에 왔으면 하는 거야."

"하지만 아빠……."

"그래, 안다니까. 이제 10시, 12시 그거 가지고는 그만 싸우자. 그게 중요한 문제는 아니니까. 더 중요한 건 네 안전과 네가 친구들한테 인정받는 거지. 그럼 왜 네 안전을 위해 꼭 10시까지 들어와야 하고, 네가 인정받기 위해서는 왜 12시가 중요한지 살펴볼까?"

"집에 늦게 오는 거랑 내 안전이랑 무슨 상관이야?"

샤론이 따지기 시작했다.

"정말 모르겠어?"

"응. 남자애들 중 누가 차로 태워다줄 거야."

"그래? 언제부터 2학년들이 운전을 했지?"

샤론은 잠시 아무 말도 하지 않았다.

"음……, 그럼 아빠가 좀 데리러 오면 안 돼?"

샤론이 머뭇거리며 말을 꺼냈다.

"그 2학년들은 어떤 애들이야?"

모두 데이브가 다니는 학교 학생들이란 말에 일단 안심이 됐다. 데이브가 다니는 데는 좋은 학교이고 학생들도 괜찮은 편이었다. 또 샤론을 데리러 가는 것도 어렵지 않았다. 안전상의 문제는 없는 것 같았다.

"그럼 된 거지? 고마워, 아빠. 허락할 줄 알았어."

샤론은 내 앞에서 깡충깡충 뛰다가, 곧바로 전화기를 붙들고 달려갔다.

"데비한테 전화할래. 이제 걔네 아빠도 허락할 거야."

나는 웃으면서 오븐을 켜기 위해 서둘러 아래층으로 내려갔다.

아내 줄리에게 이사회에서 있었던 일을 얘기해주었다.

"그리 좋은 소식은 아니네."

"맞아. 이번엔 정말 지독한 구름 속에 갇힌 기분이야. 내 목표는 일자리를 유지하는 거고, 그러려면 이사회의 결정에 따라야겠지. 그런데 그건 결국 우리 회사 세 개를 매각하는 데 협조하는 거라서."

"하지만 회사가 살아 있어야 일자리도 있는 거지. 어떻게든 회사 매각을 막아야 하는 거 아니야?"

"그러니까."

"이제 어떻게 할 생각이야?"

"나도 잘 모르겠어. 우선은 바람 부는 대로 따라가야지. 적어도 상황이 좀더 분명해질 때까지는."

내가 자신 없는 목소리로 말하자, 아내 줄리가 내 옆에 있는 소파로 다가와 앉았다.

"자기야."

아내가 다정한 목소리로 말을 꺼냈다.

"좋지 않은 상황을 그냥 내버려두면 어떻게 되는지 알지?"

물론 잘 알고 있다. 방치해두면 점점 더 악화될 뿐이다.

나는 아내를 감싸 안으며 말을 돌렸다.

"여차하면 자기 수입으로 먹고살지, 뭐."

"나야 상관없는데 자기가 괜찮겠어?"

나는 아내에게 입을 맞추며 대꾸했다.

"자기 말대로 뭐든 해야겠어. 그랜비 회장만 믿고 있을 수는 없지. 나 몰라라 가만히 앉아 있을 수도 없고. 내가 원하는 긍정적인 방향으로 해결되도록 뭔가 해봐야지."

3

사람은 누구나 자신의 기억력에 대해 불평한다.
하지만 자신의 판단에 대해서는 단 한 명도 탄식하지 않는다.
—프랑수아 드 라로슈푸코

"이건 아닌 거 같은데!"

내가 돈에게 소리쳤다.

돈의 입 모양을 봐서는 '뭐라고요?'라고 대꾸한 것 같았다.

소용없었다. 거대한 인쇄기들은 아들 데이브의 스테레오보다
더 심한 소음을 뿜어냈다. 위압감을 느낄 정도로 거대한 인쇄기
들이 엄청나게 빠른 속도로 돌아가 머리가 어지러울 지경이었다.
1분만 쳐다봐도 멀미가 났다. 속이 울렁거리기 시작했다. 거기다
나 같은 문외한한테는 인쇄기가 다 그게 그것처럼 보였다.

나는 얼른 비서 돈과 인쇄회사 사장인 피트를 가장 가까운 출입
구 쪽으로 데려갔다. 그제야 간신히 서로의 목소리를 알아들을 수
있었다. 내가 회사 돌아가는 모습을 보고 싶다고 한 말은 피트가
애지중지하는 기계들을 보자는 뜻이 아님을 설명했다. 나한테는
모든 기계가 다 똑같아 보이니까.

"부회장님, 그럼 뭘 보고 싶으십니까?"

"예를 들자면 완제품 창고 같은 것을 보고 싶습니다."

"하지만 거기는 볼 게 하나도 없는데. 제 보고서 안 읽어보셨습
니까?"

"제 눈으로 직접 확인해보고 싶어서요."

창고는 공장의 다른 곳들보다 세 배나 넓었고 높이도 두 배쯤 되었다. 내가 사업다각화 부문의 수석 부회장에 취임한 지 꼭 일주일 지났을 때, 처음으로 이곳을 둘러봤다. 그때만 해도 이 큰 건물은 온갖 인쇄물로 가득 차 있었다. 수석 부회장으로서 내가 가장 먼저 한 일은 창고 증축 예산의 승인을 거절한 것이었다. 대신 피트와 다른 관리자들에게 산더미 같은 재고를 쌓아놓지 않고도 회사를 운영하는 방법을 가르쳤다. 교육하는 데 긴 시간이 걸렸지만 즐거웠다.

"이제 이 공간은 어떻게 할 계획입니까? 파티장으로 개조해야 하나? 비행기 조립장으로도 쓸 수 있겠는데요?"

"팔아버리죠, 뭐."

내 질문에 피트가 웃으며 답했다. 나는 그의 말에 대꾸하지 않았다.

"피트 사장님, 납기 준수율은 얼마나 됩니까?"

돈이 물었다.

"90퍼센트가 훨씬 넘는다네."

피트가 자랑스럽게 대답했다.

"창고를 비우기 전에는 어땠습니까?"

"말도 말게. 사실 그때만 해도 알렉스 수석 부회장님을 믿는 사람이 아무도 없었다네. 완제품 재고를 적게 가지고 가면서도 납기 준수율을 높일 수 있다는 말을 누가 믿겠나? 믿기 어려웠지. 그런데 부회장님, 창고도 창고지만 변화가 가장 많이 일어난 곳은 준비실입니다. 함께 가보시겠습니까?"

준비실로 가는 도중에도 돈은 피트에게 계속 질문을 했다. 돈은 능력도 뛰어났고 배우려는 의지도 강해서 앞으로 크게 성장할 것이다. 나는 세세한 일을 챙겨줄 사람이 필요했다. 내가 무엇을 하려는지, 왜 그것을 하는지 이해하는 똑똑한 사람이 필요했다. 빌 피치 밑에서 별로 하는 일 없이 시간만 보내던 이 젊은 엔지니어를 발탁한 게 꼭 1년 반 전이다.

데려오기를 아주 잘했다. 정말 잘한 일이었다.

우리는 준비실에 도착했다.

준비실은 한 층 전체를 차지하고 있었는데도 아주 조용했다. 고객의 주문을 '예술 작품'으로 탈바꿈시키는 곳이었다. 여기에서 고객이 만족해하면 인쇄기로 가져가 생산을 시작했다. 얼른 봐서는 별로 달라진 점이 없는 것 같았지만, 가만히 보니 이전의 불안정하고 정신없던 모습을 찾아볼 수가 없었다.

"예전과 달리 우왕좌왕 서두르지 않는군요."

내가 피트에게 말했다.

"네, 맞습니다. 더군다나 이제는 새 도안을 만드는 데 일주일도 안 걸립니다. 전에는 평균 4주 이상 걸렸죠."

"품질 향상에도 도움이 많이 됐겠는데요."

돈이 끼어들며 말했다.

"물론이지. 품질과 리드 타임이 우리의 최대 강점이라네."

"놀랍군요. 그럼 피트 사장, 이제 사무실로 가서 숫자들 얘기나 좀 해볼까요?"

내가 말했다.

피트가 맡고 있는 인쇄회사는 사업다각화 부문의 세 계열사 중에서 규모가 제일 작았지만 가장 빠른 속도로 훌륭하게 변모하고 있었다. 피트를 비롯한 이곳 사람들을 가르치느라 쏟아 부은 투자(돈이 아닌 시간)가 효과를 보이고 있었다.

1년 만에 이 평범한 인쇄회사는 업계에서 손꼽히는 회사로 발전했고 어떤 면에서는 업계 최고로 인정받았다. 하지만 장부상의 숫자는 그리 좋은 편이 아니었다. 간신히 적자를 면하고 약간의 이익을 내는 형편이었다.

이미 대답은 알고 있었지만 그래도 질문을 해봤다.

"납품일도 정확하고 제작 기간도 짧은 데다가 고품질이라는 강점까지 있는데, 왜 더 높은 가격을 받지 못하는 겁니까?"

"부회장님도 그 점이 좀 이상하죠?"

피트가 대수롭지 않은 어투로 말했다.

"고객마다 리드 타임 단축과 더 나은 품질을 요구하지만, 막상 이런 요구를 충족시켜도 더 높은 값을 치르려고 하지 않습니다. 오히려 당연한 걸로 생각하죠. 물론 그렇게 하지 못하면 고객을 확보하기 어려운 게 사실이지만, 고객의 요구를 들어줬다고 해서 더 높은 값을 받는 것도 아닙니다."

"가격 인하 압력도 있습니까?"

돈이 물었다.

"당연하지. 가격을 내리라는 압력이 엄청나다네. 경쟁사 중 하나라도 이 압력에 굴복하면 우리도 따라 낮춰야만 하겠지. 사실 이미 가격 인하가 시작됐다고 볼 수 있다네. 작은 시리얼 상자를 계약할 때, 3퍼센트나 깎아주었으니까 말이야. 그 건에 대해서는 부회장님께 보고드렸는데 기억하십니까?"

"기억합니다. 그런데 그게 올해 실적에는 어떤 영향을 미칠 것 같나요?"

"솔직히 말해서 가격 인하 때문에 예상했던 매출 신장 효과가 다 사라졌습니다. 올해 시장 점유율은 늘겠지만 이익에는 변화가 없을 것 같습니다."

"그게 문제네요. 상황이 심각한데 이익을 획기적으로 늘릴 방법이 없을까요?"

"제가 볼 때는 한 가지 방법밖에 없습니다. 수치를 분석해보면 간단하죠. 상자 부문은 상당히 호조를 보이고 있습니다. 문제는 과자 포장 부문인데, 작년 전체 매출 6,000만 달러 중 2,000만 달러가 이 부문에서 나왔습니다. 그런데 이 2,000만 달러의 매출에서 400만 달러의 적자가 발생했습니다. 그쪽의 출혈을 막는 게 무엇보다도 시급합니다. 결국 전체 수익이 90만 달러에 그친 것도 과자 포장 부문 때문입니다."

"어떻게 하면 그 문제를 해결할 수 있을까요?"

"우선 대량 주문을 따야 합니다. 현재 저희 과자 포장 부문의 주문은 주로 비인기 제품이고, 따라서 주문량도 적습니다. 정말 많이 팔리는 과자들, 수십억 개씩 팔리는 품목의 주문을 따내야 합니다. 정작 돈이 되는 건 그런 것들이니까요."

"그런 주문을 받으려면 어떻게 해야 할까요?"

"간단합니다. 첨단 장비가 있어야죠."

그러면서 피트는 두툼한 보고서를 건네주었다.

"현 상황에 대해 심도 깊게 분석해봤습니다. 핵심 해결 방법도 담아봤고요."

보고서를 훑어보는데 숫자 하나가 시선을 확 사로잡았다. 740만 달러! 정신이 나갔군! 나는 정색을 하면서 피트에게 말했다.

"피트 사장, 추가 투자는 안 됩니다."

"알렉스 수석 부회장님, 구형 기계로는 승부를 걸 수 없습니다."

"구형 기계라뇨? 구입한 지 5년도 안 됐잖아요?"

"5년 전만 해도 지금 설비가 첨단을 달렸지만 요즘은 기술 발전 속도가 워낙 빠릅니다. 대다수 경쟁사들은 벌써 차세대 설비를 갖추고 있습니다. 이제는 오프셋이 아니라 로토그라비어 기술입니다. 차세대 설비는 어두운 색에서도 해상도가 뛰어나고 은색, 금색으로도 인쇄가 가능합니다. 저들은 플라스틱 소재에도 인쇄할 수 있지만 저희는 종이 외에는 찍을 수가 없습니다. 무엇보다도 신형 기계들은 시간당 생산량이 세 배나 더 많습니다. 이렇게 속도가 빠르다 보니 대량 주문에서 저희는 상대도 안 됩니다."

나는 피트를 쳐다봤다. 틀린 말은 아니지만 이사회에서 결정이 난 이상 나도 어쩔 수가 없었다. 그에게 사실을 알려줄 때가 된 것 같았다. 언젠가는 내 밑의 모든 사람에게 사실을 알려줘야 할 것이다.

"피트 사장, 사실은 지난번 이사회에서 유니코의 경영 전략이 180도 바뀌었습니다."

"무슨 말씀이세요?"

피트가 반문했다. 나는 천천히 말을 이어갔다.

"이사회는 사업다각화 전략에서 핵심 사업 중심으로 전략 방향을 수정했어요."

"그래서요?"

아직 이 결정의 의미를 깨닫지 못한 모양이었다. 풀어서 이야기하는 수밖에.

"그러니까 우리 사업다각화 부문으로는 단 한 푼의 추가 투자도 없을 겁니다. 오히려 우리 쪽 회사들을 모두 매각하기로 결정했습니다."

"저희 회사도 말입니까?"

"네, 이곳도 포함해서."

피트의 안색이 창백해졌다.

"부회장님, 이럴 순 없습니다."

"진정하세요. 생각해보면 그렇게 나쁜 것도 아니죠. 그저 다른 대기업으로 소속이 바뀐다고 생각하면 되니까. 뭐 달라질 게 있겠어요?"

"알렉스 부회장님, 무슨 말씀이세요? 인쇄업계를 모르세요? 부회장님께서 가르쳐주신 대로 회사를 운영하는 데가 어디 있겠습니까? 그때그때 상황에 맞게 비병목 자원을 그냥 놀리는 사람들이 과연 있을까요? 완제품 재고를 안 쌓아두는 건요? 다른 인쇄업체들은 모두 '원가' 중심적 사고가 지배적입니다. 저희가 다른 회사에 매각되면 아마 그동안 애써 해온 것과는 정반대로 흘러갈 겁니다. 그렇게 되면 결과가 어떻게 되겠습니까?"

나도 알고 있다. 너무나도 잘 알고 있다. 다른 곳에서도 그런 일이 있었다. 예전에는 주문의 70퍼센트만 제때 납품해도 큰 문제가 없었다. 왜냐하면 고객도 납품일을 지키지 못하는 것에 익숙해서 나름대로 대비를 하기 때문이다. 하지만 납기 준수율을 90퍼센트 수준으로 유지해 고객들을 나쁘게 버릇 들여놓았다가 납품일을 맞추지 못하면, 고객은 대비해놓은 재고가 없어서 곤경에 빠지게 된다. 고객은 그런 사태를 절대 용서하지 않는다. 고객 대응 수준을 악화시킨다는 것은 고객을 포기하는 것과 마찬가지다. 그 결과 인력 감축이 야기되고 실적은 더욱 나빠지고, 결국 회사는 걷잡을 수 없는 지경에 빠진다. 그렇게 되면 나 한 명의 일자리뿐만 아니라 내가 책임지고 있는 회사들의 생존 자체, 거기서 일하고 있는 2,000여 명의 생계가 위험해진다.

우리는 한동안 아무 말없이 앉아 있었다. 나는 마음을 정리한 다음 피트에게 물었다.

"올해 이익을 늘릴 방법이 없을까요? 그것도 아주 많이."

피트는 아무 대답도 하지 않았다.

"잘 생각해보세요."

내가 재촉했다.

"잘 모르겠습니다. 정말 잘 모르겠습니다."

"솔직히 말하면 이사회의 결정을 되돌릴 확률은 마치 지옥에서 축복의 눈송이를 기다리는 것과 같습니다."

"그랜비 회장님은 뭐라고 하세요?"

피트가 물었다.

"그랜비 회장님도 나름 생각하는 게 있겠지만, 그렇다고 회장님만 믿고 있을 수는 없죠. 우리가 할 수 있는 일은 이익을 늘려서 회사가 매각되더라도 새 주인이 피트 사장한테 회사를 맡기게 하는 것뿐입니다. 이 노다지를 피트 사장이 원하는 대로 운영할 수 있게요."

"말이야 쉽죠."

투덜거렸지만 피트의 얼굴이 조금씩 밝아졌다.

"일단 한 가지 분명한 것은 과자 포장 부문의 출혈부터 막아야 한다는 겁니다."

돈도 거들었다.

"그렇지."

피트도 동의했다.

"하지만 추가 투자를 승인해주지 않으면 출혈을 막을 방법은 하나뿐입니다. 과자 포장 부문의 폐쇄밖에 길이 없습니다."

어딜 가나 같은 소리다. 단지 규모가 다르다는 차이뿐이다. 그룹 차원에서는 한 공장의 폐쇄를 운운하고, 각 계열사 차원에서는 부서의 폐쇄를 운운한다. 그러나 반드시 더 나은 방법이 있을 것이다. 아직 모르고 있을 뿐이다.

"하지만 과자 포장 부문만으로는 안 될 겁니다. 그 부문을 폐쇄하면 당기순이익은 늘겠지만, 결과적으로는 우리가 노다지가 될 수 있는 기회만 줄어드니까요. 빠져나갈 구멍이 보이지 않네요."

나도 해줄 말이 없었다. 돌파구가 안 보이기는 마찬가지였다. 그래도 피트를 독려해봤다.

"제가 가르쳐준 거 기억하시죠? 언제나 해결책은 있어요. 지난 1년 동안 피트 사장과 직원들이 몇 번이나 입증해 보이지 않았습니까?"

"그랬죠. 하지만 그건 기술 부문이나 물류 차원의 문제였지 이런 식은 아니었습니다."

"잘 생각해보세요. 요나 교수님의 방법을 활용하면 뭔가 해결책이 있을 겁니다."

말만이라도 자신 있게 해보고 싶었다.

"이제야 이사회의 결정이 얼마나 엄청난 건지 실감나네요."

차로 돌아오자, 돈이 말문을 열었다.

"업계 전체가 비상식적으로 돌아갈 때, 혼자 상식적으로 행동한다는 게 얼마나 위험한지도 깨달았습니다. 부회장님 윗선에서 일이 다 틀어져서 완전 거꾸로 가야 할 판이네요."

나는 대답하지 않고 그저 고속도로 진입로를 찾는 데만 신경 썼다. 고속도로로 들어서고 나서야 돈의 말에 대꾸를 했다.

"자네도 알겠지만 이건 피트 사장만의 문제가 아니야. 우리 문제기도 하지. 피트 사장네 회사가 헐값에 넘어가면 그 화살이 우리한테 돌아올 거야. 그러니까 과자 포장 부문의 폐쇄는 안 될 일이지."

잠시 후 돈이 입을 열었다.

"죄송한데, 과자 포장 부문 폐쇄랑 인쇄회사 헐값 매각이 무슨 관계인지 잘 모르겠습니다."

"잘 들어보게. 아까 그 거대한 인쇄기들은 장부상으로 10년에 걸쳐 감가상각되고 있는데, 갑자기 그 부문을 폐쇄하면 인쇄기의 가치는 매각액 기준으로 재평가될 거야. 그건 장부가에 비해 상대적으로 아주 헐값이 될 거라는 거지. 결국 회사의 자산이 줄어서 인수하는 쪽에서는 값을 그만큼 덜 쳐줄 거라고. 우리는 지금 모순 상황에 빠진 거야."

"이제 알겠습니다. 전에 부회장님이 그러셨죠? 모순에 빠졌을 땐 타협으로 문제를 피하면 안 된다고."

돈은 서류 가방에서 파일을 꺼냈다.

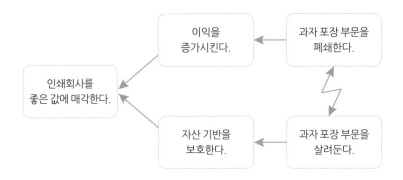

"우선 모순 상황을 정확하게 기술한 다음, 돌파구를 찾아보겠습니다."

그는 구름을 그리기 시작했다.

"저희의 목적은 피트 사장님네의 '인쇄회사를 좋은 값에 매각한다'입니다."

그 목적에 동의하지는 않았지만 아무런 말도 하지 않았다.

"이를 위해서는 '이익을 증가'시켜야 하고, 그러려면 '과자 포장 부문을 폐쇄한다'가 되겠죠. 다른 한편 '자산 기반을 보호한다'도 만족시켜야 하는데, 이것은 결국 '과자 포장 부문을 살려둔다'는 의미입니다. 정말 서로 상충하는 모순이죠."

나는 돈이 적은 것을 힐끔 쳐다봤다. 그런 대로 출발점이 쓸 만했다.

"좋아. 다음은 여기에 숨어 있는 가정들을 끄집어내고, 거기에 반론을 제기해보게."

"좋은 값에 매각하려면 이익을 늘려야 하는데 그 이유는……."

"당기순이익이 회사의 매각액을 결정하기 때문이지."

내가 먼저 가정을 하나 던져주었다.

"네, 맞습니다. 특히 피트 사장님네 인쇄회사의 경우에는 그 가정에 대한 반론을 찾을 길이 없네요. 유망한 신기술이 있는 것도 아니고, 당기순이익을 상관하지 않아도 될 만큼 새로운 특허를 갖고 있는 것도 아니니까요."

"계속하게."

"좋은 값에 매각하려면 자산 기반을 보호해야 하는데 그 이유는……, 자산의 가치가 기업의 매각액을 결정하기 때문입니다. 구름 그림의 왼쪽은 전혀 도움이 안 되는 것 같습니다."

내가 아무 말도 하지 않자, 돈은 계속 진행했다.

"이익을 늘리려면 과자 포장 부문을 폐쇄해야 하는데 그 이유는……, 그 이유는 그 부문이 적자를 내고 있기 때문입니다. 한 가지 생각이 떠올랐습니다!"

돈이 큰 소리로 말했다.

"과자 포장 부문을 노다지로 바꿔놓으면 됩니다!"

"그야 그렇지."

나는 별로 농담할 기분이 아니었다.

"회사의 자산 기반을 보호하려면 과자 포장 부문을 살려두어야 하는데 그 이유는……, 장부상으로 설비의 가치가 매각액보다 높기 때문입니다."

그 점에도 반론을 제기할 수 없어 보였다.

"마지막 남은 화살표는 과자 포장 부문을 폐쇄하는 것과 살려두는 것이 상호 배타적이라는 화살표인데, 그 이유는 과자 포장 부문만 독립적으로 매각할 수 없기 때문입니다. 잠깐만요. 부회장님, 과자 포장 부문만 따로 매각하면 안 되나요?"

"물론 그렇게 할 수야 있겠지. 그런 구매자가 찾아오면 그 사람한테 대동강 물도 같이 팔아버리자고."

"방법이 없습니다."

돈이 포기했다.

"화살표를 다시 한 번 살펴보게. 보통은 화살표마다 깔려 있는 가정이 하나 이상이니까 가장 신경이 쓰이는 화살표를 특히 눈여겨봐."

"'이익을 늘리려면 과자 포장 부문을 폐쇄해야 한다.' 이게 제일 신경 쓰입니다. 왜 폐쇄해야 하나? 그야 적자를 내고 있기 때문인데, 그럼 왜 적자를 내고 있나? 그건 대량 주문을 따지 못하기 때문입니다. 잠깐만요. 속도 때문에 대량 주문에서 경쟁력이 없다고 했는데, 그럼 소량 주문에서는 왜 경쟁력이 있을까요? 소량 인쇄할 때만 피트 사장님네 인쇄기들이 더 빨라지는 건 아닐 텐데요. 뭔가 말이 안 됩니다."

"말이 안 되는 게 아니고 우리가 모르는 사실이 있는 모양이군. 피트 사장한테 전화해서 알아보자고."

돈이 전화를 했다. 그는 여러 번 '네, 네'와 '그랬군요'를 반복한 후 전화를 끊었다.

"미스터리가 풀렸습니다. 피트 사장님이 가지고 있는 오프셋 인쇄기에도 장점이 하나 있는데, 작업 준비 시간이 적게 든답니다. 그래서 소량 주문에서는 경쟁력이 있는데, 주문량이 많아지면 경쟁사들의 속도가 워낙 빨라서 전체적으로 시간 싸움에서 밀린다는 거죠. 그러면 준비 시간이 적게 든다는 게 별 소용이 없어지는 거죠."

이후 회사에 도착할 때까지 둘 다 아무 말도 하지 않았다. 피트의 구름을 깰 방법이 보이지 않았다. 사실은 피트네 회사의 이익을 늘릴 방법이 또 하나 있기는 했다. 가격 인하 압력에 따른 가격 하락을 무시한 채, 올해 추정실적을 수정하는 것이다. 그렇게 하면 경영계획상으로 당초 예상보다 이익이 배로 증가한다.

안 돼! 그런 치사한 편법을 쓸 수는 없지.

피트의 구름을 깰 확실한 방법이 없다. 내 구름을 깰 방법도 없다.

오직 하나, 이 구름들을 깨야 한다는 것만 너무도 분명하다. 정말 방법이 없을까?

4

희망은 어둠 속에서 시작된다.
일어나 옳은 일을 하려고 할 때 고집스러운 희망이 시작된다.
새벽은 올 것이다. 기다리고 보고 일하라. 포기하지 마라.
—앤 라모트

"잠깐 건너올 수 있겠나?"

그랜비 회장이 불렀다.

나는 '네, 물론입니다'라고 대답하고 회장실로 올라갔다. 드디어 이사회 결정에 대한 그랜비 회장의 생각을 들을 수 있게 되었다.

아직 게임은 끝나지 않았다. 그랜비 회장은 싸워보지도 않고 그냥 주저앉아 두들겨 맞을 사람이 절대 아니다.

"어서 오게."

그랜비 회장이 책상에서 일어서더니 방 한쪽에 있는 소파를 가리켰다. 오히려 잘됐다고 생각했다. 편안하게 이야기하자는 의미니까. 나는 푹신한 소파에 편하게 앉았다.

"커피, 아니면 홍차? 뭐로 하겠나?"

"커피로 하겠습니다."

차를 시켰으니 적어도 5분 이상은 이야기할 수 있겠군.

"우선 사업다각화 부문의 놀라운 성과에 대해 축하를 해야겠군. 그렇게 깊은 적자의 늪에서 1년 만에 빠져나오리라고는 생각도 못했어. 물론 자네 능력을 생각하면 별로 놀랄 일도 아니지. 공장장 시절에도 그런 기적을 일으켰고, 사업본부장 시절에는 더 큰 기적을 일으켰으니까!"

'네, 저는 기적을 몇 번이나 일으켰죠. 근데 힐튼 스미스는 기적을 일으킨 적도 없는데 줄을 잘 선 덕분에 저보다 2년 먼저 수석 부회장으로 승진했죠.' 나는 속으로 생각했다. 그러나 그랜비 회장에게는 "당연히 할 일을 했을 뿐입니다, 회장님" 하고 말했다.

"그런데 올해는 어떤 기적을 보여줄 건가? 이번에는 어떤 획기적인 개혁안으로 날 놀라게 할 셈인가?"

"몇 가지 계획이 있기는 합니다. 밥 도노번 사장이 획기적인 물류 시스템을 구상 중인데, 만약 그게 성공한다면 상당히 혁신적인 결과를 가져올 겁니다."

"좋아, 좋아. 그럼 당기순이익을 어느 정도로 예상하고 있나?"

"실망스러우시겠지만, 사실 올해 추정실적을 달성할 수나 있을지 모르겠습니다."

"무슨 말인가?"

그랜비 회장이 되물었지만 별로 놀라는 기색은 아니었다.

"워낙 시장의 가격 인하 압력이 거셉니다. 지금까지 경험해보지 못한 최악의 상황입니다. 경쟁이 너무 치열해서 현상 유지만도 힘겨울 정도입니다."

때마침 비서가 커피를 들고 와서 다행이었다. 그렇지 않았다면 이쯤에서 이야기가 끝나버렸을 것이다. 나는 비서가 나가기를 기다린 후 다시 말문을 열었다.

"저, 그런데 회장님, 하나 여쭤볼 게 있습니다. 이사회 결정에 대해 따로 계획이 있으신지 궁금합니다."

"무슨 뜻인가?"

"회장님께서 손수 인수하신 회사들인데, 그 회사들의 매각 결정이 나지 않았습니까? 무슨 조치를 취하셔야 하는 게 아닌가 해서요."

"이보게, 난 이제 은퇴까지 1년밖에 안 남았네. 자네가 나한테 제대로 된 무기라도 준다면 모를까, 지금으로서는 나도 이사회 결정을 따를 수밖에."

이런 말을 들을까 봐 미리 마음의 준비를 단단히 했는데도, 막상 들으니 충격이 예상보다 컸다. 믿었던 그랜비 회장이 감추고 있던 묘수가 고작 나한테 기대는 것뿐이라니! 이제 정말 이사회의 결정을 뒤집을 방법이 없는 걸까? 넋이 반쯤 나간 상황에서 그랜비 회장의 말이 들려왔다.

"트루먼 이사와 다우티 이사가 직접 회사 매각에 관한 일을 처리하기로 했네."

그랜비 회장은 내 표정을 살피더니 말을 이었다.

"그래, 맞아. 아직 나한테도 어느 정도 반항할 힘은 남아 있지. 1년 정도는 매각을 지연시킬 수 있겠지. 하지만 그런다고 뭐가 달라지겠나? 어차피 내년에는 매각할 테고, 그렇게 되면 현직을 떠난 나한테 온갖 책임을 다 뒤집어씌우겠지. 그러느니 지금 그 총알을 맞는 게 나아. 총알이라……, 숨이나 끊어지지 않으면 좋겠군……."

"그럼 저는 어떻게 해야 합니까? 평소대로 일하면 됩니까?"

"자네 계열사들이야 평소대로 일하면 되고, 오히려 자네가 일이 많아졌지. 트루먼 이사와 다우티 이사가 이달 말에 인수 희망자들과 유럽에서 만날 거네. 자네도 참석해야 할 거야."

"왜 유럽이죠?"

"최근 투자금의 절반 이상이 유럽 쪽에서 들어오고 있으니까.

또 국내 인수자들과 만나기 전에 국제 시세를 알아보는 것도 나쁘지 않고."

그랜비 회장이 일어서면서 말을 이었다.

"자네한테서 기막힌 묘안을 듣고 싶었는데 애석하군. 하지만 이해는 가네. 요즘 시장 상황이 점점 더 격랑을 타고 있으니 말이야. 내가 적절한 시기에 물러나는 것 같군. 이런 시장에서 살아남기에는 나도 이제 늙었어."

그랜비 회장은 나를 문까지 배웅하면서 마지막으로 말했다.

"나도 자네와 마찬가지로 매각에 반댈세. 이제 그자들이 온갖 걸 다 들쑤시며 들춰내겠지. 매각이 끝난 뒤에도 내 체면이 좀 남아 있으면 좋겠군."

그랜비 회장의 사무실을 나온 뒤, 곧바로 빌 피치에게로 향했다. 사업다각화 부문에 대한 이야기를 좀더 자세히 들어봐야 했다.

빌이 크게 웃으며 나를 맞이했다.

"힐튼 그 친구가 부린 수작 봤나? 되레 뒤통수만 맞았지만. 흥, 쌤통이군!"

빌이 힐튼 스미스를 싫어하는 데는 나름대로 이유가 있었다. 얼마 전까지만 해도 자신에게 업무 보고를 하는 위치였는데, 이제는 같은 등급이 되었기 때문이다. 힐튼이 수석 부회장을 맡고 있는 부문도 빌이 맡고 있는 부문과 규모가 비슷했다.

"그럼요, 저도 봤죠. 그 사람한테 뭘 기대하겠습니까?"

"그 친구 진짜 머리 회전 하나는 빨라. 회장님 힘도 예전 같지 않은 거 같으니까 말을 바꿔 탄 거지. 아마 차기 회장 자리를 노렸을 거야. 근데 난 왜 그런 생각을 못했을까?"

거의 감탄에 가까운 어조로 빌이 말했다.

"이번에는 상대가 월스트리트 주식 사냥꾼들이잖습니까? 상대도 안 될 겁니다."

"그럼, 상대도 안 되지."

빌이 웃었다.

"힐튼이 그자들 손바닥 위에서 놀아난 거지. 일단 이사회에서 원하는 대로 결정이 나니까, 언제 그랬냐는 듯이 등을 돌려버린 거잖아? 힐튼의 투자 계획도 다시 그 인간 얼굴에다 던져버리고 말이야. 속이 다 시원하더군."

"힐튼이 차기 회장감이라고 생각한 적은 한 번도 없습니다. 어느 면으로 보나, 빌 피치 수석 부회장님이 서열상 높지 않습니까? 그동안 하신 일도 힐튼보다 많고요."

"그동안 내가 세운 업적 대부분은 알렉스 자네 덕분이지. 난 날 잘 알아. 난 회장 같은 거랑 안 맞아. 더군다나 지난번 이사회에서 그나마 있던 희망도 사라졌고 말이야."

빌이 내 등을 치며 말했다.

"무슨 뜻입니까?"

내가 의아해하며 물었다.

"자네도 알겠지만 자네가 맡고 있는 그 회사들 말이야. 그 회사들을 인수하는 데 나도 깊숙이 개입한 거 자네도 알지? 아마 나한테도 불똥이 많이 튈 거야. 회장 자리는 물 건너간 거지."

기운이 쑥 빠지는 것 같았다.

"제 회사들이 왜 그런 회사 정치 놀음에 휘둘려야 됩니까? 제 회사들도 이제 밑 빠진 독이 아닙니다. 작년에는 어느 정도 이익도 냈습니다."

"알렉스 부회장, 우리가 얼마를 주고 그 회사들을 사들였는지 아나?"

빌이 웃으며 말했다.

"아니요, 모릅니다. 하지만 줘야 얼마나 줬겠습니까?"

"말도 안 될 만큼 엄청난 돈을 들였지. 그때 회장님은 사업다각화를 하겠다고 잔뜩 열을 내고 있었고, 마침 인수를 하던 1989년은 시장이 호전될 거라는 전망이 팽배했으니까. 그런데 자네도 알다시피 호전은커녕 오히려 곤두박질쳤지. 대충 계산해도 지금 팔릴 금액의 두 배는 더 주고 사들였을걸. 그 회사 인수에 관여했던 사람들 중에 안 다칠 사람은 아무도 없을 거야."

"잠깐만요. 회사를 매각하지 않으면 일단 장부상에는 회사 가치가 인수가 그대로 남아 있는 거 아닙니까? 그런데 만약 당초 인수가보다 싼값에 회사를 매각하면, 그 즉시 재무제표에서 그 차액만큼 자산이 줄잖아요? 혹시 트루먼 이사와 다우티 이사가 그걸 모르는 건 아니겠죠?"

"그럴 리가 있나, 그자들이 어떤 위인인데. 달러 표시가 붙은 숫자라면 모조리 따져보는 자들 아닌가? 자기들이 지금 무슨 일을 하고 있는지 정확히 알고 있어. 일단 올해는 고통을 감수하고, 대신 현금 사정을 개선시켜서 내년에 누가 될지 모르지만 이름값 좀 하는 사람을 데려다 회장 자리에 앉히면 주가는 저절로 뛰는 거지."

그럴 듯했지만 여전히 이해 안 되는 게 하나 있었다.

"그런데 부회장님은 왜 이렇게 기분이 좋으십니까?"

"이제는 좀 쉬어도 되니까 그렇지."

의아해하는 내 표정을 보면서 빌이 덧붙여 설명했다.

"이봐, 난 처음부터 내가 차기 회장이 될 수 없다는 걸 알고 있었어. 다만 힐튼 그 작자가 될지도 모른다는 생각에 괴로웠을 뿐이지. 절대로 윗사람으로 모시고 싶지 않은 사람이 힐튼 그자거든. 차라리 외부 영입이 낫지. 지난번 그 잔머리 때문에 그랜비 회장님도 더는 힐튼을 봐주지 않을 거고, 그렇다고 트루먼 이사와 다우티 이사한테 지지를 받은 것도 아니고. 망한 거지, 뭐."

사무실로 돌아오자마자, 나는 돈에게 회사 인수 관련 자료를 가져오라고 시켰다. 돈과 함께 분석을 해보니, 빌 피치가 말한 것보다 훨씬 더 나빴다. 우리의 추산대로라면 피트의 인쇄회사는 최대 2,000만 달러 정도 받을 수 있었다. 하지만 인수가는 5,140만 달러였다. 스테이시 코프먼의 가압증기사는 겨우 3,000만 달러 정도에 매각될 텐데 인수 당시 거의 8,000만 달러를 주고 샀다. 가장 상황이 어려운 곳은 밥 도노번이 이끄는 아이코스메틱스라는 화장품 회사였다. 현재도 약간의 적자를 내고 있는 점을 감안하면, 보유 자산을 후하게 평가한다고 해도 기껏해야 3,000만 달러 이상은 받기 어려웠다. 그런데 당시 인수가가 1억 2,400만 달러였다. 무려 1억 2,400만 달러!

이제야 그랜비 회장이 재임 중에 사업다각화 부문의 계열사들을 서둘러 매각하려는 이유를 알 것 같았다. 인수를 추진한 것도, 승인한 것도 그랜비 회장이었다. 총 2억 5,500만 달러 규모의 투자였다. 그 뒤에도 추가로 약 3,000만 달러가 더 들어갔다. 그렇게 많은 금액을 주고 인수했지만, 오히려 인수 이래 8,600만 달러의 적자만 누적된 상태였다. 그리고 지금은 잘 받아야 8,000만 달러 정도이고 그 이상은 받을 수도 없었다.

잘못된 판단이란 바로 이걸 두고 말하는 것이다.

"돈, 시장을 잘못 읽으면 이렇게 된다네. 회장님을 포함해서 모두가 숨을 곳만 찾는 이유를 이제야 알겠군. 이런 진창이라면 제아무리 코끼리라도 한번 빠지면 죽고 말걸."

"그럼 저희는 어떻게 되는 겁니까?"

"걱정은 말게. 최악의 경우가 닥치더라도 자네 하나쯤은 좋은 자리에 넣어줄 수 있으니까. 자, 걱정은 그만 접어두고 일을 해야지. 당장 할 일이 있어."

"전 큰 도박은 라스베이거스나 월스트리트에서만 하는 줄 알았습니다."

돈도 진상을 알고 꽤 놀란 모양이었다.

"그 문제는 잠시 접어두세."

나는 돈을 다독이면서, 그랜비 회장에게 들은 유럽 출장 건에 대해 알려주었다.

"사업다각화 부문 계열사 사장들과 미팅을 잡아놓을까요?"

"그렇게 해주게. 단, 회사마다 개별적으로 잡아주게. 적어도 한 미팅당 한나절은 시간을 배정해주고. 난 출장에 가져갈 서류들을 챙겨야겠어."

돈이 준비해줘야 할 출장 자료 목록을 정리하는 데만 두 시간이나 걸렸다. 이번 출장은 어느 모로 보나 가볍게 다녀올 여행길은 아니었다.

5

아무리 보잘것없는 약속이라도
상대방이 감탄할 정도로 지켜야 한다.
신용과 체면 못지않게 약속도 중요하다.
―앤드류 카네기

"2주 후에 유럽 출장을 갈 거 같아."

나는 애써 태연한 어조로 말을 꺼냈다.

"아빠, 정말?"

샤론이 앉았던 자리에서 펄쩍 뛰어오르며 좋아했다.

"아빠, 나 하드록카페 티셔츠! 꼭!"

"얼마 동안이나?"

아내가 그리 달갑지 않은 표정으로 물었다.

"한 일주일은 걸릴 거 같은데. 회사 인수에 관심 있는 사람들이 있어서."

"알았어."

아내는 더 달갑지 않아 했다.

"아빠, 내 티셔츠는? 사다줄 거지?"

"커피 셔츠로 할래, 홍차 셔츠로 할래?"

농담으로 넘기려 했지만, 오히려 샤론한테 하드록카페 티셔츠가 얼마나 인기 있는 물건인가에 대한 일장 연설을 들어야만 했다. 내가 어렸을 때는 야구 카드를 보물처럼 모았는데, 요즘은 이상한 티셔츠가 최고인가 보다. 어느 세대나 쓸모없는 물건을 수

집하는 취미는 있기 마련이니까. 하나 달라진 게 있다면 가격이었다. 알고 보니 그 티셔츠는 터무니없이 비쌌다.

하지만 막무가내로 조르는 샤론에게는 별 도리가 없었다. 가능한 한 사오겠다고 약속하는 수밖에.

"데이브, 넌 뭐 필요한 거 없고?"

"뭐 사다줄 건 없고……."

데이브가 수상한 미소를 지으며 말했다.

"이미 갖고 있는 걸 잠깐 빌려주면 되는데. 저기, 아빠 출장 간 동안 차 좀 빌려 써도 돼요?"

이미 알고 있었지만 데이브는 내 차를 끔찍이도 좋아했다. 기회만 있으면 내 차를 몰아보게 해달라고 졸라댔다. 나도 괜찮다고 생각되는 경우에는 가끔 허락했다. 그런데 꼬박 일주일 동안이나? 절대로 안 된다.

"기름도 내가 넣을게요."

데이브가 얼른 덧붙였다.

"됐다, 데이브."

"아빠, 어차피 정기점검도 받아야 되는데 빌려주면 내가 처리한다니까."

데이브는 1년 전 운전면허를 딴 후부터 자동차광이 되어 공부보다는 자기 고물 자동차를 분해했다 다시 조립하는 데 더 많은 시간을 들였다.

나는 저녁 식사 분위기를 망치기 싫어서 일단 '생각해보겠다'고 대답했다. 데이브도 온순한 아이라 더는 조르지 않았다. 저녁 식사를 하면서 내가 출장을 가는 프랑크푸르트와 런던에 대해 이야기했다. 애들이 태어나기 전에 아내와 나는 그곳에 간 적이 있었다. 애들, 특히 샤론은 우리의 낭만적인 추억에 대해 듣고 싶어 했다.

저녁 식사가 끝나자, 나는 텔레비전을 켰다. 특별히 볼 것은 없었다. 다시 껐다. 아내는 고객 파일을 놓고 콧노래를 부르고 있었다.

"심심한데 바람이나 쐬러 갈까?"

내가 말문을 열자, 아내가 내 말을 가로막았다.

"아니, 대신 나한테 더 좋은 생각이 있어."

아내가 웃으며 말했다.

"자기야, 약속을 지켜야지. 우리 같이 연구해봐."

"무슨 약속?"

"좀 전에 데이브한테 약속했잖아. 생각해보겠다고."

아내는 내가 어떤 잠재적인 문제를 서로에게 흡족한 방향으로 해결할 수 있게끔 이끌어주고는 했다. 지금도 '생각해보겠다'는 말이 일종의 약속이라는 것을 상기시켰다. 문제가 무엇이든지 시간을 할애해서 생각하겠다고 약속한 것이다.

"그래, 그게 좋겠네."

사실 아내가 말하지 않았다면 데이브의 부탁을 생각해보지 않았을 것이다. 그렇게 되면 결과는 뻔했다. 다음에 데이브가 다시 그 이야기를 꺼내면 그 자리에서 아무렇게나 생각나는 대로 대답할 것이다. 나는 존 웨인 같은 멋진 총잡이가 아니다. 준비도 없이 총을 쏘면 엉뚱하게 내 발등을 맞추게 될 것이다.

내가 생각해도 참 이상했다. 평상시 나는 약속을 중요하게 여겼다. 또한 누군가가 '생각해보겠다'고 말하면, 상대방은 그것을 일종의 약속으로 여기고 언제고 다시 찾아와 대답을 원한다는 사실도 잘 알고 있었다. 그런데도 나는 종종 생각해보지 않은 채 상대방을 대하다가 당혹스러워하는 경우가 많았다.

어떤 사안에 대한 느낌을 꼭 맞게 표현하기란 힘들다. 남의 생각을 비판하는 것도 그리 달갑지 않다. 남의 의견을 비판할 경우 보통 반발을 사기 쉽고 서로 감정만 상한다. 하지만 사람들이 그 무엇보다도 싫어하는 것은 바로 건설적인 비판을 받는 것이다.

요나 교수는 이런 곤란한 처지를 양쪽 모두 만족하는 상황으로 바꾸는 방법을 가르쳐주었다. 물론 많은 노력과 분석이 필요하지만 그만한 가치가 있었다. 요나 교수의 방법은 문제를 잘 해결해준다. 하지만 워낙 시간과 공을 많이 들여야 하기 때문에 나름대로 돌려서 신중하게 한 말이 '생각해보지'였다. 그래도 여전히 신중하지는 못했지만……

"그럼, 배운 대로 시작해볼까? 내가 출장 가 있는 동안 데이브한테 차를 빌려줄 경우 어떤 긍정적인 효과가 있을까? 생각나는 게 없는데. 하나도 생각나는 게 없어. 물론 데이브가 운전도 잘하고 나이에 비해 책임감도 있지. 하지만 이건 내 BMW를 빌려달라는 말이잖아."

한참 고심한 끝에 겨우 긍정적인 점 하나는 찾아냈다.

"정기점검을 제때 할 수 있다."

"좀더 설득력 있는 장점은 없어?"

아내는 고민하는 내 모습이 사뭇 재미있는 모양이었다.

"글쎄, 솔직히 없는데."

나도 웃었다. 뭔가 또 다른 장점이 있을 것이다. 그렇지 않았다면 그 자리에서 당장 안 된다고 대답했을 테니까. 아내도 나와 똑같은 생각인 것 같았다.

"그러면 아까 왜 그 자리에서 안 된다고 안 했어?"

"왜냐하면 데이브가 어떤 반응을 보일지 잘 모르니까. 마음 상해할지도 모르고 자기를 어린애 취급한다고 여길지도 모르고."

"맞아. 데이브 또래에는 아빠가 자기를 신뢰한다고 느끼는 게 무척 중요하지."

"하지만 내가 차를 맡길 만큼 데이브를 믿어야 될지는 잘 모르겠는데."

말은 이렇게 했지만 긍정적인 점에 '나와 아들 간의 신뢰를 굳게 한다'라고 적었다.

"또 뭐가 있을까?"

"일단 이 정도면 된 거 같은데. 이거 하나만으로도 충분한 이유가 돼. 그럼 이제 쉬운 부분으로 넘어갈까? 부정적인 결과들. 수백만 가지는 댈 수 있을 거 같은데."

아내가 또 미소를 지었다.

"지금 말은 그렇게 해도 어떻게 되는지 알지? 쓰기 전에는 수도 없이 많아 보여도 막상 쓰다 보면 생각보다 적잖아. 또 그 내용도 대부분 얄팍한 핑계인 게 많고."

"좋아, 이번에도 그렇게 되는지 한번 볼까? 안 그럴 거 같은데."

내가 자신 있게 말했다.

"어서 쓰기나 해."

주저 없이 나는 머리에 떠오른 두 가지 이유를 적었다.

"1번 '자동차가 망가질 가능성이 높다.' 2번, '데이브가 사고로 다칠 위험이 많다.'"

"잠깐."

아내가 제지했다.

"아까는 데이브가 운전을 잘한다고 했잖아. 또 가끔 자기 차도 운전하게 했고. 그리고 그 애지중지하는 장난감이 망가지는 게 걱정이라면 왜 자기는 매일 위험하게 시내까지 끌고 가?"

잠시 아내의 말을 생각해봤다. 그리고 데이브에게 차를 안 빌려주면 결국은 공항 주차장에 세워놓을 수밖에 없었다.

"생각해보니 그러네."

나는 아내의 말에 동의하며 첫 번째 줄을 지웠다. 그러고는 두 번째 이유를 살펴봤다. 사실 데이브의 고물차보다는 내 차가 훨씬 안전했다. 두 번째 이유도 지웠다.

아내가 또 미소를 지었다.

"그것 봐, 그렇게 되지? 부정적인 이유를 하나씩 글로 써보고 분석해보면 결국 근거 없는 선입관인 경우가 많다니까."

받아들일 수가 없다. 나는 데이브한테 내 차를 빌려주고 싶지 않다. 누군가와 같이 사용한다는 것은 절대 있을 수 없는 일이다. 왜냐고? 그건 내 차니까!

"좋아, 진짜 이유를 찾았어. 데이브가 내 차를 스스럼없이 쓰는 버릇이 생긴다. 아니야, 그건 너무 약해."

긋고 다시 이렇게 썼다.

"데이브가 내 차를 쓸 권리가 있다고 생각한다."

"그래, 애들은 뭐든지 쉽게 익숙해지니까."

아내 줄리도 동의했다.

"일단 데이브가 일주일 동안 자기 차를 몰고 나면, 아마 자기하고 차를 같이 쓰려고 들걸."

"그건 안 되지."

"또 하나 있어. 멕시코까지 운전해서 가보는 게 데이브 소원인 거 알지? 마침 자기 출장 가는 주가 봄방학이야."

"뭐? 내 차를 끌고 멕시코까지 간다고?"

나는 그만 자리에서 벌떡 일어나고 말았다.

"사고라도 생기면 내가 멕시코까지 가야 되잖아."

내 눈앞에 그 엄청난 장면이 너무도 생생하게 떠올랐다.

"그걸 뭐라고 적지?"

아내가 물었다.

"유럽 출장 중간에 멕시코로 데이브를 구하러 가야 한다."

"좀 과장된 거 같지 않아?"

"물론 그런 일이 있으면 안 되지. 하지만 만에 하나 멕시코 어느 마을에서 문제라도 생긴다면, 데이브는 미성년자니까 부모의 서명이 필요하다고. 그러면 당신이 갈 수 있겠어?"

"안 갔으면 좋겠어."

멕시코라니. 세상에! 이건 말도 안 되지!

"또 뭐가 있을까?"

"결국 결론은 이거 아니야? 부자 관계가 악화된다."

다시 한 번 목록을 읽어봤다. 상당히 짧기는 하지만 그 정도면 충분했다. 이제 재미있는 부분이 남았다. 확고한 인과관계에 따라, 왜 데이브한테 차를 빌려주는 게 부정적인 결과를 낳는지만 증명하면 된다. 이른바 요나 교수가 '부정적인 나뭇가지(Negative Branch)'라고 부르는 것을 그리면 된다. 나름 재미있는 작업이다.

특히 데이브에게 보여줄 때 마음이 덜 상하고 설득력도 가질 수 있게 말을 살짝 바꾸는 것도 재미있었다. 심심했던 저녁 시간도 보람 있게 보냈고, 이제는 데이브가 다시 말을 꺼내도 철통같이 준비가 되었다.

회사 문제도 이렇게 쉽게 풀리면 얼마나 좋을까?

6

"오늘 일정이 어떻게 되나?"

나는 돈에게 물었다.

"밥 도노번 사장님과 8시 반에 미팅이 잡혀 있고 스테이시 코프먼 사장님과는 12시에 만나기로 되어 있습니다. 그런데 지금 두 분 다 밖에서 기다리고 계십니다."

"둘 다?"

나는 반문했다.

"알았네. 둘 다 들어오라고 해요."

밥 도노번과 스테이시 코프먼은 좋은 친구들로, 내가 공장장이던 시절부터 내 밑에 있던 사람들이다. 당시 밥 도노번은 생산부장이었고 스테이시는 재고 관리 담당자였다. 우리는 함께 그 공장의 운영 방식을 송두리째 바꿔놓았다. 요나 교수에게 기업 운영 방식을 함께 배우기도 했다.

내가 사업본부장을 하던 시절에도 나를 도와주던 핵심 인물들이었기에 사업다각화 부문을 맡은 후 위기 타개를 위해서 밥을 아이코스메틱스의 사장으로, 스테이시를 가압증기사 사장으로 강력히 추천했다. 둘 다 능력 있고 믿음직한 사람들이었다. 나보다

나이가 조금 많지만 그 점을 불편하게 느낀 적은 없었다.

밥 도노번은 스테이시가 먼저 들어가도록 양보를 하고는 그녀 뒤에서 큰 소리로 인사를 했다.

"알렉스 부회장님, 유럽 출장 준비는 다 돼갑니까?"

"아니, 아직 못 끝냈습니다. 하지만 두 분이 도와준다면 금방 끝낼 수도 있죠."

나도 웃으며 맞았다.

"무엇이든 말씀만 하세요. 즉시 해드릴게요."

스테이시가 말했다.

옛 친구들, 믿을 수 있는 사람들과 같이 있다는 것은 참으로 큰 위안이다.

"제가 정말 바라는 건 화려한 기적입니다."

내가 농담조로 말했다.

"아, 문제없습니다요. 저희 별명이 '기적' 아닙니까요?"

밥이 웃으면서 대꾸하고는 스테이시에게 말했다.

"스테이시 사장, 내가 그랬잖아요. 부회장님한테 뭔가 생각이 있을 거라니까요."

"저도 알아요. 부회장님, 부회장님 생각을 듣고 싶어요."

스테이시가 나를 보며 말했다.

"무슨 말을 듣고 싶은 겁니까?"

"계획이오."

두 사람은 한목소리로 대답했다. 스테이시가 덧붙였다.

"저희 회사를 매각하지 않게 이사회를 설득할 방법이오. 돈은 아무 힌트도 안 주더라고요."

나는 둘을 빤히 쳐다보기만 했다. 그들은 나를 과대평가하고 있었다. 그것도 아주 많이. 무슨 말을 해야 할지 몰라서 내가 물었다.

"그런데 왜 두 사람이 그 문제에 대해 그렇게 걱정하세요?"

"당연하잖아요."

스테이시는 여전히 미소를 띠고 있었다.

"부회장님, 저희는 보수적인 사람들이에요. 변화를 별로 좋아하지 않아요."

"그렇습니다요."

밥도 거들었다.

"게다가 부회장님 같은 분을 어디서 또 만납니까? 뭐든지 우리 마음대로 하게 내버려두는 사람이 어디 흔한 줄 아십니까요?"

"고맙습니다. 하지만 정말 두 사람은 걱정할 이유가 전혀 없는 거 같은데……. 둘 다 뛰어난 관리자들이고, 요나 교수님의 방법도 속속들이 알고 있잖아요? 누가 윗사람이 되든지 간섭하지 못하도록, 또 두 사람이 원하는 대로 회사를 운영할 수 있도록 충분히 설득할 수 있을 겁니다."

"지금 저희를 시험하는 건가요?"

스테이시가 갑자기 심각하게 물었다.

"스테이시 사장, 진정하라구, 진정해요. 부회장님 뜻을 몰라요? 실망하신 거라구요. 부회장님은 우리 스스로 해답을 알아내기를 바라신 거지요."

그러고는 밥이 나를 쳐다봤다.

"그럼, 저희가 이 돌머리로 답을 스스로 찾을 때까지 송곳 같은 질문 부탁합니다요. 찾아보겠습니다요."

돈도 기대에 찬 눈빛으로 살짝 내게로 몸을 기울였다. 벌써 여러 차례 돈은 계획을 말해달라며 나를 볶아댔다. 그리고 아무런 계획이 없다고 누차 말해도 도무지 믿으려 하지 않았다.

"부회장님, 질문을 다시 한 번 더 해주시겠어요?"

스테이시도 웃고 있었다.

상황이 점점 꼬이기만 하고 빠져나갈 방법이 안 보였다.

"유니코라는 회사 이름이 뭐 그리 중요합니까? 유니코가 아이 코스메틱스나 가압증기사를 다른 대기업에 매각해도 상관없잖아요?"

나는 이렇게 물었고 둘은 잠시 그 점에 대해 생각했다.

"부회장님이 계속 저희를 이끌어주신다면야 상관없죠."

스테이시가 머뭇거리며 말했다.

"이제 아부는 그만하고, 진지하게 얘기합시다."

"아니요, 저는 진지하게 하는 말인데요. 저희가 어떤 상황에 처해 있는지 잘 아시잖아요? 저희는 불과 1년 전에 각자 회사를 맡았고, 부회장님은 그 모든 상황을 가장 잘 아시죠. 하지만 저희의 경영 방식을 제대로 모르고, 별로 관심도 가지지 않으며, 더군다나 이해하지도 못하는 사람을 윗사람으로 모시면 저희가 버텨낼 재간이 있다고 보세요?"

밥도 마찬가지 생각이었다.

"그런 사람들은 종이에 적힌 경영 수지 숫자만 보고 우리 회사는 적자, 스테이시 사장네 회사는 겨우 수지를 맞춘 정도라고 할 겁니다요. 그다음은 뻔하지요. 도끼가 날아올 겁니다요. 비용 감축부터 시작해서 다시 비용 절감 위주의 경영을 하라고 저흴 쪼아

델 겁니다요. 그렇게 되면 저희도 회사를 그만둘 수밖에 없고 결국 회사도 망하는 겁니다요."

돈도 고개를 끄덕였다. 도대체 다들 나한테 뭘 기대하는 거지? 내가 신이라도 되는 줄 아나? 내가 윗사람이라는 이유 하나로 뭔가 대책을 가지고 있으리라 철석같이 믿는 걸까?

스테이시가 말했다.

"만약 저희 두 회사가 이익을 많이 내고 있다면 상황은 완전히 다르겠죠. 누가 와도 저희 일에 참견하지 못할 거예요. 노다지광을 휘저어놓고 싶지는 않을 테니까요. 하지만 도노번 사장의 말대로 아직 저희는 그 단계에 이르지 못했어요."

스테이시의 말이 맞다.

"이익을 많이 내고 있다면……."

나는 스테이시의 말을 되뇌어봤다.

"그게 부회장님이 생각하는 해결책인가요?"

스테이시는 놀라움을 감추지 못했다.

"기적을 바라시네요."

"시간은 얼마나 있습니까요?"

밥 도노번이 끼어들었다.

"무엇을 할 시간 말인가요?"

내가 되물었다.

"주인이 바뀔 때까지, 매각이 될 때까지 말입니다요. 새 주인한테 보고를 할 때까지 말입니다요."

"석 달 이상은 될 겁니다."

내가 대답했다.

스테이시가 기막히다는 듯 웃었다.

"이 상황이 왜 이리 익숙하죠?"

"스테이시 사장, 아, 그래도 이번엔 형편이 좋은 거지요. 시간이 더 많잖아요. 석 달 이상이 어디냐고요."

밥이 비꼬듯 말했다.

둘은 베어링턴 공장에서 일할 때를 떠올린 것 같았다. 그 공장은 그야말로 밑 빠진 독이었다. 우리는 석 달 만에 상황을 역전시켜야 했다. 그때 요나 교수를 만났고 요나 교수의 '사고 프로세스(Thinking Process)'를 같이 익혔다. 그리고 불가능한 일을 해냈다. 결국 석 달 만에 대역전극을 펼쳐 보였다.

"할 수 있겠습니까?"

돈이 조심스럽게 물었다.

솔직히 나는 회의적이었지만, 밥과 스테이시가 도전해볼 생각이라면 나도 최선을 다할 것이다. 어쨌든 선택의 여지가 없지 않은가?

"돈, 자네는 알렉스 부회장님과 같이 일한 기간이 너무 짧아서 그럴 거야."

스테이시가 돈의 회의적인 반응을 일축해버리고 나를 향해 다시 말했다.

"대장, 좋아요. 이제 어디서부터 시작할까요? 현재 상황을 재검토해보시겠어요?"

"그럽시다. 자, 그럼, 밥 도노번 사장부터 시작해볼까요?"

밥을 쳐다보면서 내가 말했다.

"현상분석체계도(Current Reality Tree) 기억하실 겁니다요. 그

나뭇가지 모양의 체계도 말입니다요. 물류 시스템 문제를 해결하기 위해서 그 체계도를 그려봤습니다요. 놀랍게도 모든 문제를 해결했습니다요. 이미 중앙 창고의 재고량은 적정선으로 정리됐고, 이제는 각 지역 창고의 재고량을 조정하는 중입니다요. 아직까지는 모든 일이 순조롭습니다요."

"좋아요. 다행이네요. 그럼 생산에 이어 물류도 정비됐다는 말이군요. 다음은요?"

"기술 분야입니다요."

밥이 자신 있게 대답했다.

"하지만 그것은 석 달 이상, 아니 그보다 훨씬 더 걸립니다요."

"왜 영업부터 시작하지 않는 겁니까?"

돈이 의아한 듯 물었다.

"우리 쪽 분석에 따르면 아직 그 차례가 아니야."

밥이 대답했다.

"이유가 뭔가요? 결국 현재의 제약 요인은 시장에 있는 거 아닙니까? 문제점을 찾아서 개선한 뒤에 숨어 있던 생산력을 찾아내서 생산량을 거의 배로 증가시킨다면요? 그렇다면 그다음은 생산한 상품을 어떻게 판매하느냐 아닌가요?"

"돈, 자네 말이 맞기는 하지."

내가 끼어들었다.

"도노번 사장의 문제는 판매량을 늘리는 거고, 그것은 시장이 결정하지. 하지만 시장이 제약 요인이라고 해서 문제의 핵심이 반드시 영업에만 있다고는 볼 수 없네."

"바로 그겁니다요."

밥이 바로 동의했다.

"그래서 다음은 기술 쪽이라고 생각했습니다요."

밥은 나를 보면서 말을 이었다.

"아시다시피 화장품 업계에서는 매출을 신장시키려면 신제품 출시가 필수적입니다요. 과거에는 좋은 제품을 한번 개발하면 4~5년은 버틸 수 있었지만 요즘은 사정이 다릅니다요. 경쟁이 치열해서 거의 매년 신제품을 출시해야 합니다요."

"그렇게 심각해졌습니까?"

내가 물었다.

"지금은 그나마 나은 겁니다요. 어쩌면 더 악화될지도 모릅니다요. 그런데 신제품 출시 속도를 높이는 데 문제가 많습니다요. 연구 개발 속도가 너무 느릴 뿐만 아니라 신뢰성도 떨어지고요. 게다가 개발이 완료되었다고 해도 막상 생산을 시작해보면 수만 가지 예상치 못한 문제들이 여기저기서 막 튀어나옵니다요. 그러다 보니까 기술진은 연구소에서 보내는 시간보다 생산 현장에서 문제 해결에 보내는 시간이 더 많습니다요. 이것뿐이 아닙니다요. 어찌어찌해서 시장에 상품을 내놓으면 시작 단계에서부터 또 다른 문제가 생겨요. 그러니까, 광고해놨던 신제품과 공장에서 생산되어 나오는 실제 제품이 서로 일치하지 않는 겁니다요."

"그런데 왜 물류 쪽부터 개선했죠?"

스테이시가 묻자, 밥이 대답했다.

"화장품 매장들이 안고 있는 재고는 둘째치고라도 유통 과정에만 무려 3개월 분량의 재고가 쌓여 있다고요. 이 상태에서 신제품이 출시되면 뭔 사태가 벌어지겠어요? 폐기해야 될 구제품이 얼마나 될 것 같아요?"

"상상이 가네요. 유통 과정에 쌓여 있는 구제품을 모조리 처분해야겠네요. 그럼 신제품 출시 시기를 정하는 것도 상당한 골칫거리겠어요. 신제품을 내놓아야 할지부터 다시 신중하게 생각해봐야겠네요. 우리 회사에는 그런 일은 없어서 천만다행이네요. 우리 제품들은 비교적 안정되어 있거든요."

스테이시가 대답했다.

"그러니까 내가 처음부터 가압증기사를 맡는다고 그랬잖아요. 그게 내 성격에도 훨씬 잘 맞는다니까요."

밥이 웃으며 말했다. 사실 성격만 맞는 것이 아니었다. 생긴 것도 꼭 증기기관차 같으니까.

"스테이시 사장, 우리 서로 회사를 바꿀까요?"

"휴, 도노번 사장님, 우리도 나름대로 문제가 많답니다. 그렇게 쉽게 말하지 마세요. 제가 정말로 그러자고 할지도 모르니까."

모두들 한바탕 웃었다.

"계속 얘기해보세요. 새로운 물류 시스템에 대해 좀더 들어봤으면 좋겠어요."

스테이시가 말했다. 나도 찬성하자, 스테이시가 덧붙여 말했다.

"그러니까 도노번 사장의 말은, 지금까지 추진한 일들은 모두 유통 과정에 쌓여 있는 재고를 줄이려는 게 목적이라는 거죠? 그런데 그 대신 중앙 창고 재고는 늘었다? 이 부분에 대해 좀더 설명해주세요."

"그야 간단합니다요. 우리는 약 650가지의 제품을 전국 수천 개 매장에 공급하고 있습니다요. 과거에는 대략 3개월 정도의 재고를 유지했지만 그래도 항상 부족했습니다요. 매장에서 주문할 때 한 번에 여러 제품을 동시에 주문하기 때문에 어떤 품목은 재고가 없는 경우도 많았지요. 주문량을 모두 만족시키는 경우는 약 30퍼센트밖에 안 됐습니다요. 나중에 빠진 품목만 별도로 배달하느라 추가 비용이 많이 들었습니다요. 그러나 새로운 물류 시스템을 도입하면서 이제는 매장에서 주문한 물품을 하루 만에 대줄 수 있게 됐습니다요. 그것도 주문의 90퍼센트를 만족시키면서 말입니다요. 결과적으로 재고도 급속히 줄어들고 있지요. 앞으로는 중앙 창고 재고를 약 6주 분량만 유지하면 되지 않을까 생각하고 있습니다요."

"도대체 비결이 뭐예요?"

스테이시가 상당히 놀란 듯이 물었다.

"아주 단순하구만요. 각 지역 창고에 재고를 쌓아놓던 기존 시스템을 바꿨다 이겁니다요."

"기존에는 왜 각 지역 창고에 재고를 쌓아놓은 겁니까?"

내가 밥에게 물었다.

"부분 최적화 때문입니다요. 공장에 일종의 독립채산제를 적용한 결과, 공장 관리자 입장에서는 일단 만든 물건을 지역 창고로 보내고 나면 더는 자기 책임이 아니었던 겁니다요. 그다음에는 물류 쪽 책임이 되는 겁니다요."

"평가도 그런 기준에 따라 이루어졌겠군요."

돈이 물었다.

"그렇지. 그러니 그런 추세가 더욱 가속화된 거지. 제품이 공장에서 출하되는 순간, 공장 장부에는 매출로 기록되니까. 따라서 공장에서는 생산을 하자마자, 그날로 각 지역 창고로 실어내는 거구.”

“당연히 그랬겠네요. 도노번 사장님, 그럼 지금은 어떻게 바뀐 건가요?”

“이제는 물건을 지역 창고로 안 보내고 공장 중앙 창고에 쌓아두는 거지. 각 지역 창고에는 20일 치 물량만 보관하게 하고 말이야. 대신 3일마다 지역 창고로 물건을 보충해주는 거지.”

“이해가 잘 안 가는데요. 그러면 어떻게 주문량을 제때 맞추는 거죠? 보유하고 있는 재고 물량이 적어서 쉽지 않을 텐데. 그 문제를 어떻게 풀었어요?”

스테이시가 말했다.

“그건 간단합니다.”

내가 한마디했다.

“통계학상의 문제죠. 어떤 매장에서 어떤 제품을 얼마나 판매할지는 정확히 예측할 수 없습니다. 하루는 어떤 품목이 10개 팔리다가도, 그다음 날은 하나도 못 팔 수 있으니까요. 우리는 통계를 내서 그 평균치를 예측량으로 설정하는 것뿐이죠.”

“물론 그거야 그렇지만······.”

스테이시가 그래도 이해를 못하자, 내가 다시 말했다.

“그럼, 질문을 해볼게요. 매장 한 곳의 판매량을 예측하는 것과 백 군데 매장의 전체 판매량을 예측하는 것 중에 어느 게 더 정확할까요?”

“그야 전체 판매량을 예측하는 거죠.”

스테이시가 대답했다.

"맞습니다. 당연히 그렇죠. 대상이 많을수록 이를 개별적으로 예측하는 것보다 총체적으로 묶어서 예측하는 게 더 정확하죠. 이 수학 법칙에 따르면, 많은 수의 매장을 묶어서 총체적으로 예측하면 예측의 정확도는 매장 수의 제곱근만큼 향상됩니다. 그래서 25개 지역 창고의 재고를 묶어서 공장의 중앙 창고로 옮기자, 도노번 사장의 판매 예측이 다섯 배나 정확해진 거죠."

내 말이 끝나자, 밥이 끼어들었다.

"저는 통계학 뭐 이런 건 어려워서 잘 모르겠습니다요. 스테이시 사장, 그냥 내 식대로 얘기해볼 테니까 들어보라고요. 그동안 평균 3개월 치 재고를 지역 창고에 쌓아뒀어요. 이 말은 공장에서 지역 창고로 내보낸 물건이 평균 3개월 후에는 팔린다는 거겠지요. 그렇죠?"

"하지만 그것도 애초에 예측을 잘해서 팔릴 제품만 생산했을 때 얘기죠. 만약 엉뚱한 물건을 만들어서 내보내면 판매될 때까지 훨씬 오래 걸리겠죠."

스테이시가 대답했다.

"아, 이제 알겠어요. 공장에서 생산해서 지역 창고로 보낸 것들은 3개월 안에 팔릴 것을 예상하고 출하된 거죠? 그런데 품목이 600가지가 넘는데, 판매 예측이 정확하지 않으면 엉망이 되는 거죠."

스테이시가 이제야 이해가 간다는 듯 말했다.

"품목 수가 650개로 많기도 하지만, 또 생각해야 할 게 우리 회사는 지역 창고가 25개라는 거구만요. 그러다 보니 예측이 어긋나는 정도가 더 심해지는 거지요."

밥이 덧붙여 말했다. 우리 모두 고개를 끄덕였다.

밥이 지금까지의 이야기를 다시 요약했다.

"그러니까 지역 창고에서 매장의 주문을 받다 보면 항상 한두 품목은 재고가 없기 마련입니다요. 그런데 사실 이 품목들이 있기는 있는데, 그것도 많이 있는데, 다른 지역 창고에 있어서 문제였습니다요. 그러면 이제 그쪽 창고에서는 난리가 나는 겁니다요. 창고 관리자는 물건을 빨리 달라고 공장에 재촉하고, 뜻대로 안 되면 전화를 걸기 시작한단 말입니다요. 그렇게 각 지역 창고 간의 물류 이동량이 얼마나 될지 짐작이 갑니까요? 엄청납니다요."

"그러겠네요. 공장에서 만들어내는 물건이 실제 소비 시점보다 3개월이나 빠르니 그럴 수밖에 없죠. 한 곳에서는 어떤 물건이 너무 많아 탈이고 다른 곳에서는 그 물건이 없어서 난리가 나겠죠. 도노번 사장이 그동안 진행한 일이 뭔지 알겠네요. 각 지역 창고의 입장에서 생각하던 국지적 사고를 버리고 재고를 원래 생산되는 곳, 즉 공장에 그냥 가지고 있는 거죠."

스테이시가 말했다.

"큰 덩어리로 묶을수록 예측 정확도는 더욱 높아지니까요."

내가 덧붙여서 설명했다.

"그래도 지역 창고는 계속 필요할 텐데요."

스테이시가 궁금한 듯이 물었다.

"맞는 말이구요. 매장에서 들어오는 주문에 신속히 대응하고 운반비를 줄이려면 지역 창고는 꼭 필요하지요. 지역 창고가 없으면 주문 하나하나를 공장에서 개별적으로 해야 하는데 그러면 특송 업체들만 살판나는 겁니다요."

"그럼 각 지역 창고에서 유지해야 할 적정 재고량은 어떻게 계산했어요?"

스테이시가 물었다.

"그게 바로 6만 4,000달러짜리 문제였는데, 생각보다 간단했지요. 병목 지점에 완충재고를 두어야 한다고 배운 걸 응용했구만요. 병목 지점 앞에 버퍼를 얼마로 유지할지 스테이시 사장도 꽤 신경 쓰지요?"

"물론이죠."

"스테이시 사장은 버퍼의 양을 어떻게 정해요?"

"그건 베어링턴 공장 시절에 같이 해결했잖아요. 버퍼의 양은 두 가지 요소로 결정되죠. 재고가 소모되는 속도와 다시 보충될 때까지의 시간."

스테이시가 웃으면서 말했다.

"바로 그겁니다요. 우리의 물류 시스템에도 그걸 적용한 거지요. 지역 창고를 병목 지점의 버퍼처럼 생각한 거지요. 여기서 병목 지점은 매장과 고객들이고, 각 지역 창고의 버퍼의 양을 스테이시 사장이 말했듯이 재고가 매장에서 소모되는 속도와 보충하는 데 걸리는 시간, 이 두 가지를 통해 결정했지요. 재고를 보충하는 데 걸리는 시간은 공장에서 지역 창고까지의 운반 시간과 공장의 출하 주기를 비교해서 그중에서 큰 값의 약 1.5배 정도로 잡았어요. 결국은 생산 환경 개선을 위해 개발한 비법을 물류에도 활용한 거지요. 물론 약간의 수정이 필요했지만서도."

밥이 말했다.

"계속해보세요."

스테이시가 말했다.

"새로운 물류 시스템에서 우리의 출하 주기는 3일이고 지역 창고까지는 대부분 약 4일이 걸리니까, 다음 일주일 동안에 필요한 재고를 지역 창고에 보관해야 했지요. 그러나 물건을 운반하는 4일 동안의 판매량은 정확히 알 수가 없고, 전국 매장의 판매량이 계속 바뀌기 때문에 세심한 주의를 기울여야 했다구요. 재고량을 조금 더 늘려서 생기는 문제보다 물건 품절로 생기는 문제가 훨씬 크니까요. 그래서 지역 창고의 재고는 그 지역 평균 판매량의 약 20일 분량을 가지고 가기로 결정한 거지요."

"조심해야 하는 건 알지만 재고량을 일주일 분량에서 3주 분량으로 늘린 건 너무 조심한 거 같은데요? 거의 신경쇠약 수준인데요."

내가 끼어들며 말했다.

"저를 잘 알잖습니까요? 지금까지 신경쇠약이란 말은 들어본 적이 없습니다요."

밥이 웃으며 말했다.

"그런데 도노번 사장, 왜 그렇게 재고를 많이 가지고 가세요? 왜 20일 분량입니까?"

"그 이유는 매장들의 주문 방식 때문입니다요. 한 번 주문을 하면 대량으로 하지요. 아마 저희나 경쟁사들이 과거에 워낙 납품일을 못 맞춰서 생긴 습관 같습니다요. 품절이 돼서 물건을 못 파는 것보다 좀 넉넉하게 가지고 가자는 거지요. 심지어 6개월 분량을 한꺼번에 주문하는 매장도 있습니다요. 그래서 지역 창고에 갑자기 대량 주문이 들어오는 경우가 있습니다요. 다행히 각 지역 창고가 관리하는 매장 수가 많아서 개별 매장의 편차가 상쇄되기 때문에 주간 공급 물량 차원에서 크게 문제는 없습니다요. 그런데 만약 주문량이 터무니없이 늘게 되면 20일 분량의 재고로도 안 될 겁니다요."

"만약 매장에서 실제 판매량대로 주문하고, 창고에서 그때그때 공급해준다면 서로 훨씬 이익일 텐데요. 각 매장에 그렇게 하라고 설득해보지 그랬어요?"

스테이시가 곰곰이 생각하며 질문을 했다.

"물론이지요. 물류 책임자가 편지도 써보고 심지어 공급을 매일 해줄 수 있다고도 했는데, 대다수 매장에서 별 반응이 없었구만요. 무엇이든지 변화하는 데는 시간이 필요하니까요. 특히 수십 년에 걸쳐 굳어진 구매 습관을 하루아침에 바꾸기는 상당히 어려운 일이지요."

"그럼 20일 재고로 충분하다는 건 어떻게 알아낸 거죠?"

스테이시가 물었다.

"물론 그 숫자는 단순한 경험치가 아니고 계산을 통해 나온 거지요. 현재 매장들의 주문 형태에 따르면 20일분의 재고만 갖고 있어도 90퍼센트 이상을 즉시 맞춰줄 수 있지요. 우리는 이미 일주일에 두 번씩 지역 창고의 재고를 보충해주고 있고, 거기다 지금 가지고 있는 상품의 재고도 아직 다 소진시키지 못했으니까요. 그 결과 지금은 모두 원활하게 굴러가요. 우리는 주문의 99퍼센트 이상 즉시 맞출 수 있지만 그렇게까지는 안 하고 있구만요. 90퍼센트만 맞춰주면 매장에서도 나머지 10퍼센트에 대해서는 일주일 정도의 지연을 용납하니까요. 지금까지 우리나 경쟁사들이 보였던 공급 관행과 비교하면, 이 정도도 아주 훌륭한 수준이지요. 사실 매장들의 기대 수준을 너무 높여놓는 것도 문제가 될 것 같아서 일부러 수주 대응력을 90퍼센트로 낮춘 거구만요."

밥은 이어 자신 있게 덧붙였다.

"재고를 20일 수준까지 떨어뜨려도 전혀 문제가 없을 거구만요. 물론 한 4~5개월 후에나 입증되겠지만서도."

"현재 지역 창고의 재고량은 어느 정도입니까?"

돈이 물었다.

"이미 40일 분량으로 줄였고 계속 빠른 속도로 감소시키고 있지. 물론 시간이 가면 감소 속도도 줄어들겠지. 예전에는 몇몇 창고의 특정 품목의 경우, 무려 9개월분의 재고를 갖고 있어서 통제가 안 되는 경우도 있었는데, 그래도 지금은 그나마 낫지."

"그런 대로 괜찮네요. 나쁘지 않습니다. 재고량을 90일 분량에서 40일 분량 정도로 낮추었지만 납기 준수율은 30퍼센트에서 90퍼센트 수준으로 향상시켜 계속 경쟁력을 유지하고 있다는 말이군요. 정말 잘하셨습니다."

나는 밥을 칭찬해주었다.

"40일분은 현재 지역 창고에 있는 재고라는 거죠? 하지만 이 방식대로라면 물건의 공급 주기를 실제 판매가 아니라 단지 운반 시간에만 맞췄기 때문에 공장의 중앙 창고에서는 완제품 재고를 추가적으로 더 갖고 있어야 하지 않나요?"

스테이시가 상기시켰다.

"물론이지요. 총 완제품 재고가 20일 분량이면 좋겠지만, 그건 아직 힘들지요. 그래도 공장 재고를 개선시킬 수는 있지요. 이 경우 물건 공급에 걸리는 시간은 생산하는 데 걸리는 총 시간이 될 텐데, 작년에 물류 시스템 개선을 시작한 덕에 현재 생산 시간을 상당히 단축해놓았구만요. 앞으로 공장에도 약 20일 분량의 재고 면 충분하다고 봐요."

밥이 웃으며 말했다.

"그러니까 전에는 생산되는 즉시 제품을 지역 창고로 운반했는데, 이때 3개월 치 판매량을 예측해서 지역 창고로 내보냈다는 거죠? 그래서 필요한 곳에 필요한 제품이 있지 않고 엉뚱한 곳에 엉뚱한 제품이 쌓인 거예요. 하지만 이제는 지역 창고에 보관하는 재고량을 적게 가지고 가고, 그때그때 매장의 주문 상황에 맞게 필요한 물건을 지역 창고로 공급해준다 이거죠. 정말 괜찮은데요."

스테이시가 정리를 한 후, 다시 밥에게 말했다.

"좀더 자세히 살펴봐야겠어요. 현상분석체계도를 좀 볼 수 있어요?"

"물론이지요."

밥이 자랑스럽게 말했다.

돈은 완전히 헤매고 있는 표정이었다. 다 이해하지 못한 게 분명했다. 하긴 밥과 함께 현상분석체계도를 작성하지도 않았고, 스테이시와 같은 물류 전문가도 아니니까.

"돈, 질문이라도 있나?"

내가 물었다.

"많습니다만, 그중에서도 운반비가 어떻게 됐는지 가장 궁금합니다."

"이제는 지역 창고에 일정한 물량을 정기적으로 공급하니까, 트럭 한 대를 가득 채워서 운반하고 있지. 옛날처럼 소량을 지역 창고까지 항공으로 운반할 필요도 없고, 창고끼리 서로 물건을 주고받는 일도 없고 말이야. 당연히 운반비가 절감될 수밖에."

밥이 차근차근 설명해주었다.

"오전에 논의한 주제는 좀 무거웠죠? 그럼 점심 식사를 하고 오후에는 스테이시 사장의 얘기를 들어보죠."

"좋습니다, 부회장님."

나는 같이 점심을 먹으러 가지 않았다. 혼자서 생각할 시간이 필요했다. 아이코스메틱스는 이미 재고량을 많이 줄였고 앞으로도 계속 그럴 것이다. 그런데 생산과 물류 시스템은 완벽했지만 다른 파생 문제가 있었다. 그것도 아주 심각한 문제가. 바로 완제품 재고의 감소가 재무제표에 악영향을 미친다는 사실이다.

재고를 장부에 반영할 때 원가를 기준으로 한다. 회계 원칙에 따라 계산한 비용이 그 재고의 가치가 되는데, 즉 원자잿값으로 표시하는 것이 아니라 인건비, 간접비 등 부가가치를 합한 게 완제품 재고의 가치가 된다. 따라서 완제품 재고를 줄이면 줄어든 완제품의 부가가치만큼 장부에서 이익이 줄어든다.

새로운 물류 시스템에 따른 아이코스메틱스의 손익계산을 해봤다. 재고를 약 50일 판매량만큼 줄일 경우 1년 매출이 1억 8,000만 달러라고 봤을 때, 50일 매출은 대략 2,500만 달러 정도가 될 것이다. 그런데 장부상의 재고는 판매가 기준이 아닌 원가 기준이기 때문에, 장부상 줄어든 재고의 가치는 2,500만 달러가 아니라 약 1,700만 달러 정도가 된다. 이 경우 수익에는 어떤 영향을 미칠까? 이를 계산하려면 원자잿값, 대충 700만 달러 정도를 빼야 하는데……. 세상에! 단기 손실이 무려 1,000만 달러나 증가하다니!

나는 애써 침착하려 노력했다. 물론 이것은 숫자 놀음에 불과하다. 회계상 나타나는 일시적인 왜곡 현상일 뿐이다. 장기적으로 봤을 때 악성 재고 정리는 단기적인 장부상 손해를 보상하고도 남을 실질적인 이익을 가져올 것이다. 하지만 회사를 인수하려는 사람들에게 이 부분을 어떻게 설명해야 할까? 인수 희망자가 내용을 이해한다고 해도 일부러 모른 척한다면 아무 소용이 없다. 사는 사람 입장에서는 값을 깎을 수 있는 좋은 빌미가 되기 때문이다.

긍정적인 면은 없을까? 악성 재고가 줄어들 것이고 재고가 감소한 만큼 신제품 출시 후에 구제품을 대량으로 폐기할 필요도 없다. 그게 얼마나 될까? 밥의 예산안을 훑어봤다. 구제품 폐기 비용을 약 1,800만 달러로 잡아놓았다. 작년 것 그대로 옮겨 적은 거였다.

재고를 반 이상 줄이면 폐기되는 제품은 그보다 많이 줄어들 것이다. 특히 재고의 반 이상이 전국에 흩어져 있지 않고 한곳에 모여 있다면 신제품의 출시 과정을 단계적으로 모니터하기도 더 용이해진다.

결국 무슨 이야기인가?

폐기하지 않아도 되는 만큼은 이익으로 기록될 테니까, 한 달에 100만 달러로 계산해서 1년이면 1,200만 달러가 이익이다. 결국 회사 매각을 지연시킬수록 상황은 더 좋아질 것이다. 만약 올해 말까지 지연시킬 수 있다면……. 하지만 그것은 불가능하다.

언제쯤 인수 희망자들이 실사단을 보내려나? 내가 아는 모든 수단을 동원해서 지연시킨다 해도 2~3개월 정도밖에 안 남았다.

제기랄, 하필 가장 안 좋을 때다. 재고는 가장 많이 줄어들고 악성 재고 감소의 영향은 아직 나타나지 않을 때다.

도대체 무슨 수를 써야 하나? 겨우 수지를 맞추고 있는 회사를 매각하는 것도 쉬운 일이 아닌데 매출 1억 8,000만 달러에 적자가 1,000만 달러 이상인 회사를 파는 것은 더욱 어렵다. 물류 시스템을 옛날로 돌리라고 해야 하나?

그럴 수는 없다. 그리고 어차피 도움도 안 된다.

밥과 스테이시의 말이 맞다. 빠른 시간 안에 회사 이익을 늘리지 못하면 모두 끝장이다. 나뿐만 아니라 그들도, 또한 회사도 모두 망하게 된다.

지금 당장 매출을 늘릴 방법을 찾아야 한다. 빠져나갈 방법은 오직 그것뿐이다.

그런데 정상적인 방법으로는 그 목표를 달성할 수가 없다. 피트가 요구하는 신형 인쇄기를 들여올 수도 없고, 밥도 기술 부문을 체계적으로 개선시킬 시간적 여유도 없다. 더 빨리 움직여야 한다.

젠장, 그 월스트리트 주식 사냥꾼들 때문에 숨이 막혀죽겠군. 우리 좀 그냥 내버려두면 안 되나?

다들 점심 식사를 마치고 돌아왔다.

"부회장님."

돈이 말을 시작했다.

"점심 먹는 동안 도노번 사장님의 새로운 물류 시스템이 경영 수지에 미칠 영향에 대해 이야기해봤습니다."

"상당히 큰 악영향을 미치지?"

내가 덤덤한 어조로 말하자, 돈이 실망한 빛을 보였다.

"이미 알고 계셨군요."

"그럼 부회장님이 그것도 몰랐을까 봐?"

밥이 돈에게 한마디하고는 나를 쳐다봤다.

"어떻게 할까요? 그냥 무시해야 하는 건지, 아니면 공장의 재고를 늘리는 방법도 있기는 합니다요. 아시다시피 요즘 유휴 생산 능력이 있으니까 그 정도는 쉽게 할 수 있습니다요."

잠시 생각을 해봤다. 지역 창고의 재고가 아니라 공장의 중앙 창고 재고를 늘리면 매장의 주문을 받고 공급하는 데는 아무 지장이 없다. 물론 신제품 출시는 조금 어렵겠지만 그 영향도 그렇게 심각하지 않다. 또한 재고량이 많아지기 때문에 장부에서 경영 수지도 악화되지 않는다. 마음이 끌리는 방안이기는 하다.

"아닙니다. 그러지 마세요."

"그렇게 나오실 줄 알았습니다요. 숫자 놀음으로 편법을 쓰는 걸 좋아하신 적이 없으니까요. 그래도 한 번은 물어봐야 할 거 같아서 말입니다요."

"좋습니다. 그럼, 이제 스테이시 사장이 얘기해보세요."

"큰 그림에서 크게 달라진 건 없어요. 지난 1년 동안 저희도 상당한 유휴 생산 능력이 생겼습니다. 공장 돌아가는 소리만으로도 쉽게 느낄 수 있을 정도죠. 아이코스메틱스보다 많은 편이에요. 현재 우리 회사의 가장 큰 문제는 영업이죠."

스테이시가 계속해서 이야기했다.

"아시다시피 저희는 물건을 파는 상점을 상대로 영업하는 게 아니라 고압증기를 필요로 하는 기업들이 거래처죠. 이 분야에 기술적인 발전도 많이 있었고 새로운 제품도 개발됐지만, 도노번 사장이 맡고 있는 화장품 업계만큼은 아니에요. 아직 10년 전의 설계를 그대로 사용하는 경우도 있으니까요. 문제는 경쟁이 워낙 치열해서 시장을 확대하려면 처음 설비는 원가로 판매해야 하는 경우가 많다는 거죠. 대부분의 이익은 추가 설비나 예비품들을 공급하면서 얻고 있고요. 그래도 아직 수익성은 상당한 편이기는 하지만요."

"예비품의 공급은 원활하게 이뤄지고 있습니까?"

돈이 물었다.

"아니, 그렇지 않아. 여기저기 예비품 재고가 산더미처럼 쌓여 있지. 게다가 필요한 부품이 필요한 곳에 있지 않은 경우가 많아서 거래처들이 불평하곤 하지."

스테이시가 대답했다.

"그러면 도노번 사장님네의 새로운 물류 시스템을 도입하면 도움이 되지 않을까요?"

"아마 도움이 되겠지. 그래서 현상분석체계도를 부탁했던 거고. 하지만 상황이 워낙 다르니까 몇 가지는 수정을 해야겠지. 예를 들어 우리는 고객 대응 수준을 90퍼센트로 하는 것으로는 부족해. 고객에게 필요한 부품을 제때 공급하지 못한다는 건, 고객의 생산 활동을 정지시키는 것과 같으니까 말이야. 우리는 95퍼센트의 고객 대응 수준을 100퍼센트에 가깝게 올려야 해. 그리고 그렇게 할 수 있을 거야. 각 지역 창고의 재고량을 다시 점검한 다음에, 도노번 사장의 시스템을 잘 응용하면 꽤 큰 효과가 있을 거 같은데……."

스테이시는 돈에게서 내게로 시선을 돌리고 다시 말을 이었다.

"하지만 알렉스 부회장님, 예비품에 대한 서비스를 개선한다고 해서 영업 문제가 풀리는 것은 아니에요. 정말 획기적인 방안이 필요해요."

"부품의 판매 가격이 상당히 높다고 하셨죠?"

돈이 주저하며 말을 꺼냈다.

"그랬지."

스테이시가 대답했다. 돈이 주저하는 기색을 보이자, 스테이시가 오히려 돈을 격려했다.

"괜찮으니까 뭐든지 말해봐. 타성에 젖은 우리는 떠올리지 못하는 생각을 외부의 제삼자는 해낼 수 있거든."

"별로 좋은 생각이 아닐지도 모르겠지만……. 시장 진입을 위해서 초기 설비는 거의 원가에 판매하는 경우가 많다고 하셨죠?"

"그렇지."

"그러면 초기 설비를 판매한 회사가 실질적으로 그 고객에 대한 부품 공급을 거의 독점하는 거네요?"

돈이 점점 확신을 얻은 듯 말했다.

"제대로 봤네. 회사마다 제품 디자인이 다르고 타사 제품과는 호환이 안 되거든. 그래서 기본 설비를 한 고객한테 팔게 되면, 그 고객은 추가로 필요한 다른 설비나 예비품을 계속 그 회사한테 의존해야 하지."

"제품들의 차이가 그리 크지는 않을 거잖아요? 그러니까 경쟁사의 제품 설계도를 구해서 경쟁사의 부품을 생산하면 안 되나요? 기술적으로는 충분히 가능할 거 같은데요.”

“하려는 얘기가 그거였구나.”

스테이시는 실망한 듯 말했다.

“글쎄, 그 질문에 답을 하자면 경쟁사의 설계도는 구할 수 있고 또 이미 가지고 있어. 그리고 경쟁사의 부품을 생산하는 것도 기술적으로나 법적으로 아무 문제가 없고. 가능하지. 그래서 하려던 제안이 뭐였지?”

“경쟁사의 고객들한테 필요한 부품을 공급해보자는 거였는데, 이미 생각해보신 거 같네요. 그런데 왜 시도 안 해보셨어요?”

자신감이 사라진 목소리로 돈이 물었다.

“간단한 문제야. 경쟁사 고객들이 우리 부품을 구입한다면 왜일까? 그건 낮은 가격에 공급해주기 때문이겠지?”

“아, 알겠습니다. 그러면 경쟁사들도 마찬가지 방법을 쓸 거고, 결국은 가격 경쟁만 부추기겠군요.”

“맞아. 어떤 경우에라도 피해야 할 게 바로 가격 경쟁이니까.”

“죄송합니다. 제 생각이 짧았습니다.”

“죄송하기는. 도노번 사장의 물류 시스템을 제대로 적용하고 부품 공급 면에서 좋은 평판을 얻을 때까지 시간만 충분하다면, 자네 의견도 쓸 만해. 문제는 그런 경쟁 우위를 점하려면 수년이 걸리는데, 우리는 겨우 몇 달밖에 시간이 없으니까.”

스테이시가 웃으며 말했다.

“여러분, 이 시점에서 우리가 필요로 하는 것은 새로운 마케팅 아이디어입니다. 우리를 차별화시키고, 고객이 경쟁사보다는 우리 제품을 사도록 만들 뭔가가 필요합니다. 하지만 아주 단기간에 구현 가능한 방법이어야 하죠."

내가 천천히 말했다.

"맞아요. 하지만 그렇다고 가격을 인하할 수는 없어요."

스테이시가 말했다.

"그럼요. 가격을 인하할 수는 없죠. 제 말은 기존 제품을 가지고 최대한 활용할 수 있는 아이디어를 찾아야 한다는 겁니다. 기존 제품을 크게 바꾸는 게 아니라 약간 바꾸는 것은 가능하겠죠."

"정말 파격적인 발상이 필요합니다요."

밥도 동의했다.

'그래, 그것도 하나가 아니라 세 가지나. 회사마다 하나씩.'

나는 속으로 생각했다.

8

저녁 식사를 거의 마칠 무렵 예상했던 일이 벌어졌다.

"아빠, 자동차는 어떻게 하실 거예요?"

아들 데이브가 물었다.

집에 들어서는 순간 꺼낼 줄 알았더니 꽤 참을성 있는데! 어쩌면 잠시 쉬었다가 저녁 식사 후에 말하는 게 좋을 거라고 아내가 귀띔해줬는지도 모른다.

그래도 왠지 기분이 나빴다.

"차가 왜?"

"아빠가 유럽에서 즐거운 시간을 보내는 동안 내가 아빠 차를 써도 되냐고요?"

"즐거운 시간?"

내가 반문했다.

"아, 그게 아니고. 죄송해요. 즐거운 시간이 아니라 열심히 일을 하겠죠. 아빠 없는 동안 차 써도 돼요?"

아들의 말이 탐탁지 않았다. 부탁이 아니라 당연한 것을 요구하는 것 같았다.

"내가 허락해야 되는 이유를 한 가지만 대봐."

아무 말이 없다.

"말해보라니깐."

내가 재촉했다.

"됐어요. 빌려주기 싫으면 관둬요."

데이브는 눈을 식탁에 두고 중얼거렸다.

이제 문제가 해결되었다. 사실 나도 빌려주고 싶지 않았는데 이제는 빌려주지 않아도 된다. 잘됐다.

아내와 샤론은 다른 이야기를 하고 있었고, 데이브와 나는 말한마디 없이 저녁을 먹었다.

아니야, 해결된 게 아니야. 처음 말을 꺼냈을 때도 데이브 마음이 상할까 봐 그 자리에서 바로 거절을 못했는데 결국은 걱정대로 되고 말았다.

데이브는 마음이 상한 듯 오만상을 찌푸리고 있었다. 아빠와는 대화가 안 된다는 생각만 굳혀준 꼴이었다.

10대 아이들이란…….

"기름도 넣고 정기점검도 해준다고 했었나?"

마침내 내가 다시 이야기를 꺼냈다.

식탁만 쳐다보던 데이브가 나를 바라봤다.

"네."

조심스럽게 대답했다. 그러고는 갑자기 힘이 나서 덧붙였다.

"또 아빠가 없는 동안에 샤론을 데려다 줄 일이 생기면 제가 엄마 대신 할 거고."

"그거 정말 좋은 생각인데! 그러니까 엄마와 동생을 한편으로 만들어서 아빠를 고립시키겠다는 거야?"

내가 웃으면서 말했다.

"그런 뜻은 아니고."

데이브의 얼굴이 벌게졌다.

"잠깐만!"

이럴 때 빠지면 내 딸 샤론이 아니지. 금방 상황을 눈치챈 샤론이 나섰다.

"와, 오빠가 나 기사 해주는 거야? 데비한테 전화해야지. 분명히 안 믿을걸."

"샤론, 가만있어. 아직 차를 빌려주겠다고 안 했어."

데이브가 샤론을 진정시키려 했다.

"아빠, 제발! 응? 허락해줘, 응?"

샤론이 데이브를 대신해서 애교 작전을 펼쳤다.

"글쎄, 아빠는 아직 잘 모르겠는데."

"생각해보겠다고 해놓고."

데이브가 퉁명스럽게 말했다.

"그래, 생각해봤지."

"그랬는데요?"

"몇 가지 개운치 않은 점이 있단 말이지."

"뭐, 당연히 그러겠지."

데이브의 표정이 몹시 어두웠다.

"데이브, 생각해보겠다고 약속을 했고 사실 생각도 해봤다. 그런데 몇 가지 걱정되는 점이 있었어. 만약 이 몇 가지 문제만 해결되면 내가 유럽에 가 있는 동안 내 차를 써도 좋아. 하지만 아빠 문제니까 나는 몰라요 하는 식으로 무시하면 단번에 안 된다고 할 수밖에 없다. 알겠어?"

내가 근엄한 목소리로 말했다.

"네, 아빠."

이제 좀 진정되는 모습이다.

"걱정이 뭔데요?"

"보여주마."

나는 서재로 가서 전에 적어놓았던 종이를 찾아왔다. 우선 그 첫 장을 데이브에게 보여주었다.

"이건 긍정적인 점들을 적은 목록인데 이제 하나 더 추가해야겠 구나. '동생의 기사 노릇을 한다'라고."

"글쎄, 그게 긍정적인지는 모르겠네요."

데이브가 중얼거렸다. 그러고는 마지막 항목을 소리 내어 읽었다.

"부자간의 관계를 돈독히 한다."

잠시 생각을 하더니 말했다.

"그러니까 내가 무슨 약속을 하든지 꼭 지켜야 한다는 의미네."

그러고는 한숨을 쉬었다.

"불공평하다고는 못하겠네. 좋아요. 걱정되는 문제점이 어떤 거 예요?"

"우선, 첫 번째 문제는 이미 해결이 된 거 같지만 그래도 짚고 넘 어가야겠다. 내 출장이 네 봄방학하고 겹치고 또 네가 멕시코에 가고 싶어 한다는 것은 우리가 다 아는 사실이지."

"아빠, 멕시코 걱정이라면 안 해도 돼."

샤론이 즉시 끼어들었다.

"오빠가 날 매일 태워준다고 했으니까, 하루라도 약속을 안 지키면 내가 가만 안 놔둘게."

"아빠랑 타협점을 찾을 줄 알았어요. 약속할게요. 장거리 여행은 안 해요."

데이브가 말했다.

안심이 되었다. 그래서 다음 장으로 넘어갔다.

"데이브, 네가 읽어라. 밑에서부터 읽어 올라와봐."

데이브가 읽기 시작했다.

"내가 없는 동안 데이브가 차를 마음대로 쓸 수 있다."

"그럼 이제 아빠가 차를 빌려주기로 한 거야?"

샤론이 정말이냐는 표정으로 물었다.

"그러면 오죽 좋겠냐? 아직은 아니야. 이건 그냥 빌려줬을 때 생길 수 있는 부정적인 결과를 써놓은 것뿐이야."

데이브가 말했다.

"아, 그렇구나."

"나는 오랫동안 집을 비운다."

데이브가 계속해서 읽었다. 그러고 나서는 자신의 생각을 덧붙였다.

"일주일이 그렇게 긴 것도 아닌데…….."

"그건 네 생각이고."

아내가 말했다.

"알았어요, 엄마. 더는 쓸데없는 말은 안 붙일게요. 그럼 다음 단계로 넘어갑니다. '오랫동안 데이브가 차를 마음대로 쓴다.'"

"아니야, 그렇게 읽는 게 아니지. 그건 단순한 문장이 아니라 현상분석체계도야. 화살표를 따라 읽어야지."

내가 시범을 보여주기 위해서 첫 문장을 가리키며 읽었다.

"'그래서 오랫동안 데이브가 차를 마음대로 쓴다'가 되는 거지."

"아, 확실히 그러네."

"그럼 다음 항목을 읽어봐."

그렇게 말하면서 나는 아내를 바라보며 웃었다. 아내도 마주 웃어주었다. 우리 둘 다 요나 교수가 했던 말을 떠올렸기 때문이다. 즉, 상대가 '확실히 그렇다' 혹은 '상식이다'라고 대답하면, 그것은 서로 의사소통이 되고 있다는 의미였다.

데이브가 계속 읽어 올라갔다.

"누구나 무엇이든 자주 쓰게 되면 습관이 되고, 그것을 일종의 권리라고 생각하게 된다."

"그렇지?"

내가 물었다.

"뭐, 대부분 그렇지. 다음 단계를 읽을까요?"

"그래. 하지만 인과관계에 따라 읽어봐. 즉, '뭐뭐 하다면 뭐뭐 하다'는 식으로……."

"만약 '무엇이든 자주 쓰게 되면 습관이 되고, 그것을 일종의 권리라고 생각하게 되기 때문에, 오랫동안 데이브가 차를 마음대로 사용한다면 차를 마음대로 쓰는 데 익숙해진다'. 아, 이제 아빠 걱정이 뭔지 알겠다. 그렇지만……."

"데이브, 그러지 않겠다고 쉽게 약속해버리지 말고 이게 얼마나 중요한 문제인지 제대로 이해했으면 좋겠다. 우선 마저 읽어봐."

"네, 계속 읽을게요. 그다음 문장은 '나는 내 차를 누구와 같이

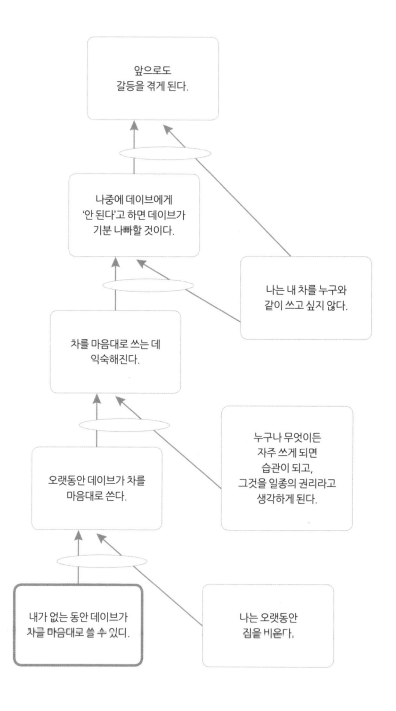

쓰고 싶지 않다'예요."

"그럼 이제 필연적으로 분명한 결론에 이르게 되지. 이번에는 '만약에 뭐뭐 하고 뭐뭐 하면 뭐뭐 하다'는 식으로 읽어봐."

"만약 데이브가 차를 마음대로 쓸 수 있다고 생각하게 됐는데."

데이브의 목소리에는 힘이 빠져 있었다.

"나는 내 차를 누구와 같이 쓰고 싶지 않기 때문에 나중에 내가 데이브에게 '안 된다'고 하면 데이브는 기분 나빠할 것이다."

"데이브, 네 생각은 어때?"

"그렇기는 하네. 아빠와 문제가 생길 수도 있겠어요."

"그래서?"

"글쎄, 나도 잘 모르겠어요. 또 내가 무슨 말을 하든지 이 문제를 대충 넘기려는 것으로 해석할 거면서?"

자세하게 쓰길 잘했다는 생각이 들었다. 막 해결 방법을 제시하려는데 아내가 눈치를 주었다. 꺼내려던 말을 도로 삼키면서 데이브에게 말했다.

"데이브, 시간을 가지고 생각해봐. 다음 주까지는 출장을 안 가니까."

뭔가 말을 하려고 입을 열었다가 아무 말도 못하고 입을 닫는 데이브의 모습이 마치 붕어 같았다. 그러다가 마침내 데이브가 타협안을 꺼내놓았다.

"혹시 앞으로…… 두 달 동안은 아빠 차를 안 쓰겠다고 약속하면 어때요?"

생각지도 못한 제안이었다. 좀 심하지 않나? 더군다나 데이브가 지킬 수 있을 것 같지도 않은데. 데이브는 내 차를 너무 좋아해서 지키기 힘들 텐데.

"왜 그렇게 생각했니?"

아내 줄리가 물었다.

"간단하게 생각해서 내가 일주일 만에 아빠 차를 내 차처럼 느끼게 된다면, 두 달 정도 안 타다 보면 그 생각을 고쳐먹겠지."

"자기 생각은 어때?"

아내가 물었다.

"글쎄, 두 달은 너무 긴 거 같고 한 달이면 될 거 같은데."

아내 줄리는 고객들의 파일을 보면서 문제를 좀더 잘 파악하기 위해서 현상분석체계도를 그리고 있었다. 요나 교수에게 배운 체계도가 부부 문제를 진단하고 회복하는 데 많은 도움이 된다고 했다. 이 체계도를 사용하면 두세 번의 상담만으로도 위태로웠던 부부 문제를 해결할 수 있어서 몇 개월 동안 상담을 질질 끌 필요가 없다는 것이다. 문제 해결 건당이 아니라 시간당으로 돈을 받기 때문에 문제가 빨리 해결되면 그만큼 수입이 줄어들지 않느냐고 하자, 아내는 웃으면서 자신을 만나기 위해 줄 서 있는 대기자 명단을 가리켰다.

아내는 일에 열심이지만 그렇다고 스트레스를 받지는 않았다. 항상 바쁘기는 하지만 시간 없어 한 적도 없었다.

자기 고객의 문제를 연구하는 아내 줄리 옆에서 밀린 서류를 느긋하게 정리하는 이런 평화로운 저녁 시간이 나는 참 좋다. 사이먼 앤 가펑클의 세실리아에 대한 노래가 흘러나와 분위기를 더욱 북돋웠고, 아이들은 방에서 곤히 자고 있었다.

"자기야, 데이브 문제는 잘했어."

아내 줄리가 미소를 지었다.

"유니코에서는 이런 경우를 두고 '노사간에 평화를 이룩했다'고 하지."

"무슨 뜻이야?"

잘 이해가 안 가는 모양이다.

"다른 뜻은 없어. 나도 내 결정에 만족하니까. 하지만 결과를 객관적으로 한번 봐봐. 데이브는 차를 쓰고 나는 그걸 허락했어. 그게 결론이지."

"그렇게 결정한 게 마음에 안 드는 거구나?"

아내가 나직이 물었다.

"아니야. 마음에 들어."

"정말 마음에 들어? 그럼 데이브 원하는 대로만 됐다고 말하면 안 되지."

아내가 볼에 입을 맞추면서 말했다.

가만히 생각해봤다. 데이브가 간절히 원하던 대로 돼서 나도 기뻤다. 단지 그에 따른 부수적인 것, 예를 들면 내 차 쓰는 것을 당연하게 생각하지 않을까 하는 게 마음에 걸릴 뿐이다. 물론 그 문제도 해결됐다. 그 외에 예상치 못한 소득도 얻었다. 일단 아내도 할 일이 줄었고, 샤론도 시기하지 않고 오히려 더 좋아하니까.

"자기 말이 맞아. 데이브가 두 달이나 내 차를 안 쓰겠다고 할 줄 누가 알았나? 부정적인 면만 제대로 제시하고 해결 방법은 말하지 말라던 요나 교수님의 가르침이 적중했어. 만약 내가 데이브한테 두 달 동안 차를 쓰지 말라고 말했으면 녀석은 말도 안 된다고 생각했겠지."

나는 아내를 꼭 껴안으며 말했다.

"아, 정말, 요나 교수님의 방법은 효과가 있어. 서로가 다 이길 수 있잖아."

아내도 웃는 얼굴로 동의했다.

"나도 자기처럼 확신을 가질 수 있으면 좋겠다. 요즘 회사에 복잡한 문제가 너무 많아. 잘 풀리지가 않네. 문제들 중 하나만이라도 쌍방이 흡족해하는 해결 방법을 찾으면 좋을 텐데."

내가 조용히 말했다.

"더 자세히 말해봐."

아내 줄리가 차분하게 물었다.

어떻게 설명해야 할지 잘 모르겠다. 내 문제에 대해 한탄을 해봤자, 괜히 아내만 걱정시키고 나도 더 우울해질 것 같았다.

"회사를 어떻게 지킬 건지 방안은 생각해냈어?"

"아니."

한숨이 나왔다. 아내에게 밥과 스테이시와 이야기했던 '계획'에 대해 말해주었다.

"지푸라기라도 잡고 싶은 심정이야."

"그 정도로 절박해?"

"몇 달 안에 매출을 획기적으로 늘릴 마케팅 돌파구를 과연 찾을 수 있을까? 그 가능성이 얼마나 된다고 생각해?"

"가능성은 충분해."

아내가 내 기운을 북돋아주려고 애썼다.

"그럴 수도 있겠지. 하지만 쉽지 않아. 더구나 우리는 새로운 제품도, 광고 예산도 없어."

잠시 있다가 덧붙여서 말했다.

"또 그런 기적이 한 번도 아니고 세 번이나 필요해. 이건 도저히 불가능한 일이야."

"아니, 불가능하지 않아. 어렵기는 하겠지만 불가능하지는 않아."

아내가 힘주어 말했다.

"무슨 수로?"

"내 말 좀 들어봐. 요나 교수님한테 가르침을 받은 건 바로 이런 경우를 위해서잖아. 돌파구가 보이지 않을 때, 포기하는 것 외에는 길이 없어 보일 때를 위해서 말이야."

아내가 계속 말을 이었다.

"자기야, 날 믿어. 난 이런 상황을 매주 만나는데?"

"매주?"

좀 과장이 심하지 않느냐는 표정으로 내가 물었다.

"물론 내가 그런다는 건 아니고. 상담을 받으러 오는 사람들 말이야. 그중에는 회복 불가능해 보이는 부부도 많아."

아내는 이어서 진지한 목소리로 덧붙였다.

"자기랑 내가 다른 점이 뭔지 알아? 자기는 지금 요나 교수님의 방법을 거의 쓰지 않는다는 거야."

나는 그렇지 않다고 했지만 아내는 계속 말했다.

"물론 요나 교수님이 가르쳐준 방법의 일부를 활용하고는 있지. 협상이나 팀을 구성할 때, 혹은 중요한 회의를 준비할 때. 하지만 요나 교수님의 방법을 일부분이 아니라 전체를 사용해본 게 언제였어? 어려운 상황을 분석해서 모두가 만족하는 해결 방법을 찾는 데 활용한 적이 몇 번이나 있어?"

지난달에 물류 시스템 문제를 해결하는 데 사용했다고 대답하려 했지만, 사실 그것은 내가 한 일이 아니었다. 그건 밥과 그의 사람들이 해낸 것이다.

"상담을 하다 보면 늘 새로운 상황을 접하게 돼. 그래서 '사고 프로세스' 전체를 계속 활용해야만 하지. 지금까지의 경험으로 봤을 때, 요나 교수님의 사고 프로세스를 적용하면 해결 방법이 나오게 돼 있어. 물론 쉽지 않아. 많은 노력이 필요하지. 그래도 효과는 확실해. 자기도 알잖아."

아내는 계속해서 공격해왔다.

내가 별 대꾸가 없자, 아내가 자기 생각을 솔직하게 털어놓았다.

"자기는 지금까지 써왔던 해결 방법들만 계속 써먹으려고 하고 있어. 하지만 언제까지 그럴 수는 없어. 현재 상황에 맞는 새로운 방법을 개발해야지."

"무슨 뜻이야?"

나는 짜증이 났다.

"나보고 마케팅 문제를 포괄적으로 해결할 수 있는 프로세스라도 개발해내라는 말이야?"

"그래. 바로 그거야."

나는 더는 응수하지 않았다.

"드디어 과자 포장 부문을 상자 부문보다 더 수익성 있게 만들 방법을 찾았습니다."

피트가 흥분해서 말했다. 그 이야기를 들으니 나도 흥분되기는 마찬가지였다.

작년에 과자 포장 부문은 무려 400만 달러의 적자를 냈는데, 이것이 회사의 총이익을 100만 달러에도 못 미치게 만든 장본인이었다. 만약 피트의 말대로 과자 포장 부문의 수익을 다른 부문 못지않게 끌어올릴 획기적인 마케팅 돌파구만 찾아낸다면……, 과자 포장 부문의 출혈만 막아도 일단은 500만 달러의 이익을 기대할 수 있을 텐데.

하지만 그런 방법이 있다고 믿기는 어려웠다. 혹시 피트가 회사 매각을 막아야 한다는 절박한 심정에서 비현실적이고 아주 위험한 접근 방법을 만들어놓고 흥분하는 건 아닐까 내심 걱정되었다.

"좋습니다. 처음부터 찬찬히 들어보죠. 저도 조목조목 분석해보겠습니다."

"저도 그걸 기대하고 왔습니다."

자신 있는 미소를 지으며 피트가 말했다.

"사실 모두가 돈의 전화를 받고 떠오른 생각입니다."

"제 전화요?"

돈이 의외란 듯 물었다.

"제가 새로운 아이디어를 드린 기억은 없는데요."

"아니야. 이 굉장한 아이디어는 다 자네 덕분이야."

"그렇게 칭찬해주시니, 게다가 부회장님 앞에서 그러시니 몸 둘 바를 모르겠습니다. 그런데 제가 한 일이라곤 소량 주문에서는 경쟁이 되는데 왜 대량 주문에서는 경쟁이 안 되는지, 그 이유를 여쭤본 것밖에 없는데요."

"바로 그거였다니까."

피트는 돈의 표정이 무척 재미있는 모양이다.

"자네의 말을 듣는 순간 단점에 집착하기보다는 그나마 갖고 있는 장점을 활용해야겠다는 생각이 들었다네."

"아, 그러셨군요."

돈이 말했다. 그리고 잠시 생각하더니 다시 말했다.

"아니, 잘 이해가 안 됩니다. 작업 준비 시간이 적게 든다는 장점이 대량 주문에서 경쟁력을 확보하는 데 무슨 도움이 되는지 잘 모르겠는데요."

"돈이 이야기의 핵심을 놓친 것 같군. 피트 사장이 언제 대량 주문을 노리겠다고 했나? 그저 경쟁력 있는 시장을 집중 공략하겠다고 했지. 피트 사장, 축하합니다. 대량 주문만이 돈이 된다는 고정관념을 극복하면 수익성 높은 소량 수요도 얼마든지 있다는 사실을 깨달을 줄 알았어요. 아무튼 계속 이야기해보세요. 그게 어떤 시장이죠?"

내가 기쁜 마음으로 말했다. 하지만 피트는 아무 말도 못하고 있었다. 그는 그저 놀란 듯 헛기침만 했다. 나는 갑자기 웃음을 터뜨렸다. 보아하니 이야기의 핵심을 놓친 것은 돈이 아니라 바로 나였다. 그것도 아주 핵심에서 꽤 멀어진 모양이었다.

"핵심을 놓친 건 전가 보네요. 얘기해보십시오. 그 기발한 생각이 뭔지 듣고 싶네요. 작업 준비 시간이 적게 드는 우리의 장점을 활용해서 초고속 인쇄기를 사용하는 경쟁사들을 어떻게 따돌릴 겁니까? 대량 주문을 확보할 비결이 뭐죠?"

"간단합니다. 아니요, 사실 그렇게 간단하지는 않습니다. 우선 고객들의 구름부터 그려보겠습니다."

"그러세요."

피트는 화이트보드로 가서 구름을 그리기 시작했다.

"회사 구매 담당자들의 궁극적인 목표는 자기네 회사의 경영 방침을 따르는 거죠. 그리고 회사의 경영 방침은 최대한 재정 손실을 줄이고 거래하는 겁니다. 그런데 우리 업종은 작업 준비 시간이 많이 걸려서 단가를 낮추려면 가능한 한 많은 양을 한꺼번에 주문해야 합니다. 이게 유일한 방법이죠. 그래서 구매 담당자들은 싼값에 제품을 구매하기 위해서 한 번에 많은 양을 주문할 수밖에 없습니다."

"그렇죠."

"그런데 또 한편으로 구매 담당자들은 재고를 최소화하려고 노력합니다. 요즘 회사들이 재고를 대량으로 쌓아놓지 않으려고 하는 건 아시죠?"

"네, 압니다."

"결국 재고를 줄이기 위해서는 소량으로 더 자주 주문해야 합니다."

그러면서 피트는 구름을 완성했다.

"하지만 피트 사장님, 재고량을 줄이는 것보다 싼값으로 거래하는 게 더 중요하다고 생각하지 않을까요?"

돈이 물었다.

"그렇지."

피트도 동의했다.

"그럼, 상황을 어떻게 바꾸실 건가요?"

돈이 질문을 계속했다.

"고객 입장에서 보면 시장 경쟁이 치열해질수록 예측 정확도는 점점 떨어지게 된단 말이야. 이런 상황에서 대량 구매는 현명하지 못하지. 게다가 정부 규제 또한 우리한테는 도움이 된다네. 식품에 들어가는 성분을 과자 포장지에 자세히 표시해야 하는데, 정부가 그 표시 방법에 대한 규정을 자주 개정하고 있거든. 또 한 가지 아주 중요한 점은, 경쟁이 워낙 치열하다 보니까 과자 회사들이 다양한 마케팅 캠페인을 벌인다는 거야. 그래서 과자 포장지를 약간 바꿔야 하는 경우가 종종 생기지."

"그 회사들은 내부에서 의사소통이 그렇게 안 되는 거예요? 새로운 마케팅 캠페인을 준비 중이라는 걸 미리 구매 담당자한테 안 알려주는 건가요?"

돈이 물었다.

"내부의 의사소통 문제가 아니야. 요즘 같은 시장 상황에서는 그 어느 때보다도 발 빠르게 대응해야 하기 때문에 2~3개월 만에 새로운 마케팅 캠페인을 진행하는 경우가 빈번하지."

"그럼 앞으로는 점차 소량 구매 쪽으로 돌아설 거라는 겁니까?"

돈이 물었다.

"그렇기도 하고 아니기도 해. 이미 그런 추세는 시작됐고 앞으로 더 가속화될 거야. 하지만 우리 입장에서는 이런 점진적인 변화를 기다릴 시간적 여유가 없어. 그래서 이런 추세를 가속화시킬 획기적인 방법을 찾아야 하지."

"어떻게 말인가요?"

내가 물었다.

"바로 우리 고객사의 구매 담당자들이 갖고 있는 것, 구름 속 화살표에 있는 가정을 깨는 겁니다."

피트가 대답했다. 이의를 제기할 건 없었다.

"어느 화살표를 깰 생각입니까?"

내가 다시 물었다.

"최대한 재정 손실을 줄이고 거래하려면 대량 주문을 해야 한다는 화살표가 문제입니다."

"계속해보세요."

내가 격려를 했다.

"잠깐만요. 피트 사장님의 방안을 철저히 검토해보려면, 지금 함께 숨어 있는 가정을 깨보는 게 어떨까요?"

돈이 중간에 끼어들었다.

"좋은 생각이야."

피트가 싱긋 웃으며 말했다.

"여러 가지 방안을 검토하다 보면 점점 제가 제시한 해결 방안의 진가를 인정하실 겁니다."

피트는 꽤나 자신만만해 보였다. 좋은 징조다.

"이 화살표 밑에 깔려 있는 전제는 작업 준비 시간이 오래 걸리기 때문에, 단가를 낮추려면 한 번에 대량으로 주문해야 한다는 겁니다. 이와 같은 전제조건을 뒤바꿔볼 수는 없을까요? 지금 우리의 경우는 작업 준비 시간이 매우 짧다고 하셨잖아요. 여기서 우리 잠시 함께 생각해보죠. 다른 사람들이 믿고 있는 고정관념에 끌려갈 필요는 없잖아요? 그러니까 인쇄하는 데 걸리는 작업 시간을 기준으로 판매 가격을 책정해야 한다는 법은 없지 않나요? 어차피 유휴 생산 능력이 있고 판매 가격이 투입 원자잿값보다 높으면, 생산 설비를 놀리는 것보다는 좀 시간이 걸리더라도 일을 하는 게 낫지 않나요?"

돈이 모순 해결 규칙에 따라 검토하기 시작했다.

"돈, 그러면 가격 전쟁이라도 하라는 말인가?"

"아닙니다. 그건 절대 아닙니다."

돈은 약간 흥분했다.

"단지 경쟁사들이 대량 주문을 할 때 제시하는 가격만 받으라는 거죠."

피트가 한마디하려 했지만 돈이 틈을 주지 않고 계속해서 말했다.

"인쇄기의 속도가 느려도 어차피 유휴 생산 능력이 많으니까 가능합니다. 한편 구매 담당자들도 점차 적은 양을 주문하는 추세고요. 그렇게 할 경우 얻을 수 있는 추가 이익이 얼마인지 계산해보셨어요? 유휴 설비에 한계가 있으니까, 늘릴 수 있는 수익에도 한계가 있을 겁니다."

"아니야, 돈. 그렇게 해서는 문제가 해결되지 않아."

내가 말했다.

"왜 그렇습니까?"

"우선 경쟁사의 대량 주문 가격에 맞추어 우리가 값을 제시한다고 해서 구매 담당자들이 소량 구매를 하는 건 아니야."

"아, 그건 그러네요. 그래도 제 생각이 들어맞을 거 같은데요. 피트 사장님의 회사는 경쟁력을 가지게 될 것이고, 소량 주문에서는 더 저렴하니까 유리할 겁니다. 구매 담당자도 되도록 적은 양을 거래하기를 원하니까요."

"돈, 그 해결 방법으로는 구름을 깨지 못해. 그리고 피트 사장이 생각하고 있는 방법은 그게 아닌 거 같네. 더군다나 가격을 낮추기 위해 유휴 설비를 풀가동하는 정도의 해결 방법이었으면 피트 사장이 흥분해서 여기까지 찾아오지도 않았을걸. 아마 피트 사장의 생각은 전혀 새로운 방법일 거야. 피트 사장, 그렇죠?"

내가 침착하게 이야기했다.

"물론입니다."

피트는 이렇게 대답하고는 돈을 향해 말했다.

"경쟁사에 맞추어 가격을 인하한다는 것은 상당히 위험한 방법일 뿐만 아니라 현재의 유휴 설비를 풀가동한다 해도 과자 포장 부문의 적자를 메울 만큼은 안 돼."

"그럼, 경쟁사에 맞춰서 가격을 제시하는 게 왜 위험합니까?"

"돈, 인기 품목용 포장지를 대량으로 구매하는 사람이 동시에 비인기 품목용 포장지를 소량으로 주문하지. 둘은 같은 구매 담당자란 말이지."

싱긋 웃으면서 피트가 대답했다.

돈은 잠시 생각을 했다. 나와 피트는 돈이 생각을 정리하도록 기다려주었다.

"그렇다면 그 말은 구매 담당자는 우리 쪽 단가를 경쟁사와 비교할 뿐만 아니라, 우리가 소량 주문에 제시한 단가와도 비교하겠죠. 아, 이제 이해가 갑니다. 대량 주문의 단가를 현재보다 인하해주면 구매 담당자는 소량 주문의 단가도 당연히 할인해줘야 한다고 생각하겠군요. 소량 주문의 단가가 경쟁사보다 이미 낮더라도 말이죠."

"그래, 바로 그거야. 구매 담당자들의 습관 때문에 한쪽의 단가를 낮추면, 모든 주문의 단가를 인하하라는 압력을 받게 되는 거지."

피트가 밝게 대답했다.

"이제 알겠습니다. 그럼 이제 어떻게 해야 하는 건가요? 제 생각에는 다른 방도가 없는 거 같은데, 알렉스 부회장님은 무슨 방도가 있으십니까?"

돈이 나를 보며 물었다.

"현재 우리가 분석하고 있는 화살표는 '최대한 재정 손실을 줄이고 재무성과를 내기 위해서는 대량으로 주문해야 한다'이고, 그이유는 주문량이 많을수록 단가가 낮아지고, 따라서 이익이 증가하기 때문이지. 이 점을 어떻게 반박할 수 없을까?"

내게도 딱히 방법이 보이지 않았다. 그러다가 '재무성과'와 '이익'이라는 단어에 취약점이 있어 보였다. '이익'이란 회사에서 관심을 기울이는 재무성과들 가운데 한 항목일 뿐이다. 기업 입장에서는 이익보다도 더 중요한 회계 지표가 있는데, 예를 들자면 자금 유동성도 이에 못지않게 중요하다.

"피트 사장, 거래하고 있는 회사 중에 현금 흐름이 어려운 곳이 있습니까?"

"일부 있습니다. 일부 거래처 중에 현금 사정에 신경을 곤두세우는 경우가 있습니다. 하지만 모두 그런 건 아닙니다. 그 점을 이용해서 단가를 높여 받을 방법이 있습니까?"

"모르겠어요? 소량으로 자주 주문을 하면 그만큼 재고에 잠겨 있는 현금을 줄일 수 있다는 말입니다. 주문을 적은 양으로 자주 하면 단가가 조금 높아지더라도 현금 흐름은 훨씬 나아질 거 같은데요."

"하지만 아주 단기적인 효과일 뿐입니다."

피트는 완전히 동의하지 않았다.

"잘 생각해봐요. 현금 흐름이 골칫거리일 경우에 그런 단기적인 걱정 말고 또 뭐가 있겠습니까?"

피트는 내 말을 곰곰이 생각해봤다.

"그렇군요. 효과가 있을 수도 있겠습니다. 하지만 그 방법은 일부 고객사에만 적용할 수 있습니다. 저희 사업 전체를 받쳐줄 만한 방법은 아니지만, 어쨌든 구매 담당자들을 설득할 때 좋은 근거는 될 것 같습니다. 감사합니다. 또 다른 의견이 있으십니까?"

"없습니다. 설사 또 있다고 해도 피트 사장의 기발한 방법을 듣고 싶어서 참아야겠는데요."

내가 웃으며 말했다. 그러자 피트가 자신의 생각을 말하기 시작했다.

"제가 생각해낸 방법은 대량으로 주문을 하면 단가가 낮아진다는 이 전제 자체를 직접 반박해보는 겁니다."

"하지만 업종의 성격상 그럴 수밖에 없다면서요?"

돈이 물었다.

"아니, 그렇지는 않아."

피트가 의외로 앞서 말한 것과는 다르게 대답했다.

"어떻게 말입니까?"

나도 의아했다. 반면 피트는 우리의 반응을 무척 재미있어 했다.

"최근에 경쟁사에 수주를 빼앗긴 적이 있는데 그 경우를 예로 들어보겠습니다."

피트는 파일에서 여러 자료를 꺼내놓았다.

"우리가 제시했던 조건이 이겁니다. 왼쪽은 수량이고 오른쪽은 가격입니다."

그다음 장을 보여주었다.

"이것은 경쟁사 쪽에서 제시한 조건입니다."

우리는 두 장을 비교해봤다. 수량이 적은 위쪽에서는 피트네 회사의 단가가 훨씬 낮았다. 하지만 수량이 커지면서 상황은 역전됐다. 아래쪽에서는 피트네의 단가가 무려 15퍼센트나 높았다. 그럴 수밖에 없었다. 피트의 설비들은 작업 준비 시간이 적게 들기 때문에 소량 주문에서는 유리했지만, 대량 주문을 할 경우에는 경쟁사의 인쇄 속도가 더 빠르기 때문에 그들의 가격이 낮을 수밖에 없었다.

"하지만 이해가 안 갑니다. 방금 전에는 주문량이 많아진다고 해서 단가가 낮아지지는 않는다고 하시지 않았습니까? 하지만 지금 이걸 보면 주문량이 늘어나면 단가가 낮아지는데요."

돈이 말했다.

"피트 사장, 계속해보세요."

내가 피트에게 말했다.

"고객은 이만큼을 주문하기로 했습니다."

피트는 보고서 아래쪽의 숫자를 가리켰다.

"그리고 물론 이 수량에서는 경쟁사가 우리보다 훨씬 유리하기 때문에 저희는 수주를 따지 못했습니다. 하지만 하나 중요한 사실은 이 양이 고객의 반년 치 수요라는 점입니다."

피트의 목소리는 승리감에 차 있었다.

"그래서요?"

돈의 인내심도 한계에 도달한 모양이다.

"그래서라니? 내가 말했잖아."

피트가 돈을 약 올리려는 듯 말했다.

"고객사의 예측 정확도가 점점 떨어지고, 또 마케팅 캠페인을 자주하게 되면 그만큼 포장지도 자주 바꾸게 된다고 말이야."

"네, 그러셨죠. 그런데 그게 서로 무슨 관계가 있는지 이해가 안 됩니다."

"고객이 주문한 포장지를 하나도 남기지 않고 다 사용할 확률이 얼마나 된다고 생각하나?"

피트가 반문한다.

"이론적으로 6개월 치에 해당하는 분량을 주문했을 때, 그사이 포장지가 몇 번이나 바뀌는지 아나?"

"모르겠습니다. 사장님은 아십니까?"

돈이 대답했다.

"자네는 모르겠지만 이 업종에서 일하는 사람이라면 대략 알 수 있지."

피트가 또 다른 자료를 꺼냈다. 그는 잡지를 복사한 자료에서 흐릿하게 보이는 그래프를 가리키면서 말했다.

"6개월 분량을 다 사용할 확률은 평균 30퍼센트밖에 안 됩니다."

나도 그래프를 분석해봤다. 이런 자료를 전에 본 적은 있었지만 그래도 놀라웠다. 시계를 봤다. 한 시간 후에는 다른 회의가 잡혀 있었다. 피트가 마케팅 문제를 제대로 해결했는지 모르겠지만, 확신에 차 있는 걸 보면 답을 찾은 것 같기는 했다. 하지만 지금 같은 속도라면 아무래도 다음 회의를 연기하는 게 좋을 것 같았다. 지금 연기할까?

"곧 끝날 겁니다."

내 걱정을 알아챈 듯 피트가 말했다.

"저희 해결 방법은 주문량을 두 달분으로 줄였을 때 재고를 거의 다 사용할 수 있다는 데 기반을 두고 있습니다. 이 그래프에 따르면 그 확률은 10퍼센트입니다. 결국 폐기되는 포장지를 감안했을 때, 저희한테 두 달 분량을 주문하는 것이 저희 경쟁사에서 6개월 분량을 한꺼번에 주문하는 것보다 실제로 사용하는 포장지의 단가 면에서 더 유리하다는 겁니다. 이걸 고객들이 이해하면 문제가 해결됩니다."

피트가 설명한 것을 내가 제대로 이해했는지 확인하기 위해 그에게 물었다.

"다시 말하면 구매 담당자는 구매 단가가 아니라 실제 사용하는 자재당 지불하는 단가를 고려해야 한다는 거죠?"

나는 다시 첫 번째 서류 두 장을 살펴봤다. 피트가 말한 2개월이라는 기간은 하늘에서 뚝 떨어진 게 아니라 근거 있는 수치였다. 피트네 회사는 주문량의 약 1/3에 해당하는 소단위 물량에서는 경쟁사보다 상대적으로 낮은 가격을 제시하고 있었다. 현명한 판단이었다.

"한 가지 문제가 있는 것 같습니다."

돈은 아직 회의적인 모양이다.

"이론적으로는 동의를 하고 이해도 됩니다만, 문제는 결과적으로 미치는 영향입니다. 주문량 중 사용하지 않고 남는 실제 분량이 얼마나 될까요? 문제는 바로 그 남는 양에 달려 있는 거 아닙니까?"

"남는 양에 달려 있다고? 물론이지. 모든 게 그 양에 달렸지."

피트가 방어적으로 나왔다.

"제 생각에는 단가 절약 효과를 확실하게 증명하지 못할 것 같습니다."

이번에는 돈이 피트를 약 올리고 있었다.

여느 때 같으면 돈과 피트가 의견 교환 과정에서 티격태격하는 모습을 재미있게 봤겠지만, 오늘은 시간도 없고 사안도 너무 중요해서 참지 못하고 내가 끼어들었다.

"돈, 두 가지 경우를 비교해보게. 6개월 분량의 주문을 하면 전체 주문 물량의 2/3 이상, 즉 4개월분의 물량을 폐기해야 할 확률이 10퍼센트가 된다는 말이지."

피트는 다음으로 넘어가기보다는 돈에게 친절하게 설명해줬다.

"그 말은 두 달 안에 어떤 일이 일어나서 포장지를 다 사용할 수 없게 될 확률이 10퍼센트라면, 결국 다음 추가 4개월 분량이 폐기될 가능성도 10퍼센트라는 의미지."

"아, 이제 이해가 갑니다. 그러니까 주문량 가운데 사용 가능한 분량을 기준으로 단가를 계산하신 겁니까?"

돈이 말했다.

"그렇지."

"피트 사장, 그 경우 경쟁사와 어느 정도 차이가 나죠?"

내가 끼어들었다.

"여전히 우리 쪽 가격이 약 0.5퍼센트 높습니다."

"그러면 그렇게 좋아할 이유가 없지 않습니까?"

돈이 물었다.

"구매 담당자는 재고를 최소화해야 하는 부담을 안고 있고, 더욱이 구매 담당자치고 재고를 폐기하는 걸 좋아하는 사람은 없지. 그걸 감안할 때 0.5퍼센트 가격 차이는 충분히 극복할 수 있을 거야. 하지만 나는 거기서 한 발 더 나아가 두 달 분량씩 주문을 하되, 납품은 2주 간격으로 하는 방안을 제시하려고."

"다시 말해서 가격은 두 달 분량을 기준으로 하지만, 전체 수량을 한꺼번에 납품하는 게 아니라 두 달에 걸쳐 2주마다 조금씩 나누어 납품한다는 말입니까?"

내가 제대로 이해했는지 확인하고 싶어서 피트에게 되물었다.

"네, 그렇습니다. 거기다가 첫 번째 납품 이후에 필요하다면 나머지 분에 대해서 구매자가 취소할 수 있도록 하는데, 이 경우 불이익이 전혀 없도록 하는 겁니다."

피트가 말했다.

"상당히 너그러운 조건인데요. 혹시 우리 쪽에 손해가 가지는 않을까요?"

돈이 걱정하듯 물었다.

"아니, 그렇지 않아. 오히려 잘하는 거지. 고객이 지불하는 가격은 두 달 분량에 상응하는 수준이지만, 실제 단가는 가장 낮게 되니까."

내가 대답했다.

"거기다가 재고도 최소화할 수 있는데, 아마 현재 재고 수준의 5퍼센트도 안 되게 될걸."

피트가 덧붙였다.

"구매 담당자의 구름 속 문제점을 완전히 깼군요. 실제 단가는 현재 대량으로 구매할 때보다 낮고, 동시에 2주 단위이기 때문에 재고 또한 소량으로 주문할 때보다도 낮아질 수 있다. 구매 담당자 입장에서는 꿩 먹고 알 먹는 거나 마찬가지네요."

내가 결론을 내렸다.

"부회장님, 예상되는 부정적인 효과에 어떤 게 있을까요?"

피트가 물었다.

"피트 사장도 알고 있는 몇 가지 기본적인 문제 외에는 없는 것 같습니다."

"저를 너무 과신하지 마십시오. 그 기본적인 문제들이 뭔가요?"

"피트 사장님, 제가 하나 말씀드려도 될까요? 제가 제대로 이해했다면, 아직 납품하지 않은 수량만큼은 저희가 위험 부담을 안고 있겠다는 거 같은데 그럴 만한 가치가 있는지 걱정됩니다. 판매하지 못한 재고를 떠안게 될 확률이 10퍼센트나 되지 않습니까?"

돈이 말했다.

"돈, 그것은 그렇게 중요한 걱정거리는 아니야."

내가 말했다.

"왜 그렇습니까?"

"우선, 피트 사장의 제안이 가격 경쟁을 부추기지 않는다는 점에 동의하나?"

"네, 경쟁사에서는 따라 할 방법이 없습니다. 가격을 낮추려면 경쟁사들은 결국 대량으로 생산해야 할 텐데, 그렇게 되면 고객의 재고를 떠안을 위험이 매우 높아지니까요. 따지고 보면 피트 사장님은 중간 규모의 주문 가격대로 대량 주문 시장을 얻게 되는 거죠."

돈이 피트의 생각에 호응하기 시작했다.

"그렇지. 그래서 약간의 고객 재고를 안게 되더라도 그 정도는 감수할 수가 있는 거야. 사실 그로 인해 입게 될 피해는 극히 미미할 거야. 즉, 우리가 안게 되는 자재 폐기의 위험은 고객이 안게 되는 위험보다는 훨씬 적다는 뜻이지. 고객이 포장지를 폐기하면 지불한 금액만큼 손해를 보지만, 우리가 폐기할 경우에는 유휴 생산 능력이 있으니까 원자잿값 정도의 손해만 보면 되거든. 아주 훌륭한데요. 마음에 쏙 드는 방안입니다."

"저도 그 위험을 계산해봤는데, 저희가 부담하게 될 재고 폐기에 따른 손해는 2퍼센트도 되지 않습니다."

피트는 신바람이 나서 어쩔 줄 몰라 하면서도 내색하지 않으려고 애썼다.

"고객들이 우리 쪽 제안을 악용하는 경우도 생각해봤나요?"

내가 물었다.

"무슨 뜻입니까?"

"사실은 아주 적은 양의 포장지를 한 번만 납품받으면 되는 고객이 더 낮은 가격을 받기 위해 일부러 많은 양을 주문해놓고, 처음 한 번만 물건을 받고 나머지는 취소할 수도 있습니다. 그에 대한 방도가 있습니까? 지금까지의 설명에 따르면 고객들은 아무런 불이익 없이 그렇게 할 수 있고, 경우에 따라선 이유조차 설명하지 않아도 되니까 말이죠."

"그 경우는 미처 생각을 못했습니다."

그러더니 피트는 조금 있다가 덧붙였다.

"구매 담당자들의 기분을 상하게 하지 않고 그 문제를 해결할 방법을 찾아보겠습니다."

"그럼, 다시 정리해보면 가장 좋은 가격에 현금 부담도 적고 재고도 낮추면서 폐기품까지 거의 없이 공급해주겠다는 말인 거죠? 그것도 납품일도 지키고 품질도 좋은 제품을 말입니다. 구매하는 사람한테는 꿈같은 얘기네요. 경영 수지에는 어떤 영향을 가져올 것 같습니까?"

"처음에 말씀드린 바와 같이, 만약 유휴 생산 능력을 우리 계획 그대로 모두 활용할 수 있다면, 과자 포장 부문이 다른 부문보다 더 많은 이익을 내게 될 겁니다. 대략 계산해보면 900만 달러의 이익을 낼 것으로 보입니다. 꽤 큰돈이죠? 부회장님, 어떠세요? 기분 좋으시죠? 혹시 걱정되는 다른 문제는 더 없습니까?"

"당연히 좋죠. 하지만 한 가지 아주 심각한 문제가 있는 거 같습니다. 이 멋진 아이디어를 물거품으로 만들어버릴 수도 있는 근본적인 문제가 말이죠."

"그게 뭡니까?"

피트가 걱정되는 목소리로 물었다.

"아이디어는 훌륭한데 설명하고 이해하기가 너무 어렵습니다. 구매 담당자들한테 이 조건이 정말 좋은 것이고 실제로 이 모든 혜택을 누릴 수 있다는 걸 이해시키기 쉽지 않을 거 같네요. 비록 구매 담당자가 이 조건의 장점을 이해한다 하더라도, 물건을 파는 사람이 너무 관대하면 사는 사람은 의심하게 되죠. 제가 걱정하는 건 그겁니다."

"그 말씀이셨습니까?"

피트는 안심이 되는 모양이었다.

"알렉스 부회장님, 그 점은 걱정하지 마십시오. 이 내용을 제대로 설명할 자신이 있습니다. 제가 구매 담당자들의 수준을 지나치게 믿고 있는지는 몰라도, 이 내용을 충분히 설명하고 설득할 수 있습니다."

"그럼 피트 사장만 믿겠습니다. 어쨌든 좋은 계획입니다. 그대로 추진하세요."

"그러겠습니다. 조만간 이 방안의 성과를 보실 수 있을 겁니다."

문까지 따라나서는 나를 향해 피트가 덧붙였다.

"내일 이 방안을 토대로 두 곳에 견적서를 보낼 계획입니다. 다음 주에는 영업부장과 제가 직접 구매 담당자들과 만날 거고요."

"네, 좋은 결과 기다리겠습니다."

나는 피트와 악수를 했다. 정말 잘했다. 누이 좋고 매부 좋은 해결 방법을 찾아낸 것이다. 하지만 과연 이 내용을 잘 전달하고 설득할 수 있을지는 여전히 걱정스러웠다. 실제로 주문이 밀려들어오는 것을 봐야 걱정을 떨쳐버릴 수 있을 것 같았다.

그런데 잠시 후 피트가 다시 문을 열고 고개를 들이밀더니 돈에게 한마디 덧붙였다.

"그리고 말인데 돈, 유휴 생산 능력이 여전히 있는 한에는 두 달치 물량을 한꺼번에 인쇄해 쌓아둘 생각 전혀 없네."

핵심이 되는 단 한 가지 문제를 찾아라

"대부분의 문제는 바람직하지 않은 결과일 뿐이다"

THE
GOAL
It's Not Luck

10

절망에 대한 가장 확실한 해독제는 믿음이다.
—쇠렌 키르케고르

일등석에 앉아 대서양을 건너기는 이번이 처음이다. 수석 부회장으로 일등석을 탈 수는 있었지만 지난 1년 동안 유럽에 갈 일이 없었다. 사실 이번에도 내가 갈 이유는 없었고 만약 내 마음대로 할 수 있었다면 가지 않았을 것이다.

나는 내가 맡고 있는 회사들을 매각해야 한다고는 생각하지 않는다. 결과적으로 큰 실수가 될 것이다. 회사를 매각하려는 유일한 이유는 단 하나였다. 확고한 실천 계획을 가지고 뭔가를 하고 있다는 인상을 월스트리트에 주기 위해서일 뿐이다. 바보 같은 짓이다. 회사 매각 대금으로 무엇을 할지조차도 생각해보지 않은 위인들이 이런 일을 벌이다니.

이 허황된 쇼의 총지휘자인 트루먼이 바로 내 옆자리에 앉아 있었다. 두 사람은 충분히 앉을 것 같은 커다란 가죽의자에, 세계에서 가장 비싼 좌석에 앉아 있었다. 7시간 앉아 가는 데 항공료가 3,000달러도 넘었다.

저녁 식사가 나오기 시작했다. 애피타이저의 종류가 많기도 했다. 거위 간 파테, 바닷가재, 카스피 해의 캐비아까지. 카스피 해 캐비아는 지금까지 내 돈 주고 먹어본 적이 없었다. 자그마한 검은 구슬처럼 생긴 캐비아는 1온스에 50달러도 넘었다. 순은을 먹는 거나 마찬가지로 비쌌다. 그런데도 맛은 없었다. 보드카와 같이 주는 이유를 알겠다. 솔직히 내 입에는 피자와 맥주가 더 맞을 것 같았다.

트루먼은 캐비아를 먹을 줄 아는 사람 같았다. 달걀노른자와 잘게 다진 양파를 얹은 작은 삼각형 빵 위에 캐비아를 바르는 솜씨가 일품이었다. 가히 프로급이었다. 아무것도 생산하지 않는 사람이, 기여하는 것이라고는 하나도 없는 사람이 이렇게 호사스러운 생활을 하다니. 도대체 이게 말이 되는가? 하지만 인간사란 늘 그렇지. 노예 주인들이 노예보다 항상 나은 생활을 하니까.

"현재 몇 군데에서 이사직을 맡고 계십니까?"

"현재는 12개뿐입니다."

현재는 12개뿐이라……. 아마 지난달에 한 회사는 문을 닫고 하나는 팔아버려서 지금은 12개인가 보지.

"그런데 왜 물어보십니까?"

트루먼이 콩소메 수프를 먹다 말고 나를 보면서 물었다.

이런, 괜히 물어봤나? 그 순간 흔들리는 기체 때문에 스푼에 있던 수프가 그의 실크 넥타이로 떨어지지 않을까 걱정했지만 다행히 그러지는 않았다.

"그저 궁금했습니다."

"뭐가 궁금하십니까? 그 많은 이사회에서 벌어지는 모든 일을 다 챙길 정도로 시간이 많은지 궁금하십니까? 아니면 제가 일반적으로 하는 일이 도대체 무엇인지 궁금하십니까?"

"사실 둘 다입니다."

"알렉스 부회장님, 이 바닥에 들어온 지 얼마 안 됐죠? 이사회에서도 말하는 걸 거의 못 들어본 것 같은데."

트루먼이 미소를 지으며 말했다.

트루먼은 상당히 힘이 있는 사람이다. 내가 맡고 있는 회사들이 매각되고 내 자리가 없어지면 그의 도움이 필요할 것이다. 내가 원하는 일자리는 신문 광고를 보고 찾을 수 있는 성격의 것이 아니다. 줄이 필요하다. 필요한 사람들을 알고 있어야 하고, 또 그들에게 인정받아야 한다. 그랜비 회장 덕분에 지금 내게 그런 기회가 생긴 것이다. 일주일이면 충분하다. 트루먼한테 좋은 인상을 남기고 나를 알리는 데 일주일이면 족하다.

"다른 사람과 달리 저는 말보다 행동을 더 중요시합니다."

나는 힐튼 스미스를 떠올리면서 말했다.

"아, 그렇습니까? 제가 하는 일을 그렇게 생각하시는군요. 말만 하고 실제로 하는 일은 없다고 생각하시나 봅니다."

트루먼의 얼굴에 미소가 번져갔다. 그의 통찰력 있는 지적을 부인할 틈도 없이 그가 말을 계속했다.

"하루에 8시간씩 기계에 매달려 있는 생산직 직원도 부회장님에 대해 그렇게 말할 겁니다."

나는 억지웃음을 지으며 참으려 했다. 하지만 안 된다는 것을 알면서도 그냥 넘어가지지 않았다.

"저는 그렇게 생각하지 않습니다."

단호한 어조로 대답했다.

"왜요? 무슨 차이가 있습니까?"

물론 차이가 있지. 비교할 수 없을 만큼 큰 차이가. 하지만 어찌

된 이유인지 그 차이를 정확히 설명할 수가 없었다. 이 거머리가 속으로 무슨 생각을 하고 있는 거지? 이사회에 자리 차지하고 앉아 있는 게 직접 회사를 경영하는 책임과 비견될 수 있다고 생각하는 건가? 적자 기업을 회생시키는 게 얼마나 고되고 어려운 일인지 알기나 할까?

"작년에 제가 회사를 세 개나 회생시킨 것을 알고 계십니까?"

"오해는 마십시오. 이사회에서 자기 공을 떠벌리지 않는다고 해서 다우티 이사와 제가 부회장님의 업무 성과를 모르는 건 아니니까요. 모든 보고서를 자세히 읽고 있습니다. 그리고 그 속에 담긴 의미도 이해하고요."

"그러시군요."

"아직 제 질문에 대답을 안 하신 것 같네요. 부회장님이 하는 일과 제가 하는 일의 차이가 뭔가요? 그렇다고 부회장님 손으로 직접 물건을 만드는 것도 아니고, 결국은 모든 일을 다 말로 처리하기는 마찬가지 아닙니까?"

"물론 그렇기는 합니다."

나는 머릿속을 맴도는 생각을 적절히 표현할 방법이 없어 짜증이 났다.

"저는 생각도 하고, 말도 하고, 의사결정도 합니다. 그렇게 일을 하고 있습니다."

"그런데 왜 저는 다를 거라고 생각하죠? 저도 생각하고, 말하고, 결정합니다."

트루먼은 계속 조용하고 차분했다.

그래, 적어도 뒤에 두 가지는 한다. 말하고 결정한다는 것은 분명하다. 이사회에 가서 말도 하고 결정도 한다. 내 회사들을 팔아버리기로 결정했다. 하지만 과연 그가 회사의 미래를 위해 생각하는가에 대해서는 의문스러웠다. 회사를 팔아버리겠다는 것은 말도 안 되는 결정이었다. 그때 뭔가 스치며 떠오르는 게 있었다. 한가지 아주 중요한 차이가 있었다. 그런데 그의 기분을 상하지 않게 하면서 어떻게 표현해야 할까?

"글쎄요. 제가 아무래도 이사님이 하시는 일을 잘 모르고 있는 모양입니다."

천천히 내가 말했다.

"그런 것 같군요."

"저는 회사 경영을 맡고 있습니다. 그럼 이사님은 회사에서 무엇을 맡고 계시죠?"

"저는 돈을 관리합니다."

돈을 관리한다……. 이 말도 맞는 말이다. 그럼, 돈을 어떻게 관리하지? 그래, 아마 회사에다 투자를 한 다음…….

"그러면 투자한 회사를 지켜보는 감시견의 역할이라고 해도 될까요?"

말을 하고 후회가 되었다. 좀더 완곡하게 표현했어야 하는데.

트루먼이 큰 소리로 웃었다.

"네, 그렇게 이야기할 수도 있겠죠. 제가 하는 일은 어느 회사에 투자할지를 결정하고, 그다음에는 감시견이 되는 거니까요. 부분 최적화가 일어나지 않도록 감시하는 게 제 일이죠."

마지막 말이 내 호기심을 끌었다.

"부분 최적화요?"

내가 되물었다.

"부회장님, 기업의 최고경영자들이 회사의 제1 목표는 돈을 버는 거라는 사실을 얼마나 쉽게 망각하는지 아십니까? 경영자들은 생산, 원가, 전략 등을 강조하는데, 그들은 그 모든 것이 목표가 아니라 수단에 불과하다는 사실을 망각합니다. 유니코의 경우를 예로 들어볼까요? 유니코의 고위 경영자들은 유니코의 목표가 마치 자신들에게 두둑한 벌이가 되는 일자리를 제공하는 것처럼 행동해왔습니다. 회사 주인은 자신들이 아니라는 사실을 망각한 게 아닌가 싶습니다. 회사의 진짜 주인은 바로 주주들입니다."

나는 아무 대꾸도 하지 않았다.

"그럼 알렉스 부회장님이 맡고 있는 사업다각화 부문을 예로 들어볼까요? 거의 3억 달러를 투자했지만 지금까지 단 한 푼도 돌려받지 못했고, 이제는 본전의 반만 받고 팔아도 감지덕지해야 할 지경입니다. 그게 다 누구 돈이라고 생각하세요? 누가 그 돈을 댔습니까?"

"하지만 제가 맡고 있는 사업다각화 부문은 이제 적자를 내고 있지 않습니다. 조금만 시간을 더 주시면 수익성을 높일 수 있습니다. 그런데 왜 지금 팔아야 합니까?"

"사업다각화 부문이 얼마나 이익을 낼 수 있다고 생각합니까? 올해 추정실적은 이미 봤습니다. 물가 상승과 여타 위험 부담을 감안했을 때, 물가 상승률보다 더 많은 이익을 낼 수 있는 회사에 투자해야 합니다. 그래야 주주들의 투자금을 보호하고 화폐 가치도 높일 수 있습니다."

그의 입장도 이해는 간다. 내가 맡고 있는 회사들이 물가 상승률보다 높은 이익을 낼 거라고는 보장할 수 없으니까. 그래도…….

"그게 제가 하는 일 중 가장 즐겁지 않은 부분이죠. 경우에 따라서는 경영자들이 오판을 하기도 합니다. 어쩔 수 없죠. 하지만 잘못된 결정을 해놓고도 계속 그것을 옹호한다면, 개입할 수밖에 없습니다. 그게 우리 이사들이 하는 일이죠. 언제나 목표는 돈을 버는 것이라는 점을 잊어서는 안 됩니다. 그래서 부회장님의 회사를 매각해야 하는 겁니다. 다른 방도가 없어요."

회사의 목표는 돈을 버는 것이라는 사실은 나 또한 잘 알고 있다. 그것은 공장장 시절부터 내가 목표로 삼은 거니까. 하지만 그렇다고 내 사람들을 희생시키는 방법으로 목표를 달성하려고 하지는 않았다. 조직을 잘라내는 게 돈을 버는 방법이라고는 생각해 본 적이 없다. 그건 힐튼 스미스의 방식이다. 그는 돈 몇 푼을 아끼기 위해 누구든지 가차 없이 자를 수 있는 사람이다.

"회사 경영진의 잘못된 결정을 옹호하는 게 아닙니다. 사실 사업다각화 전략을 채택했을 때 제가 참여했던 것도 아니니까 개인적으로 옹호할 것도 없습니다. 그러나 제 회사를 매각하는 게 옳다고는 생각지 않습니다."

나는 말 한 마디 한 마디를 신중하게 선택했다.

"왜죠?"

"왜냐하면 돈이 모든 건 아니기 때문입니다. 사람들도 생각해야죠. 최고경영자들은 주주들에게 책임을 다해야 하지만, 동시에 직원들에게도 지켜야 할 책임이 있습니다."

트루먼과 이런 이야기를 하는 게 죽을 자리를 찾아가는 건 아닌가 하는 생각도 들었지만, 그들의 따분한 돈놀이를 따라 하는 데도 한계가 있었다. 시작한 김에 할 말을 다 하자.

"부자를 좀더 큰 부자로 만들어주기 위해 평생을 회사에 바친 사람들을 희생시키는 것은 불공평합니다. 물론 회사의 목표는 돈을 버는 것이지만 그것이 전부는 아닙니다."

트루먼은 별로 놀라는 기색이 없었다. 전에도 이런 이야기를 들어본 모양이었다. 하지만 자기가 투자하고 있는 회사의 경영진으로부터 이런 소리를 들은 적은 없을 것이다. 아마도 이미 해고된 사람한테는 들었을지 모르지만.

"부자를 좀더 큰 부자로 만들어준다?"

트루먼이 내 말을 반복했다.

"알렉스 부회장님, 제가 투자하는 돈이 어디에서 나온다고 생각합니까? 큰손? 은행? 시장에서 투자되는 대부분의 돈은 연금에서 나옵니다."

갑자기 얼굴이 달아올랐다. 물론 알고 있다.

"사람들은 노후를 위해 평생 열심히 저축을 합니다."

트루먼이 너무나 자명한 사실을 설명하기 시작했다.

"지금 돈을 저축해서 20년, 30년 후에 편안한 마음으로 퇴직하려고 합니다. 그때까지 투자한 돈이 남아 있도록 관리하는 게 제 책임입니다. 그것도 액면 그대로가 아니라 현재의 구매력이 그대로 유지되도록 해야 합니다. 우리는 부자들 좋으라고 일하는 게 아닙니다. 결국은 부회장님이 걱정하는 사람들, 바로 노동자들의 이익을 대변하고 있는 겁니다."

"흥미 있는 구름이군요."

나도 완전히 동의했다.

트루먼이 실망의 빛을 보였다.

"제 말을 흘려버리지 마십시오. 뜬구름 잡는 얘기가 아니라 현실을 이야기하고 있는 겁니다."

나는 말로 설명하기보다는 펜을 꺼내어 '구름'이 무엇인지 직접 그리기 시작했다.

"목표는 이해 관계자들의 이익을 보호하는 겁니다. 이의 있으십니까?"

"아니오. 다만 사람들이 그 사실을 망각하는 것이 문제란 말입니다."

"이를 달성하기 위해서는 두 가지 필요조건을 만족시켜야 합니다. 하나는 주주의 이익을 보호하는 것이고, 또 하나는 직원의 이익을 보호하는 겁니다."

트루먼이 반대하기를 기다렸지만 그는 고개를 끄덕였다.

"현재 주주의 이익을 위해서 사업다각화 부문의 계열사 매각을 주장하고 계십니다."

"부회장님은 찬성하지 않는 거죠?"

트루먼이 물었다.

"이사님이 얘기한 대로 지금 같은 상황에서 주주의 이익을 위해서 매각해야 한다는 데는 찬성합니다. 하지만 그렇다고 회사 매각에 찬성하는 것은 아닙니다."

"그게 무슨 말입니까? 정치인처럼 이리저리 돌리지 말고 콕 짚어서 말해보십시오. 찬성입니까, 아닙니까?"

"여기에는 고려해야 할 다른 면이 있습니다. 조금만 참아주십시오.

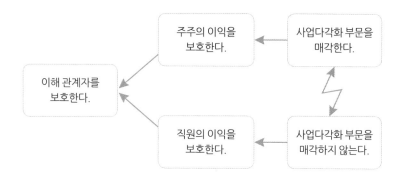

우리는 동시에 직원의 이익도 보호해야 합니다. 그러자면 회사를 매각해서는 안 됩니다."

트루먼이 반대하리라고 생각했다. 즉, 회사를 처분하는 것과 직원의 이해와는 아무 상관이 없다고 주장할 줄 알았다. 하지만 그는 한마디도 하지 않았다. 그저 내가 적어놓은 냅킨을 집어 들더니 구름 그림을 자세히 살펴봤다.

"사실 어느 한쪽만 보면 아주 간단합니다. 이사님 입장에서는 사업다각화 부문을 팔아야겠다는 것이 너무나 분명하게 드러나죠. 수익 면에서도 그렇고, 올해 추정실적을 봐도 그렇고. 답은 너무나 분명하죠. 지금도 돈이 충분히 들어오지 않고 앞으로도 그럴 테니 팔자. 하지만 그것은 어디까지나 한쪽만을 봤을 때의 이야기입니다. 노조나 직원들도 어느 한쪽에만 치우치는 경향이 있기는 마찬가지입니다. 단지 양쪽을 다 만족시켜야 하는 경영자들만 곤란한 거죠. 한번 제 입장이 되어서 해답을 찾아보십시오. 회사를 팔아야겠습니까, 아니면 팔지 말아야 합니까? 대답하기가 쉽지 않은 문제입니다."

"우리도 양쪽의 입장을 다 고려합니다. 과거에는 안 그런 적도 있었지만, 이제는 분명히 양쪽의 입장을 다 생각합니다. 숫자만 보고 투자를 하는 사람은 신중한 투자자가 아닙니다. 어렵게 배우기는 했지만, 중요한 것은 사람이라는 사실을 이제는 깨닫게 됐죠. 직원들이 자신의 일에 보람을 못 느끼고 회사에 자부심도 갖지 못하면, 회사의 경영 수지가 악화되는 건 시간문제입니다."

내가 그린 구름에 시선을 고정한 채 트루먼이 말했다.

"노조도 마찬가지입니다. 회사 경영진이 아무리 약속을 해도 적자나 내는 회사에서는 고용 안정을 찾을 수 없다는 걸 알고 있죠. 그래서 요즘은 노조도 투자 계획을 보기 전에는 협상할 생각을 안 합니다."

"우리 경우가 바로 이거 같습니다."

트루먼이 구름 그림에서 눈을 들어 나를 쳐다보면서 말했다.

"네? 그게 무슨 말입니까?"

"사업다각화 부문의 계열사들을 매각해야 하는 이유를 아주 간단하게 설명할 수 있습니다. 아, 흥분하실 필요 없습니다. 제 말을 끝까지 들어보세요. 우리 그룹의 신용 등급은 알고 계시죠? 거의 바닥입니다."

나도 알고 있었다. 현재 최고 신용 등급의 이자보다 2퍼센트나 더 내고 있었다.

"모두 시장이 호황으로 돌아설 거라면서 부추기지만, 시장이란 본질적으로 기복이 있습니다. 이번에 올라가면 언젠가 또 떨어진다는 말입니다. 지난번에 시장이 침체되었을 때는 유니코가 거의 넘어갈 뻔했습니다. 한 번만 더 위험에 처하면 이번에는 버티기 힘들 겁니다. 그렇다고 시장 회복기에 많은 돈을 모을 수 있다고도 생각하지 않습니다. 사실 이번 호황이 얼마나 지속될지 아무도 모르고, 주위에서는 시장이 호황이더라도 워낙 가격 인하 압력이 거세서 이익을 내기가 쉽지 않을 거라고들 합니다."

트루먼의 생각이 조금은 이해가 되었다.

"알렉스 부회장님, 주주들의 입장은 잠시 무시하고 유니코 직원들만 생각해봐도 결론은 마찬가지입니다. 나머지 사람들을 보호하기 위해서라도 일부 회사를 매각해야 합니다. 그 경우 핵심 사업은 보호해야 하기 때문에 매각 대상은 사업다각화 부문이 될 수밖에 없습니다."

"하지만 왜 지금 팔아야 합니까? 적어도 시장이 오름세를 유지할 때까지는 가지고 있으면서 이익을 내는 게 낫지 않습니까?"

"매각 시기는 그랜비 회장님의 퇴임과는 무관합니다."

트루먼은 내가 말하지 않았지만 속에 있던 걱정거리에 대해 답변해주었다.

"지금 매각하려는 것은 지금이 값을 가장 잘 받을 수 있기 때문입니다. 모두 시장에 대해 낙관하고 있으니까요."

"하긴 지금 제가 맡고 있는 사업다각화 부문의 계열사들도 지금과 비슷한 상황에서 인수하긴 했죠. 1989년에도 모두 시장이 회복될 거라고 기대했으니까요. 그 덕분에 인수가가 상당히 부풀려지기도 했고."

"제 얘기가 바로 그겁니다."

트루먼이 한숨을 쉬며 말했다.

"이 그림 참 재미있네요. 이런 프레젠테이션 기법은 어디에서 배웠습니까?"

한참 후에 트루먼이 말했다.

"참 멋지죠? 종이 반 장만 있으면 상황 전체를 파악할 수 있습니다."

"네, 어디에 모순이 있는지 한눈에 정확히 알 수 있군요. 문제의 핵심을 놓치려 해도 놓칠 수가 없겠어요. 프레젠테이션 하는 데 아주 탁월할 것 같습니다."

"프레젠테이션만을 위한 건 아닙니다. 이 기법에서 중요한 것은 타협을 시도해서는 안 된다는 겁니다. 오히려 각 화살표 밑에 깔려 있는 전제조건들을 분석해서 모순을 깨뜨리는 게 중요하죠."

"무슨 뜻이죠?"

요나 교수는 어떤 구름이든지 깨뜨릴 수 있다고 했지만 이번 사업다각화 부문의 경우는 그렇지 않은 것 같다. 하지만 이미 말을 꺼냈기 때문에 요나 교수의 기법을 옹호해야 한다.

"예를 들어 이 화살표를 보십시오. '주주의 이익을 위해서는 사업다각화 부문을 매각해야 한다.' 이 화살표에 깔려 있는 전제는 회사들의 수익성이 너무 낮다는 겁니다. 만약 회사들의 수익성을 끌어올릴 방법을 찾는다면, 회사의 운영 경비를 늘리지 않고도 더 많은 제품을 팔 수 있는 확실한 방도만 있다면, 구름 모양의 이 문제가 해결되는 겁니다. 굳이 회사를 팔아야 할 이유가 없습니다. 주주와 직원 모두의 이해를 보호할 수 있으니까요."

"수익을 끌어올릴 방법이 있나요? 경비의 증가 없이 매출을 늘릴 방법을 찾아냈습니까?"

"아니오, 방도가 보이질 않습니다."

나는 솔직히 인정했다.

트루먼이 미소를 지었다.

"그러니까 이론적으로는 모순을 깰 수 있지만 실제로는 방법이 없다는 거군요. 멋있는 이론과 냉혹한 현실 사이에 뛰어넘을 수 없는 거리가 있는 것 같군요."

나도 동의할 수밖에 없었다.

11

**겨울이 없다면 봄은 그다지 즐겁지 않을 것이다.
고난을 맛보지 않으면 성공 또한 반갑지 않을 것이다.
—앤 브래드스트리트**

런던의 택시들은 겉보기에도 이상하지만 타보면 내부는 더 이상
하다. 뒷좌석은 두 사람이 겨우 앉을 수 있을 정도로 좁고, 운전석
과 뒷좌석 사이 칸막이에 의자 두 개를 더 펼칠 수 있다. 기차를 탈
때에도 진행 방향과 반대로 앉는 것을 싫어하는데, 택시에서 그
것도 다우티와 트루먼과 마주앉아 간다는 것은 여간 힘든 게 아니
었다.

우리는 피트네 회사의 매각 협상을 하고 돌아오는 길이었다. 엄
격히 말하면 '협상'이라기보다 그저 이야기만 했다. 그것도 주로
내가.

상대 쪽에서는 모두 4명이 질문을 했는데, 질문의 성격상 다우
티와 트루먼이 나에게 답변을 하라고 했다. 대부분의 질문 내용은
뛰어난 운영 성과의 비결에 대한 것이었다. (참고로 재무 성과와 혼돈
하지 않았으면 좋겠다. 피트의 회사는 재무적인 면에서는 그리 우수하지 못
하다는 점을 밝혀둔다.)

재고량이 턱없이 적은 데도 납기 준수율이 높은 이유를 한참 설
명했다. 기본 사고 체계가 전혀 다른 사람들에게 설명하자니 무척
힘들었다. 흔히들 각자 자신의 영역에서 최대의 성과를 짜내도록

혼신의 노력을 기울여야 한다고 생각하지만, 그러다가는 오히려 뜻하지 않게 전체가 악화되기 십상이다. 작업 준비 시간을 단축하거나 준비실 기술자별 업무 부하를 최적화하려다가, 오히려 기대와는 정반대의 효과를 낼 수 있다. 즉, 전체 효율이 더욱 악화되고 숨어 있는 낭비 요소들이 더욱 늘어날 수 있다. 인수 희망자에게 그 과정을 설명하느라 무척 고생했다.

모두 진지하게 내 설명을 들었고, 여러 가지 질문도 했으며, 설명이 점점 복잡해졌는데도 주의를 기울이며 경청해주었다. 상대방뿐만 아니라 트루먼과 다우티도 무척 관심을 보였다. 점수를 좀 따지 않았나 싶다.

무려 5시간이나 설명과 대답을 하고 나서, 우리는 약 8cm 정도의 두꺼운 재무제표를 숙제로 남기고 일어났다. 인수 조건에 대한 논의는 다음 회의에서나 이루어질 것 같았다. 하지만 그것은 트루먼과 다우티가 할 일이고 나는 참여하지 않아도 된다. 인수 희망자가 일단 기본적인 인수 조건에 합의하면 그쪽에서 피트의 회사로 실사단을 파견할 것이다. 그때부터 피트의 걱정도 시작되겠지.

"30분 있다가 바에서 만나는 것이 어떻겠습니까?"

호텔에 도착하자, 트루먼이 제안했다.

좋은 생각이다. 안 그래도 맥주를 한잔하고 싶던 터였다. 방에 들어오자마자 돈에게 전화를 걸었다. 유럽 호텔들은 보통 전화요금의 4배를 할증하기 때문에 전화카드를 사용했다. 전화카드의 번호가 워낙 길어서 두 번이나 잘못 누른 후에야 겨우 통화를 할 수 있었다.

"별일 없나?"

"부회장님, 좋은 소식과 나쁜 소식이 있는데 어느 것부터 들으시겠습니까?"

기분이 좋은 듯 목소리가 한껏 들떠 있었다.

"나쁜 소식부터 듣지."

"피트 사장님이 구매 담당자들한테 새로운 조건을 설명하는 게 어려울 거라고 하셨잖습니까? 나쁜 소식은 부회장님 예상이 빗나갔다는 겁니다."

"정확히 말하자면, 피트 사장이 설명하기 어렵다는 것이 아니고 구매 담당자들이 이해하기 어려울 거라는 거지."

내가 웃으며 말했다.

"나쁜 소식이 내가 틀렸다는 거면, 좋은 소식은 피트 사장이 맞았다는 건가?"

"네, 그렇습니다. 피트 사장님의 말씀에 따르면 구매 담당자들의 호응이 대단하답니다. 부회장님께 직접 말씀을 못 드려서 안달입니다. 전화 한번 해보세요."

이번에는 샵(#) 버튼을 누르는 것을 잊어버려 5분이나 걸려 긴 번호를 누른 끝에 겨우 피트와 통화할 수 있었다.

"아닙니다. 아직 수주된 건 없습니다. 하지만 그보다 더 좋은 것을 손에 넣었습니다."

"수주보다 더 좋은 건 돈 들어오는 것밖에 없는데. 피트 사장, 두 고객사와 상담했다는 말은 들었는데 좀 구체적으로 이야기해주시겠습니까?"

나는 농담을 던지면서 피트에게 일의 진행을 물었다.

"일단 '구매자의 구름'부터 설명하기 시작했습니다. 부회장님, 지난번에 얘기했던 거 기억하십니까? 낮은 가격에 구매해야 하는 조건과 재고를 줄여야 하는 조건 간의 모순 말입니다."

수주보다 좋은 것이 도대체 무엇이고, 피트의 파격적인 제안을 구매 담당자들이 어떻게 받아들였는지가 무척 궁금해서 재촉했다가, 오히려 처음부터 하나하나 설명하게 만든 것 같아 후회되었다. 하지만 이럴 때는 그냥 하고 싶은 말을 다 하게 놔두는 게 최선이라는 생각에 기억난다고만 대답했다.

"그러고 나서는 구매 단가와 실제 사용하는 자재의 단가를 비교해서 설명했습니다. 그 자재를 폐기할 확률을 주문량의 함수로 표시한 그래프 말입니다······."

피트는 한참 동안 이런 식으로 무엇을 얘기했고 어떻게 설명했는지, 또 왜 그렇게 설명했는지 등을 이야기했다. 시계를 봤다. 5분 후에는 바로 내려가야 할 뿐만 아니라 국제전화라는 사실도 마음에 걸렸다.

드디어 결론을 이야기할 차례가 되었다.

"만나본 구매 담당자마다 제 제안을 너무 마음에 들어 하면서 필요한 포장지 전량을 주문했습니다. 포장지 구매량 전부를 말입니다."

"그럼 그 금액이 얼마나 되죠?"

"견적은 지금 준비 중입니다. 내일 늦게나 나올 것 같지만, 고객별로 적어도 연간 50만 달러는 넘습니다."

"실제로 수주할 가능성은요?"

"아주 좋습니다. 매우 높습니다."

나는 피트의 흥분을 조금 가라앉히려고 애썼고, 내 반응이 회의적이자 피트가 바로 말을 이었다.

"알렉스 부회장님, 모르시겠습니까? 이제 저 구매 담당자들은 구체적인 자료를 갖게 된 겁니다. 즉, 우리가 제시하는 견적을 1년간의 자기네 구매 예산과 비교해볼 겁니다. 실제 사용하는 자재의 단가에 대해 그것만큼 확실하게 보여주는 방법은 없습니다. 이길 수밖에 없습니다."

그 점은 사실이었다. 하지만⋯⋯.

"부회장님, 두 고객사와 이번 주말에 다시 만나기로 했습니다. 그때까지 자세한 견적을 준비할 충분한 시간적 여유가 있습니다."

좋은 생각이었다. 견적서만 보내는 것보다 직접 구매 담당자들과 만나서 의논하는 것이 더 바람직하다. 특히 이번처럼 새로운 조건을 제시할 때에는 만나서 얘기하는 게 많은 오해를 줄일 수 있으니까.

"그럼 이번 주말이면 결과를 확실히 알 수 있습니까?"

"이번 주에 당장 수주하지는 않을 겁니다. 어느 정도 생각하고 판단할 시간을 줘야 할 것 같습니다. 다른 인쇄회사들한테도 견적을 받아보겠죠. 저라도 그럴 테니까요. 그래도 이번 달 말까지는 주문을 받을 수 있을 겁니다. 저희 조건이 워낙 좋아서 경쟁사보다는 유리하니까요."

수고했다고 격려해준 뒤 서둘러 바로 내려갔다. 엘리베이터에서 나는 새로운 문제를 발견했다. 처음부터 피트의 제안이 마음에 들었지만 과연 고객사들도 그럴까 하는 게 걱정이었다. 하지만 이제 1년 치 물량을 약속받을 정도로 고객사 두 곳을 이해시켰다. 걱정도 사라졌다. 물론 아직 거래가 성사된 것은 아니지만 그건 단지 형식적인 조율만 남은 거지, 피트의 해결 방법이 효과가 있느냐 없느냐의 문제는 아닌 것이다.

그런데 또 다른 문제가 있었다. 바로 신용 문제였다. 오늘 나는 피트네 회사를 설명하면서 과자 포장 부문을 되살리려면 막대한 투자가 필요하다고 강조했다. 그런데 이 밑 빠진 독이 하루아침에 노다지가 되었다고 어떻게 설명하지? 이 문제는 상당히 신중하게 다룰 필요가 있었다.

내가 들어선 곳은 바라기보다는 전형적인 영국식 펍이었다. 안은 퇴근하고 온 사람들로 북적거렸다.

"저기 구세주가 오는군."

트루먼이 손을 흔들었다.

"알렉스 부사장님, 뭐로 하시겠습니까?"

"맥주로 하겠습니다."

나는 분위기를 맞추려고 같은 걸로 주문했다.

"나도 한 잔 더 주지."

다우티가 바를 향해 가는 트루먼의 뒤에 대고 소리쳤다.

"구세주라니요? 무슨 말입니까?"

다우티가 나한테 냅킨을 건네주었다. 냅킨 가득 뭐라고 쓰여 있었다. 온갖 글씨들 사이에서 비행기에서 내가 그린 구름을 겨우 알아봤다. 트루먼이 원하던 게 이거였군. 나보고 주주의 이해를 보호하는 것과 직원의 이해를 보호하는 것 사이의 모순을 다우티한테 설명하라는. 그래서 나는 설명하기 시작했다. 트루먼이 큰 맥주잔 세 개를 가지고 돌아와서 조용히 우리 앞에 놓았다. 그러고는 내가 설명을 끝내자 의기양양하게 다우티에게 물었다.

"그래, 어떻게 생각해?"

"실용성은 없지만 심심풀이로 하기에는 재미있는 게임이군."

다우티는 큰 흥미가 없는 듯 대답했다.

"그래, 자네 마음 알아. 나도 그럴 때가 있어. 세상의 모든 게 무의미한 게임처럼 보일 때가 있지. 때로는 잔인하기도 하고 불공평할 때도 있지만, 우리가 무엇을 하든지 게임은 계속될 거야. 우리가 있건 없건 말이야. 자, 기운 내라고, 친구. 맥주나 마시세."

트루먼이 다우티의 등을 상당히 세게 두들겼다.

다우티가 웃으며 그 냅킨으로 잔을 감싸고는 '게임을 위하여!' 라고 외친 후 잔을 들었다. 우리도 잔을 들었다.

"내 생각에는 이 구름 그림처럼 간단하건 또는 재무제표처럼 자세하건, 게임을 잘하는 데는 전혀 도움이 안 돼. 결국 중요한 건 직감이거든."

다우티가 말했다.

"또 그 직관 타령이군. 솔직히 나도 이 구름 그림이 현실적으로는 거의 도움이 안 된다는 거 인정해."

트루먼이 맥주잔을 도로 내려놓으며 말했다. 그는 부정의 표정을 짓고 있는 내 얼굴을 보더니 놀라면서 물었다.

"부회장님은 도움이 된다고 생각하십니까?"

기뻤지만 또 동시에 말하기 곤란한 피트네 회사의 소식을 자연스럽게 할 수 있는 절호의 기회였다.

"네. 도움이 된다고 생각합니다."

"심심할 때 재미로 하는 게 아니라 실제로 도움이 된다고요?"

다우티가 회의적인 목소리로 물었다. 생각대로 그들은 내가 던진 미끼를 물었다.

"구름을 그리는 이유는 실제로 사용하기 위해서입니다. 물론 문제를 제대로 표현하고서도, 즉 구름을 다 그리고서도 해결하려는 시도를 하지 않으면 아무 도움이 되지 않겠죠. 이 구름 그림의 진정한 가치는 문제 해결을 위한 방법, 갈등을 해소하기 위한 바른 길을 제시한다는 겁니다."

나는 조금은 거만하게 말했다.

"이것을 사용해서 실질적인 결과를 얻을 수 있다는 뜻입니까?"

다우티가 조심스럽게 잔에서 냅킨을 벗기면서 물었다.

"네, 그렇습니다."

"게임에서 승리하는 데에도 도움이 될까요?"

트루먼은 계속해서 '게임'을 들먹였다.

"물론이죠."

"그래요? 그럼 한번 증명해보시죠."

다우티가 단호하게 말했다. 순간적으로 일생일대의 중요한 시험을 치르고 있다는 생각이 들었다. 하지만 걱정 없다. 준비는 충분히 되어 있었다.

"예를 들어 오늘 하루 종일 이야기했던 주제, 그 인쇄회사를 얘기해보죠."

나는 냅킨을 조심스럽게 펼쳤다.

"우리는 주주의 이익을 보호하기 위해 회사를 팔려고 합니다. 왜냐하면 투자한 만큼 수익이 돌아오지 않기 때문입니다."

그러자 트루먼이 말했다.

"그 인쇄회사는 현재도 수익률이 낮지만, 부회장님의 보고서에 따르면 앞으로도 겨우 적자만 면할 것으로 판단되기 때문이죠."

"네, 그렇습니다. 그렇게 가정을 했었죠. 상황을 면밀히 검토한 결과 두 분 이사님도 아시겠지만, 이익을 높이려면 과자 포장 부문의 적자를 막아야 합니다."

"신형 인쇄기라도 들여놓자는 얘기라면……."

트루먼이 내 말을 가로막았다. 그럴 때는 나도 그의 말을 막는 수밖에 없다.

"하지만 추가적인 투자는 절대 불가능하기 때문에, 시장에 먹힐 새로운 판매 전략을 짜야 합니다. 현재의 생산 설비를 가지고 고객들에게도 매우 유익하고 저희도 상당한 이윤을 남길 수 있는 판매 조건을 찾아내야 합니다."

"한마디로 불가능한 말을 하고 있군!"

다우티가 말했다.

"보통 사람들이 보기에는 그렇습니다."

나는 여유 있게 미소를 띠고는 맥주를 한 모금 마셨다.

두 사람 다 나만 쳐다보고 있었다. 잠시 후 트루먼이 조심스럽게 물었다.

"그럼 실제로 방법을 찾았단 말입니까?"

"네, 그런 것 같습니다."

이런 말을 할 수 있게 되어 나는 너무도 기뻤다.

"부회장님 맥주를 한 잔 더 가져다줘야겠군요. 만약 맥주를 가져왔는데 그 말이 거짓이면 단단히 각오해야 할 겁니다."

트루먼은 다우티가 돌아올 때까지 기다렸다.

"어떻게 된 겁니까? 유럽으로 오는 비행기 안에서는 추가 설비 투자 없이는 매출을 늘릴 방법이 없다고 하지 않았습니까? 지난 이틀 동안 무슨 일이 있었던 겁니까? 혹시 회사 매각을 막으려고 마지막 편법 같은 거라도 쓰는 겁니까?"

"전혀 그렇지 않습니다."

나는 일단 트루먼을 안심시켰다.

"그동안 일을 생각하면 지금 제 말이 조금 이상하게 들릴 수도 있습니다. 하지만 지금 빈말을 하는 게 아닙니다. 물론 나머지 두 회사는 아직 방법을 찾지 못했습니다. 하지만 인쇄회사의 경우에는 혁신적인 방법이 있고 효과도 있다는 보고를 조금 전에 받았습니다."

"무슨 이야기인지 자세히 듣고 싶군요."

트루먼도 다우티처럼 단호하게 말했다.

다우티가 자리에 앉을 때까지 기다린 후, 나는 피트의 새로운 전략에 대해 설명했다. 물론 그 발상이 피트의 머리에서 나왔다는 것도 잊지 않고 밝혔다.

"왜 지금에서야 이 말을 꺼내느냐면, 두 분 이사님이 그 혁신적인 방법을 신뢰하지 않을 거라고 생각했기 때문입니다. 사실 저도 한 시간 전까지만 해도 회의적이었으니까요. 실제로 두 건의 거래가 성사되는지는 기다려봐야 알겠지만, 제 생각에는 상황이 매우 낙관적입니다."

"인쇄회사 매각 협상은 좀 지연시켜야겠어. 적어도 상황이 분명해질 때까지는……."

다우티가 천천히 말했다.

"그래."

트루먼도 동의했다.

"그리고 인수 희망자도 더 확보해야겠어. 지금 이 말이 사실이라면 상황이 완전히 바뀌었으니까. 같은 상대한테 하루아침에 이야기를 바꿀 수는 없지. 어떻게 설명을 해도 우리 신용도만 손상될 거야. 아, 아닙니다. 알렉스 부회장님, 걱정할 것 없습니다. 그 방법이 실제로 효과가 있으면 정말 좋겠군요. 겨우 수지를 맞추는 회사보다는 한 15퍼센트 이익을 내는 회사를 파는 게 훨씬 나으니까요."

그리고 두 사람은 피트네 회사에 대한 새로운 매각 가격을 계산하기 시작했다.

그렇다. 회사를 매각하겠다는 생각에는 변함이 없었다. 하긴 그럴 수밖에 없는 것이 두 사람이 걱정하는 것은 유니코의 신용 등급이었다. 하지만 피트의 생각이 성공한다면, 앞으로 피트가 회사를 운영하는 데 문제는 없을 것이다. 황금알을 낳는 거위를 귀찮게 하는 사람은 없으니까. 엄청난 돈을 들여서 작업 준비 시간이 긴 최신 인쇄기로 교체했으면 어쩔 뻔했나? 생각만 해도 아찔하다.

이런 생각을 하고 있는데 다우티가 물었다.

"그 훌륭한 아이디어를 찾아내는 데도 그 그림들을 썼습니까?"

"물론이죠. 이 구름 그림이 아니었다면 찾지 못했을 겁니다. 이걸 사용해서 겨우 찾았죠."

'흐-음' 하는 소리만 들려왔다.

12

마음속에 진리가 있는 사람은
자신의 혀가 설득력이 부족할까 봐 절대로 걱정하지 않는다.
—존 러스크

흔히들 영국 음식은 형편없다고 불평하지만, 다른 것은 몰라도 개인적으로 영국 식당에서 마음에 드는 게 하나 있다. 바로 커피를 마시는 분위기였다. 영국 식당들은 대부분 커피 마시는 손님을 위한 공간을 별도로 마련하여 푹신한 가죽 소파, 낮은 테이블 그리고 진짜 장작 벽난로가 갖추어진 곳에서 커피를 즐길 수 있게 배려했다.

웨이터의 권유를 받아들여 나는 1956년산 브랜디를 주문했다. 브랜든과 짐도 같은 것을 시켰다. 벽난로의 불꽃을 바라보며 머릿속으로 지난 며칠을 정리해봤다. 여기서 내가 트루먼, 다우티라고 하지 않고 브랜든과 짐이라고 부르는 점에 유의하기 바란다. 우리는 맥주 두 잔, 적포도주 두 병을 나누어 마시고 나서 편하게 이름을 부를 수 있는 사이가 되었다.

유럽으로 오는 비행기에서 트루먼과 이야기를 나누면서 그를 이해하게 되었고 존경하게 되었다. 오늘 저녁에는 그의 다른 면, 쉽게 말하자면 '브랜든'적인 면을 볼 수 있었다. 그는 따뜻하고 다른 사람을 위할 줄 아는 사람이었다. 내가 생각했던 냉혹한 주식 사냥꾼과는 거리가 멀었다. 그러나 나를 더 놀라게 한 것은 다우티, 즉 짐이었다. 몇 시간 얘기를 나누다 보니 짐은 공식 석상에서 느꼈던 다우티의 모습과는 완전히 달랐다. 말수가 많고 낙천적인 성격은 아니지만, 친절하고 포근했으며 비아냥거리는 듯하면서도 유머 감각이 있었다.

나는 멍하니 벽난로 불꽃을 바라보다 현실로 돌아왔고, 브랜든이 다시 말을 걸었다.

"알렉스, 그런데 하나 궁금한 게 있네. 인쇄회사의 획기적인 마케팅 방법이 우연한 발견이 아니라 논리적인 체계도를 이용한 결과라고 했는데, 아직 남은 두 회사는 어떻게 할 생각인가? 규모도 더 크고 문제도 더 심각한데 말이야. 두 회사의 문제를 해결할 마케팅 방법은 왜 못 찾은 거지?"

아내 줄리한테 받을 법한 질문이었다. 하지만 뭐라고 대답해야 할지 모르겠다. 방법이 있지만 시도를 안 해봤다고? 그래, 사실 시도해보지 않았다. 하지만 왜 안 해봤을까? 왜냐하면 시간 낭비라는 것을 알기 때문이다.

"논리만으로는 부족합니다. 직관도 있어야 하죠. 피트 사장은 평생을 인쇄업계에서 보냈습니다. 당연히 업계에 대한 직관이 뛰어나죠. '사고 프로세스'를 이용해 회사를 살려낼 돌파구를 찾을 수 있었던 것도 그 때문이죠. 하지만 도노번 사장과 스테이시 사장은 각자의 업계에 대한 경험이 짧습니다."

"그럼 결론은 다시 직관이란 말인가?"

브랜든이 실망한 목소리로 말했다.

"그렇다면 그런 논리적인 체계도를 사용한다고 해서 특별히 얻는 게 없잖나?"

'사고 프로세스'가 얼마나 중요한지 실례를 들어 입증할 수 있었다. '사고 프로세스'는 자신의 직감을 말로 표현하고, 직관력을 제대로 활용하고, 그것을 검증하게 해주는 도구였다. 하지만 그렇게 말했다가는 그럼 왜 밥과 스테이시 회사에는 적용하지 않느냐는 질문이 따라올 것이다. 나는 곤란한 질문을 피하기 위해 아무 대답 없이 브랜디만 홀짝거렸다.

"그러니까 직관이 없으면 어떤 방법을 쓴다 한들 도움이 안 된다는 이야기야. 하기야 직관이 있으면 특별한 방법이 필요 없지."

짐은 내 침묵을 자신의 말에 대한 동의라고 생각했다. 하지만 그의 말은 나를 자극했다. 그것은 완전히 잘못된 생각이었다.

"직관이 없으면 어떤 방법도 도움이 안 되죠. 그건 동의합니다. 하지만 직관이 있더라도 여전히 실패할 수 있습니다. 제 경험상 직관은 해법을 찾아내기 위한 필요조건일 뿐이지 결코 충분조건이 아닙니다. 실제로 적용 가능하고 간단한 해법을 찾는 데는 직관을 활용하고 초점을 맞추어주고, 검증해줄 방법이 필요하죠."

"그럴지도 모르지."

짐 다우티가 말했다.

"아니요, 확실히 그렇습니다. 수영장에 가득 차 있는 탁구공을 물밑으로 가라앉히려고 애쓰는 기분, 그런 기분 느껴본 적 없으세요? 매일 급한 불만 끄다가 하루가 다 가는 기분요."

"그런 적이 없냐고? 평생을 그렇게 살아온 것 같은데. 특히 지난 5년은 더."

짐이 웃음을 터뜨렸다.

"그렇게 국지적인 불을 끌 수 있는 건 직관 덕이죠. 하지만 묶인 매듭을 어디에서 풀어야 하는지는 직관으로 찾을 수 없습니다."

"나도 알렉스 자네 말에 동의하네. 하지만 매듭의 시작이 어디 인지 모르는데 구름을 어떻게 그리지?"

브랜든이 끼어들었다.

"아, 죄송합니다. 제가 설명을 정확히 안 드렸네요. 구름 그림이 '사고 프로세스'의 첫 단계는 아닙니다. 현상을 마음속으로 정확히 이해한 뒤에 구름을 사용해야 하죠."

"무슨 뜻이지?"

"항상 급한 불을 끄느라 정신이 없으면 늘 수많은 문제에 둘러싸여 있다는 인상을 받게 되죠."

"사실이 그렇기도 하지."

짐이 말했다.

"사고 프로세스에 따르면 이런 문제들은 서로 독립되어 있지 않고 밀접한 인과관계로 묶여 있습니다."

"나도 주일학교를 다니던 시절에는 그렇게 생각했지. 하지만 살다 보니 문제들이 서로 엮여 있다는 것은 어설픈 핑계일 뿐이라는 걸 알게 되었다네."

나는 짐의 경험담을 무시했다.

"이 인과관계를 정립하기 전에는 상황을 정확히 파악했다고 볼 수 없습니다. 따라서 첫 번째로 해야 할 일은 아주 체계적인 방법론에 따라 '현상분석체계도'를 그리는 겁니다. 현상분석체계도는 현 상황에서 나타나는 모든 문제를 인과관계로 엮어주죠. 일단 이 작업을 하고 나면, 동시에 여러 문제를 고민할 필요 없이 모든 문제의 원인이 되는 핵심적인 문제 한두 가지만 해결하면 됩니다."

"그럼 모든 상황의 근본에는 핵심적인 문제 한두 가지만 깔려 있다는 말인가?"

브랜든이 믿기 어려워했다.

"네, 바로 그 말입니다. 모든 문제의 핵심적인 원인은 한두 가지뿐이죠. 그래서 나머지 것들은 '문제'라고 하지 않고 '바람직하지 않은 결과(UDE, UnDesirable Effects)'라고 부릅니다. 그것들은 핵심 문제들로부터 파생된 필연적인 결과일 뿐이죠."

"그 점이 매우 중요한 것 같군. 믿기지는 않지만 만약 그게 사실이라면, 우리는 증상이 아닌 핵심 문제에 초점을 맞출 수 있겠군."

브랜든이 심각하게 말했다.

"네, 바로 그겁니다. 사고 프로세스는 핵심 문제를 찾아가는 방법을 단계별로 설명해주죠. 우선 바람직하지 않은 결과를 다섯에서 열 가지 정도 나열한 다음, 정해진 방법론대로 따라가면 핵심 문제를 찾을 수 있습니다. 또 그 과정을 통해 다음 단계를 풀어가는 데 필수적인 직관도 키울 수 있죠. 다음 단계는 핵심 문제를 푸는 해법을 찾는 데 노력을 집중하는 겁니다."

내가 웃으며 말했다.

"너무 간단한 것 같군."

짐이 말했다.

내가 왜 자꾸 이럴까? 계속 요나 교수의 주장이 내 생각인 것처럼 이야기하고 있지만, 내가 진짜 요나 교수의 말을 믿는다면 더 자주 사용했을 것이다. 예를 들어, 지난번 이사회 이후 지푸라기라도 잡고 싶은 심정으로 무엇이든 해결 방법을 찾으려고 얼마나 애썼던가? 그런데 나는 요나 교수의 방법을 시도도 해보지 않았다.

그것은 내가 요나 교수의 이론을 믿지 않는다는 거 아닐까?

"직접 적용해본 적도 있나? 정말 절망적인 상황에서 말일세."

브랜든이 물었다.

잠시 생각을 했다. 공장장 시절 나는 요나 교수의 방법을 사용한 것이 아니라 그 결론만을 활용했다. 그럴 수밖에 없었던 것이 그 당시만 해도 요나 교수의 '제약 이론(Theory of Constraints)'의 핵심인 '사고 프로세스'에 대해 잘 몰랐다. 내가 사업본부장이 되었을 때 요나 교수는 자신에게 계속 의존하지 말고 직접 방법론을 익혀보라고 했다. 그 뒤 부하 직원들에게 권한을 넘기는 데, 모순을 해결하는 데, 팀 정신을 고양시키는 데 그 이론의 일부를 사용했다. '사고 프로세스' 전체는 세 번 정도 사용했다.

"네, 한 번 이상은 사용했습니다."

솔직히 말했다.

"그래서?"

"성공했습니다······. 놀라울 정도로요. 하지만 성공하려면 주제에 대한 직관과 치밀한 노력을 아끼지 않을 강한 의지가 필요합니다."

"시간은 얼마나 걸리지?"

짐이 물었다.

"경우에 따라 다릅니다. 한 5시간 정도 될까요?"

"5시간? 회사 일 때문에 고민하다가 밤잠을 못 이루는 시간을 합해도 그것보다는 많겠다."

짐이 웃으며 말했다.

짐은 아직 이것이 얼마나 힘든 일인 줄 이해하지 못하는 것 같왔다. 문제는 시간이 아니라 문제 해결을 위해 혼신의 노력을 기울여야 한다는 점이었다.

"우리도 한번 해보지."

브랜든 트루먼이 제안했다.

"우리 모두가 직관을 발휘할 수 있는 주제를 하나 정한 뒤, 알렉스 자네가 시범을 보여주는 거 어떤가?"

나는 시계를 봤다. 거의 11시가 다 되었다.

"좀 어려울 것 같습니다. 이미 밤이 깊었고, 내일은 중요한 회의가 두 건이나 있지 않습니까? 그리고 마땅한 주제가 있겠습니까? 우리 셋 모두 직관을 발휘할 수 있는 공통의 주제라는 게."

"아니야, 있지."

브랜든이 말했다.

"자네는 회사를 살려내는 데 경험이 많고 우리는 기업 관리 경험이 많지. 그리고 우리 모두 고민하고 있는 문제가 어떻게 하면 매출을 증가시키느냐지. 아닌가?"

"그래. 또 오늘밤에 다 끝낼 필요도 없고, 그저 시작만 하자고. 문제의 목록만이라도 적어보는 게 좋을 듯한데. 아니, 문제가 아니고 알렉스 자네 말대로 '바람직하지 않은 결과'의 목록이라도 한번 만들어보자고. 서로 연결시키는 방법은 나중에 설명해줘도 되니까."

짐 다우티도 동의했다.

빠져나갈 방법이 없었다. 브랜든 트루먼은 벌써 펜을 집어 들고는 냅킨을 찾기 시작했다. 결국 초콜릿 밑에 깔려 있던 종이를 꺼내서는 자기가 생각하고 있던 '바람직하지 않은 결과'들을 적기 시작했다.

"경쟁이 유례없이 치열하다. 관리하는 회사마다 이 소리를 귀에 못이 박히도록 하는데 이제는 신물이 나는군."

"그래, '가격 인하 압력이 점점 거세지고 있다'도 적게."

"좋아, 그것도 괜찮군. 수요가 아무리 많아도 항상 같은 핑계를 대더라고. 얼마나 엄살들이 심한지, 요새는 매출을 늘리라고 사외이사들이 함부로 말도 못 꺼내. 압력을 가하면 매출을 늘려놓기는 하지만 대부분 대신 가격을 인하해버려서 소용이 없다니까."

같은 현상이라도 그들의 관점에서는 핑계로밖에 보이지 않는 모양이다.

"계속하죠. 적어도 다섯 가지에서 열 가지는 필요합니다."

내가 말했다.

"우리가 항상 듣는 핑계가 또 뭐가 있지? 아, 있다. 시장에서 결정되는 가격이 마진을 너무 적게 남긴다고들 하지."

브랜든은 완전히 몰두해 있었다.

"그걸 항상 둘러대는 핑계라고 생각하세요?"

내가 놀라움을 감추지 못하고 물었다.

"물론이지. 내가 생각하기에 진짜 문제는 거시적인 목표나 비전이 없다는 거야. 그저 임시방편들이고 불끄기에 바쁘지. 합리적이고 자세한, 전술적인 계획에 입각한 전반적인 전략이 없다는 게 문제야. 그렇게 해서 고객의 기대에 계속 못 미치면 그 업체는 시장에서 밀려나게 되는 거라고."

짐이 말했다.

"바람직하지 않은 결과에 대해 목록이 아니라 연설이라도 쓸 수 있을 거 같은데."

브랜든이 말하자, 짐도 거들었다.

"좋아. 가능한 한 간략하게 정리하면, 회사 관리자들이 부분 최적화를 달성하기 위해 최선을 다하고 있다는 게 정말 근본적인 문제라고 생각해."

"그래, 바로 그거야."

브랜든이 얼른 받아 적었다.

"그래. 우리 같은 외부인 눈에는 회사가 실적이 안 좋을 때마다 각 부서들이 서로만 탓하고 있는 것으로 보이지. 항상 다른 부서가 잘못해서 그런다고 하니까. 근데 그게 회사 관리자들이 부분 최적화를 추구해서 생긴 문제야."

"그것도 적으세요. 그런 태도는 분명히 문제입니다."

내가 말하자 브랜든이 대꾸했다.

"적고 있네. 알렉스, 자네 관점에서 보이는 문제도 있을 거 같은데 한번 말해보지."

"네, 좋습니다. 매출 신장 압력이 유례없이 거세다. 이 압력이 어디에서 오는지는 두 분이 잘 아시죠."

둘이 크게 웃어젖힌 후, 짐이 말을 받았다.

"하지만 결과를 보면 압력이 너무 부족한 거 같아."

"가장 중요한 하나를 뺐군. 바로 신제품을 전에 없이 빠른 속도로 출시해야 한다는 점이야. 제품 하나를 가지고 10년씩 장사하던 시절도 있었는데, 그런 호시절도 다 지나갔지. 내가 이사로 있는 업체 중에는 제품 수명이 3년도 안 되는 경우까지 있다니까."

브랜든이 말했다.

밥 도노번이 화장품 업계에 대해 했던 말을 떠올리며 나도 그 점에 동의했다.

"그 때문에 생기는 또 하나의 문제는 신제품을 계속해서 도입하다 보니 시장이 혼란스러워지고, 또 고객들의 버릇이 고약해진다는 겁니다."

브랜든이 내 말을 받아 적고는 짐에게 물었다.

"이 점에 대해 덧붙일 말 없나?"

"물론 있지. 신제품 출시의 효과에 대해 내가 회의적이라는 건 알고 있지? 신제품은 실패할 확률이 높고 개발에 들어간 비용조차 회수하기 어려워. 또 신제품이 성공하더라도, 기존 제품의 매출을 잠식하는 경우가 많지. 이것은 신제품의 경우에만 해당되는 게 아니고 새로운 점포를 개설할 때도 마찬가지야."

그 말에 대해 내 의견을 말할까 망설이고 있는데 브랜든이 짐의 의견에 찬성했다.

"지난주에 안 좋은 소식을 하나 들었어. 우리가 상당한 금액을 투자한 회사인데, 이 회사가 6개월 전에 한 클럽 체인과 손을 잡았거든. 그런데 지난주에 들은 얘기로는 지난 4분기 매출이 급감했는데, 그 주원인이 이 클럽의 매출이 자체 점포의 매출을 잠식해서라더군."

최근 유니코에서도 같은 일이 있었기 때문에 되도록이면 빨리 화제를 돌리고 싶었다.

"그러면 '새로운 점포나 신제품, 개선된 제품은 대부분 기존 점포, 기존 제품의 매출을 잠식한다'라고 요약하면 어떨까요?"

"좋아."

나는 브랜든이 적어놓은 목록을 재빨리 세어봤다.

"좋습니다. 10개네요. 이 정도면 충분합니다."

"아니야, 그걸로는 부족해. 지금까지 우리가 적은 문제들은 주로 기업보다는 시장 탓을 하고 있어. 몇 가지만 더 추가하지."

그렇게 말하면서 짐은 브랜든을 바라봤다.

"'기존 영업 인력은 영업력이 부족하다'라고 적는 것은 어떨까?"

계속하기 전에 내가 어느 정도 균형을 이루게끔 하기 위해 끼어들었다.

"영업사원에게 주어지는 업무량이 너무 많습니다."

나는 내 의견도 적도록 했다. 짐이 계속했다.

"생산이나 물류의 개선이 너무 느리게, 또 너무 적게 일어나고 있다."

"잠깐만, 아직 다 못 적었네……. 그래 이제 됐어. 계속하게."

"기술 부문."

짐이 말했다.

"기술에 어떤 문제가 있습니까?"

내가 모르는 척하며 물었다.

두 사람 다 나를 보고 웃더니 브랜든이 다음과 같이 적었다.

'기술 부문에서 신제품을 제때에 개발하지 못한다.'

"또 개발품의 신뢰도에도 문제가 있다."

짐이 거들었다.

"이제 정말 충분한 것 같습니다. 더는 적을 필요 없습니다."

내가 말했다. 짐이 나를 보며 웃었다.

"마무리를 짓는 의미에서 한 가지만 더 추가하지. 그러면 우리가 지금 무얼 하고 있는지 짐작이 갈 거야. 잘 적게나."

짐이 브랜든에게 말했다.

"기업은 혁신적인 마케팅 아이디어를 찾아내지 못한다."

짐 다우티는 잠시 기다렸다가 나를 보고 물었다.

"알렉스, 솔직히 말해보게. 정말 여기 적힌 모든 항목을 인과관계에 따라 연결할 수 있겠나?"

"정말 다른 모든 항목의 원인이 되는 한두 가지 핵심 문제를 찾을 수 있는 건가? 가망이 없어 보이는데. 그냥 취소하고 없던 걸로 하면 어떨까? 안 그래도 이번 주에는 중요한 일들이 많을 텐데."

브랜든이 말했다.

"아닙니다."

나도 자존심이 있지 포기한다는 말은 할 수 없었다.

"그 종이를 제게 주십시오."

"그러지. 미국으로 돌아가기 전에 결과를 봤으면 좋겠군."

짐이 말했다.

"물론입니다."

다시 수험생이 된 듯한 기분을 느끼며 대답했다. 포기할 기회를 잡지 않은 것이 후회되었다.

13

걱정은 흔들의자와 같다.
의자에 가만히 앉아 있으면 뭔가 하고 있는 것 같지만,
한 발도 나아가지 못 한다.
─월 글저스

가압증기사의 매각을 논의하는데 뭔가 분위기가 좀 이상했다. 어제 만난 상대는 회사였고 오늘 아침에 만난 상대는 투자가들이 었는데, 이번에는 상대의 정체가 불분명했다. 특히 더 신경이 쓰였다.

"좋습니다."

이야기를 번지르르하게 하는 상대가 한참 후에 말을 꺼냈다.

"그러면 이제 본론으로 들어가죠. 회사의 자산 말입니다."

그는 대차대조표를 폈다.

"기업의 진정한 자산은 사람들입니다."

너무나 고지식하게 들릴 말이었지만 안 하고는 배길 수가 없었다. 그자는 내 명함을 들여다보더니 웃으며 물었다.

"이 회사 책임자시네요?"

"네, 그렇습니다."

나는 목소리에 힘을 주어 대답했다.

"회사의 당기순이익이 25만 달러 이하였는데, 그럼 매출액이 얼마였더라……. 잠깐만……."

그는 자기 노트를 들여다봤다.

"아, 9,160만 달러군요. 그렇게 좋은 편은 아니죠? 저는 지금 순자산 수익률을 계산하려는 겁니다."

약삭빠르게 생긴 그는 계속 기분 나쁜 미소를 지으며 말했다.

"직원들도 자산으로 평가하면 순자산 수익률이 더 떨어질 테니까, 이 회사의 진짜 자산만 가지고 계산해보죠."

점점 더 마음에 안 들었다. 상대는 다시 한 번 내 명함을 봤다.

"알렉스 로고 수석 부회장님, 이 회사의 설비는 대차대조표상으로는 721만 달러로 되어 있습니다. 실제 가치는 얼마죠?"

"무슨 뜻입니까? 유니코는 장부를 정확하게 기록합니다."

나는 짜증이 올라왔다.

"네, 저도 알고 있습니다. 물론 모든 회계 규정을 지키고 계시리라 생각합니다. 그래서 질문을 드린 겁니다."

다시 한 번 이를 내보이며 웃는 얼굴이 섬뜩했다.

"장부에 적힌 생산 설비의 가치는 처음 구입가에서 감가상각을 한 금액들이죠."

그는 침착하게 설명했다.

"저희의 감가상각 기간은 10년입니다. 각주를 보시면 나와 있습니다."

내가 설명했다.

"네, 정확히 말하자면 각주 21번이죠."

대차대조표쯤은 나보다 더 잘 알고 있다는 듯이 말했다.

"하지만 그 이야기가 아닙니다."

그는 짐과 브랜든을 보면서 도움을 청했지만, 두 사람은 한마디도 하지 않았다.

"알렉스 로고 수석 부회장님, 10년 전에 구입한 설비의 가치는 장부상에는 영으로 나와 있죠."

"물론입니다. 그 설비는 감가상각이 다 된 걸로 보니까요."

"네, 그렇지만 여전히 가치는 있죠. 우리가 그것을 실제 팔려고 한다면 좋은 값을 받을 수도 있지 않을까요?"

내가 무슨 말을 하기도 전에 그가 계속 말을 했다.

"한편 겨우 1년 전에 구입하여, 거의 구입가로 장부에 기록된 설비는 막상 팔려고 하면 제값을 못 받을 수도 있습니다. 다시 말해 대차대조표를 봐도 설비의 실제 가치는 알 수가 없다는 말이죠."

"지금 왜 그 이야기를 하는지 모르겠습니다. 어쨌든 생산 설비만 따로 판매를 한다고 가정하면 별로 많이 받지는 못할 겁니다. 상당 부분이 노후화됐고, 또 특별히 가압증기사에 맞게 제작된 것도 많으니까요. 저희 생산 설비를 사용할 수 있는 제조업체는 몇 군데 안 됩니다."

"그래서 얼마나 받을 수 있을 것 같습니까?"

"잘 모르겠지만 아마 721만 달러보다는 확실히 적을 겁니다."

뭐라도 대답해야 하는 분위기여서 마지못해 말했다.

이 뱀 같은 작자는 다시 물어봐도 나한테서는 더 나은 대답이 나오지 않을 거라고 생각했는지 짐과 브랜든을 쳐다봤다. 하지만 두 사람도 뭐라고 덧붙일 표정이 아니었다. 그는 자신의 노트에 뭔가를 적은 후 다음 항목으로 넘어갔다.

"재고의 가치는 얼마 정도로 잡을 수 있습니까?"

"재무제표를 보면 나와 있지 않습니까?"

"알렉스 로고 수석 부회장님, 이 장부는 회계 규정대로 작성되어 있습니다."

그래, 당신네들 장부는 규정대로 작성 안 하나 보지. 정말 마음에 드는 구석이라고는 하나도 없는 사람이었다.

"그게 문제라도 됩니까?"

"아닙니다. 다만 그렇기 때문에 별로 소용이 없다는 거죠. 장부상의 재고 가치는 그 물건을 지니고 있기 위해 들어간 비용입니다. 제가 알고 싶은 건 재고를 판매했을 때 받을 수 있는 값입니다. 이 두 숫자 사이에 엄청난 차이가 있다는 거 인정합니까?"

"아니요. 적어도 저희 경우에는 차이가 크지 않습니다."

상대는 짐과 브랜든에게 제발 도와달라는 눈빛을 보냈다.

"왜 그런가요?"

브랜든이 물었다.

"왜냐하면 저희는 재고품이 많지 않기 때문입니다. 재고의 대부분은 예비품들입니다. 그리고 그 판매가는 도매가로 팔더라도 최소한 원가보다는 높습니다. 나머진 공용 원자재입니다."

내 말이 끝나자, 브랜든이 그를 봤다.

"일리가 있군요. 토지는 어떻습니까?"

그가 다시 질문했다.

무슨 뜻인지 알았다. 장부상의 토지 가격이 현 시세와는 완전히 다른 과거의 값인 경우도 있었다.

"장부상에 나와 있는 것과 별로 다르지 않을 겁니다. 토지는 4년 전 회사를 인수할 때 감정한 값입니다. 그 뒤 그 지역 부동산 가격은 보합세였습니다."

브랜든이 대답했다.

"그래도 최근 감정가를 알아봤으면 좋겠습니다."

"물론 그렇게 하죠."

브랜든이 말했다.

뭐가 어떻게 돌아가는지 알 수가 없었다. 이 사람은 전혀 엉뚱한 방향에서 접근하고 있었다. 가압증기사는 어느 정도 이익을 내는 회사였고 장기적으로 봤을 때 가능성이 있었다.

그런데 왜 트루먼과 다우티는 이 작자가 회사를 조각조각 잘라서 평가하게 내버려두는 걸까? 그렇게 하면 실제보다 값을 적게 받을 텐데……

"그럼 가압증기사의 진짜 자산, 즉 시장 점유율을 이야기해보죠. 현재 북미 시장의 23퍼센트를 확보하고 있으며 상당히 안정적입니다."

브랜든이 말했다.

"이 시장에 진입하기는 어떻습니까? 어렵나요?"

상대방이 뱀 같은 눈으로 나를 보며 물었다.

"상당히 어렵다고 봅니다. 시장은 4개 업체가 주도하고 있는데 규모도 서로 비슷하고 모두 40년 이상의 역사를 가지고 있습니다."

나는 솔직히 말해주었다.

"그렇군요."

그가 연필 끝을 씹기 시작했다. 내가 제일 싫어하는 버릇이었다.

"진입이 어려운 이유가 뭐죠?"

"여러 가지 이유가 있습니다. 이미 단골 고객들이 형성되어 있는데, 사실은 예비품을 판매하는 업계라고 보시면 됩니다. 일단 기본 설비를 판매하고 나면 그 고객은 추가 설비나 예비품을 한 회사에서 계속 구입하게 됩니다."

나는 차분하게 대답했다.

"그렇군요."

"그리고 설비 제작도 그렇게 간단하지 않습니다. 각 주문마다 사양이 다르고, 모든 것을 고객의 독특한 요구에 맞추어서 제작해야 합니다. 무엇보다 제작 기술이 있어야 하는데, 그런 전문 기술을 축적하려면 상당 기간이 필요합니다."

나는 다시 한 번 '진짜 자산은 사람이다'라고 이야기하려다가 겨우 참았다.

"업계에 유휴 생산 능력이 많습니까?"

이 질문을 왜 하는 것일까?

"네, 그렇습니다. 모든 가압증기업체들은 CNC와 CAD 기술을 활용하고 있고, 그 결과 당연히 공급 능력이 수요를 초과하게 됐죠. 하지만 다들 소모적인 가격 경쟁이 일어나지 않도록 조심하고 있습니다. 이 점에는 상당히 신경들을 쓰고 있습니다. 말씀드렸듯이, 한두 해 장사한 것도 아니고 다들 장기적인 안목을 지니고 있으니까요. 가격 전쟁이 일어날 가능성은 거의 없습니다."

"좋습니다."

그러고는 그가 짐과 브랜든을 보고는 물었다.

"얼마를 부르시겠습니까?"

"1억 달러."

나는 그들의 대답을 듣고 놀랐다.

예상보다 너무나 큰 액수였다. 스테이시네 회사의 실제 가치보다 상당히 높았다. 상대가 생긴 것은 약삭빨라 보여도 실제로는 어수록한 사람일지 모른다는 생각이 들었다. 왜냐하면 그가 '한번 알아보고 다음 달에 다시 연락을 드리겠습니다'라고 했기 때문이다.

그래, 하긴 처음에 부르는 값은 흥정을 시작하기 위한 것이니까 별로 놀랄 것도 없다. 회사를 사고파는 것은 마치 바자회 시장과 비슷한 점이 많으니까.

나오는 길에 우리는 한마디도 하지 않았다. 이런 식의 회의는 별로 달갑지 않았다. 상대도 마음에 들지 않았다. 분위기도 몹시 역겨웠다. 마치 설비, 재고, 토지, 시장 점유율을 단순히 합친 것이 회사의 전부인 양 하나하나 따지고 있었다. 완전히 틀린 이야기다. 너무나 왜곡된 시각이었다.

그리고 대차대조표에 대한 말은 또 뭐야! 대차대조표가 그렇게 무의미하다는 것을 오늘 처음 알았다. 진정한 자산, 예를 들어 전문 인력, 시장 점유율, 회사의 명성 등은 나와 있지도 않다. 그나마 표기되는 설비, 재고, 토지도 실제 값과 현격히 차이가 난다.

이런 인위적인 숫자 놀음이 지긋지긋해졌다. 오늘따라 집 생각이 간절했다.

14

평온한 바다는 결코 유능한 뱃사람을 만들 수 없다.
—영국 속담

아침부터 별로더니 지금도 여전하다. 아무래도 오늘은 일진이 하루 종일 안 좋을 모양이다. 밥의 화장품 회사 매각을 위한 회의가 두 개나 잡혀 있는데도 아직 밥의 새로운 물류 시스템을 어떻게 해야 할지 결정하지 못했다. 새로운 물류 시스템은 서비스나 재고 관리에는 상당한 기여를 하겠지만, 단기적으로 봤을 때 재고 감소로 인해 약 1,000만 달러의 상대적 손실이 나올 것이다.

인수 희망자들에게 보낸 재무제표는 지난 4분기의 것으로, 새로운 물류 시스템에 따른 영향은 아직 장부에 기재되지 않았다. 장부에는 없지만 물류 시스템에 따른 이 중요한 변화를 언급 안 해도 될까? 한다면 어떻게 하는 게 가장 좋은 방법일까?

첫 번째 회의를 하러 가는 길에 브랜든 트루먼과 짐 다우티에게 이 문제를 꺼냈다. 물론 느닷없는 내 얘기에 별로 달가워하지 않았다.

"새로운 물류 시스템? 그것 때문에 재고가 1,700만 달러나 줄어든다? 그 결과 현재보다 약 1,000만 달러의 손실이 추가로 예상된다고? 자네가 사람을 잘 놀라게 한다는 건 알고 있었지만 다음번에는 좀 미리 말해주면 좋겠군."

회의 장소에 택시가 바로 도착해서 다행이었다. 안 그랬다면 마지막 순간에 그런 느닷없는 이야기를 접하는 것이 얼마나 언짢은 지에 대해 가는 내내 안 좋은 소리를 들을 뻔했다. 시간이 없었기 때문에 길게 말은 못하고, 단지 이 새로운 물류 시스템에 대해 충분히 설명해야 한다는 주의만 단단히 들었다.

"거래를 망치는 지름길은 막판에 새로운 말을 꺼내는 걸세. 이번이 아이코스메틱스 인수 희망자와 갖는 첫 번째 자리니까 하나도 숨기지 말고 다 이야기하게."

브랜든이 말했다.

엘리베이터 안에서도 두 사람은 계속해서 나에게 새로운 물류 시스템의 장점을 강조하되, 그로 인해 단기적으로 재고 자산이 줄어드는 문제도 솔직하게 설명하라고 누차 강조했다. 나는 지시받은 대로 설명했고, 상대방도 예상보다 쉽게 수긍했다. 대부분의 투자가들은 재고의 증감에 따라 나타나는 손익 왜곡 현상을 잘 알고 있었고, 그래서인지 단기적인 손실에는 별로 신경을 쓰지 않았다. 오히려 새로운 물류 시스템을 통해 이뤄낸 변화와 속도에 감탄했다. 반응이 워낙 긍정적이자, 트루먼은 단기적인 손실 증가를 이유로 인수 가격을 하향 조정할 수 없다고 주장했다. 놀랍게도 두 번의 회의에서 상대는 모두 이 점에 동의했다.

물론 나는 심도 있는 질문 공세를 받았다. 하지만 새로운 물류 시스템의 개념이 논리적이고 일리가 있어서 상대에게 타당성을 이해시키는 데는 어려움이 없었다. 제대로 대답하지 못한 질문은 '왜 진작 하지 않았나?'라는 것밖에 없었다. 너무나 상식적인 해결 방법을 내놓을 때마다 나오는 질문이었다.

회사 매각을 지나치게 비관적으로 바라본 게 아닌가 하는 생각이 들었다. 나도 모르는 사이에 세상이 바뀌어서 예전처럼 더는 단기적인 숫자에 집착하지 않는지도 모른다. 세상의 모든 이가 오늘 만난 사람들만 같다면, 밥과 스테이시는 계속해서 그들의 방식대로 회사를 꾸려나갈 수 있을 것 같았다.

아니다. 그렇지가 않다. 그건 회사 매각에 협조하고 있는 나 자신을 합리화하기 위한 변명일 뿐이다. 예산 범위 안에서 경영을 해야 하는 압력 때문에 결국에는 왜곡이 생길 수밖에 없다. 분기별, 월별로 가해지는 이런 압력 때문에 아무리 자율권을 보장해주는 인수자라도 마지막에는 직접 회사 운영에 개입할 수밖에 없다. 회사 매각이 성사된다면, 밥과 스테이시가 자기네 방식으로 경영해나갈 가능성은 거의 없게 된다.

매각을 막을 방법을 찾아야 한다.

하지만 지금은 그런 생각을 할 겨를도 없었다. 한 시간 안에 브랜든의 방으로 가야 했다. 옷을 침대에 벗어던진 후 급히 샤워를 했다. 런던은 매우 후텁지근했다. 물론 날씨 탓만은 아니었다.

그렇다고 브랜든 트루먼과 짐 다우티가 문제인 것도 아니었다. 두 사람은 무모하게 회사 매각을 방해하려 든다고 나를 야단치지도 않았다. 다른 이유가 있었다. 빠져나가지 못할 구석을 제 발로 찾아드는 데 명수인 나, 알렉스 로고가 스스로 자초한 일이었다.

마지막 회의를 마치고 나오는 길에 다우티와 트루먼은 심각하게 나를 붙들고 이야기했다.

"알렉스, 이 새로운 물류 시스템에 대해 몇 가지 물어보고 싶네."

"상식적으로 생각하시면 됩니다. 특별한 건 없습니다."

나는 자꾸 화제를 돌리려 했다.

"상식적으로 생각하면 된다. 특별한 건 없다."

브랜든이 비꼬듯 내 말을 따라 했다.

"그 방법이 좀 이상하다고 생각해본 적 없나? 이를테면 더는 공장 본래의 기능인 생산을 기준으로 공장을 평가하지 않는다든가."

"그렇다고 공장에 통제 불가능한 재고를 쌓아두는 것도 아닙니다. 어떻게 보면 모든 제품의 재고량을 적절하게 유지하는 게 바로 생산 공장의 책임 아닐까요?"

나는 재빨리 대답했다.

"그래서 말인데, 재고량 축소라는 미명 아래 결국 공장 쪽 재고는 하루 분량에서 무려 20일 분량으로 늘어났네. 게다가 매장의 주문에 신속하게 대응해야 한다는 이유로 공장에서 제품 출하는 가능한 한 늦게 하고 있어. 알렉스, 자네는 인정 안 할지 모르지만 이 모든 것은 상식에서 완전히 벗어나는 거 아닌가?"

이런 식의 공격은 어떻게 받아넘겨야 할지 알 수 없었다. 나는 그들이 이미 새로운 물류 시스템을 이해한 줄 알았다. 단지 마지막까지 그들에게 말해주지 않은 이유만 설명하면 된다고 생각했다. 처음부터 다시 물류 시스템을 설명해야 하는 건가? 아니다. 조금 전 회의에서 두 사람이 던진 질문을 생각해보면 분명 물류 시스템을 이해하고 있었다. 그러면 왜 이런 질문을 하는 걸까?

나는 조심스럽게 이야기했다.

"네, 맞습니다. 새로운 물류 시스템은 상식에 위배됩니다. 하지만 그 상식이라는 건 지금까지 사람들이 해온 관행일 뿐입니다."

"바로 그거네."

다우티가 끼어들었다.

점점 모를 말만 했다.

"도대체 어떻게 그럴 수가 있느냔 말이야?"

브랜든 트루먼이 물었다.

"도대체 기존 관례를 완전히 무시할 수 있었던 이유가 뭔가? 기존의 관행을 완전히 뜯어고쳐서 그토록 간단하면서도 강력한 시스템을 개발할 수 있었던 비결이 뭐냔 말이야?"

아, 그러니까 두 사람은 새 물류 시스템에 불만이 있었던 게 아니었다.

"제가 직접 개발한 것은 아닙니다. 밥 도노번 사장과 그의 직원들이 생각해냈습니다."

나는 실제로 칭찬을 받아야 할 사람들에게 공을 돌렸다.

"그러면 인쇄회사의 마케팅 아이디어는? 초고속 인쇄기와 경쟁해서 대량 주문을, 그것도 더 높은 가격에 따낼 수 있는 그 방법 말이야. 그것도 자네가 한 게 아니고 피트 사장과 그의 직원들이 이뤄낸 성과라는 건가?"

"네, 그 사람들이 독자적으로 개발해냈습니다."

내가 주장했다.

브랜든은 포기하지 않았다.

"가압증기사의 반전은 그럼 또 어떻게 설명할 건가? 겨우 1년 만에 밑 빠진 독에서, 적긴 하지만 흑자를 내는 기업으로 살려내지 않았나? 이것도 자네가 한 일이 아니고 스테이시 사장과 그 밑에 있는 직원들 때문이라고 하겠지?"

"네, 사실입니다."

"그러면 자네가 예전에 맡았던 사업부의 뛰어난 성과는 누구 때문이라고 할 건가?"

내용만 들으면 나를 칭찬하고 있다고 착각했을 것이다. 하지만 추궁하듯이 나를 몰아붙이는 그의 말투는 무척 화가 난 것처럼 들렸다.

"무슨 말을 듣고 싶으신 겁니까?"

마침내 내가 물었다.

"너무 뻔하지 않나? 자네와 자네 직원들은 상식의 틀을 깨는 어떤 방법, 어떤 체계를 갖고 있는 게 분명해. 아닌가?"

짐 다우티도 공격적인 어조로 다그쳐 물었다.

"물론 있습니다. 바로 상식을 체계화하고 이해할 수 있는 '사고 프로세스' 때문입니다."

나는 요나 교수의 말을 그대로 옮겼다.

"그게 믿기 어렵다는 거야."

"그게 아니라면 달리 설명할 게 있나요? 제가 경영 천재라도 된다는 말입니까? 저는 그게 더 믿기 어려운데요."

내가 웃으며 대답했다.

정말 재미있었다. 하지만 두 사람은 재미있다고 생각하지 않는 모양이다.

"자네가 상식의 틀을 깰 수 있는 일반적인 체계를 알고 있다고 믿기 어렵지만, 그렇다고 안 믿을 수도 없군."

짐이 정말 심각한 목소리로 말했다.

나는 그저 어깨만 으쓱거렸다. 그는 나를 뚫어져라 쳐다보더니 다시 말을 이었다.

"알렉스, 자네가 우리한테 사례를 들어 자세히 설명해줘야 할 것 같네. 솔직히 이틀 전 우리가 쏟아낸 문제들을 가지고 자네가 아무것도 못할 줄 알았네. 자넨 모든 문제의 근본 원인이 되는 핵심 문제만 찾으면 된다고 했지. 하지만 우린 그 말을 별로 믿지 않았어. 지금도 미심쩍은 건 마찬가지고. 그러니까 자네가 우리한테 제대로 보여주게. 믿을 수 있게."

브랜든이 말했다.

그래서 한 시간 안에 나는 브랜든의 방으로 가서 핵심 문제를 찾아내는 방법을 보여주어야만 한다. 결국 내가 지금까지 접해본 것들 가운데 가장 복잡한 주제로 현상분석체계도를 그려야 한다는 얘기였다. 하지만 내가 봐도 별로 가망이 없었다.

나는 서둘러 옷을 챙겨 입었다. 현상분석체계도를 그려본 게 얼마 만인가?

사고 프로세스의 다른 부분들은 비교적 자주 썼고 밥 도노번이 물류 시스템을 개발하는 데도 도움을 주었지만, 내가 직접 현상분석체계도를 가지고 씨름한 것은 2년 전이 마지막이었다.

요나 교수의 지침이라도 제대로 기억하고 있는지 걱정스러웠다. 다 자업자득이다. 무엇 때문에 제 발로 불구덩이로 들어가려고 하는지, 내가 봐도 한심스러웠다.

나는 브랜든이 적었던 종이를 꺼냈다. 브랜든의 글씨는 의사의 처방전처럼 알아보기 어려웠다. 우선 알아볼 수 있는 글씨로 다시 적다 보면, 서로의 인과관계가 떠오를 수도 있을 것 같았다. 희망이 보였다.

바람직하지 않은 결과(UDE)

1. 경쟁이 유례없이 치열하다.

2. 가격 인하 압력이 점점 거세지고 있다.

3. 시장에서 결정되는 가격이 마진을 너무 적게 남긴다.

4. 고객의 기대에 못 미치는 업체는 시장에서 밀려난다.

5. 관리자들은 부분 최적화를 추구하며 회사를 운영한다.

6. 기업의 각 부서가 실적 부진을 남의 탓으로 돌린다.

7. 매출 신장 압력이 유례없이 거세다.

8. 유례없이 빠른 속도로 신제품을 출시해야 할 필요성이 높아졌다.

9. 잦은 신제품 출시로 시장이 혼란스러워지고 고객들의 버릇도 나빠졌다.

10. 새로운 점포나 신제품, 개선된 제품은 대부분 기존 점포, 기존 제품의 매출을 잠식한다.

11. 기존 영업 인력의 상당수가 영업력이 부족하다.

12. 영업사원의 업무 부담이 지나치게 크다.

13. 생산과 물류의 개선이 너무 느리고 미약하다.

14. 기술 부문의 신제품 개발 속도가 너무 느리고 신뢰성이 떨어진다.

15. 기업은 혁신적인 마케팅 아이디어를 찾아내지 못한다.

어렵기 때문에 못하는 게 아니라
감히 시도하지 못하기 때문에 어려운 것이다.
─루키우스 세네카

"다음은 적어도 두 가지 바람직하지 않은 결과 간의 인과관계를
찾아내는 겁니다."

내가 자신 있는 목소리로 말했지만 사실 목소리만큼 자신은 없
었다. 그래도 다음 단계를 기억해낸 것만도 다행이라 생각했다.

"어느 두 개를 연결하느냐에 따라 차이가 있나?"

짐이 물었다.

"아닙니다. 다른 방법론들과 달리 바람직하지 않은 결과에 우선
순위를 매길 필요는 없습니다."

"다행이군. 어느 항목이 가장 심각한가에 대해 브랜든과 내가
합의하는 건 거의 불가능하니까. 그나저나 '바람직하지 않은 결
과'는 너무 길어서 말하기가 불편한데 그냥 '문제점'이라고 부르
면 안 되나?"

"저는 '바람직하지 않은 결과(UnDesirable Effects)'의 머리글자
를 따서 UDE라고 줄여 부르고 있습니다. 때로는 이게 뜻이 더 잘
통하기도 하죠."

그들은 점잖게 미소를 지으며 진지하게 목록을 들여다보기 시
작했다.

낭패다. 현상분석체계도를 그리는 단계는 머릿속에 외우고 있어서 그 단계들을 기억해내는 데는 아무런 문제가 없었다. 진짜 문제는 과연 내가 실수 없이 하나하나 시연해 보일 수 있을지였다. 직관적으로 알고 있는 사실을 말로 표현하는 것은 여간 어렵지 않다. 현상분석체계도를 작성할 때마다 상당히 헤맸던 이유도 그 때문이었다. 그런데 오늘은 혼자도 아니고, 브랜든과 짐이 날카롭게 내 일거수일투족을 지켜보는 가운데 해야 한다. 두 사람이 인내심을 보이지 않는다면 나 혼자 바보 꼴이 될 게 뻔했다. 분명 나는 두 사람에게 잘 보여야 하는 처지인데, 둘 앞에서 현상분석체계도를 그리는 것이 점수를 딸 수 있는 현명한 방법은 아니라는 생각이 들었다.

"어떻게 해야 하는 건가?"

브랜든이 물었다.

"뭘 말입니까?"

"두 가지 바람직하지 않은 결과에 대한 인과관계를 어떻게 찾아내느냐는 거지."

"목록을 쭉 보시면 직관적으로 인과관계가 떠오르실 겁니다."

살았다는 생각이 들었다. 내가 하는 것을 지켜보기보다는 두 사람이 직접 연결해볼 참인 것 같았다. 나는 그저 가르쳐만 주면 된다. 이렇게 하면 실수를 하더라도 내가 아니라 자신들 탓이라고 생각할 게 분명했다.

"하느님, 도와주십시오."

나는 작은 소리로 기도를 한 다음, 선생님 자세를 취했다.

"두 분 중 서로 연결할 수 있는 바람직하지 않은 결과, 즉 UDE

를 찾으신 분이 있습니까?"

"네, 사부. 제가 찾았습니다. 하지만 한 쌍이 넘는데요."

브랜든이 대답했다.

"괜찮습니다. 말씀해보세요."

"근데 자세히 보니 확실하게 연결된 게 별로 없군. 다 너무 모호한 것 같아."

나도 그 기분을 잘 안다. 목록을 읽어보면 여러 가지 인과관계가 머리에 떠오르지만, 막상 적으려고 하면 남는 것이 하나도 없다. 하지만 이런 경우를 위해 요나 교수는 직관적인 연결을 누구라도 동의할 상식적인 내용으로 전개시키는 방법, 즉 '논리적 체계의 합리성을 검증하는 기준'에 대해서도 가르쳐주었다.

"걱정 마십시오. 아무 쌍이나 말해보십시오. 어떤 쌍도 좋습니다."

나는 격려를 하듯 브랜든에게 말했다.

"내가 보기에 '매출 신장 압력이 유례없이 거세다'의 결과 '유례없이 빠른 속도로 신제품을 출시해야 할 필요성이 높아졌다'라는 현상이 생기는 게 아닐까 싶은데……. 하지만 별로 확신은 안 가는군. 안 맞는 것은 아니지만 어쩐지……."

브랜든이 조심스럽게 말했다.

나는 노란색 포스트잇 한 장에는 첫 번째 UDE, 즉 UDE 7번의 매출 압력에 대한 것을 적고 두 번째 장에는 그다음 UDE, 즉 신제품 출시의 필요성에 대한 것을 적었다. 두 장을 큰 하얀색 종이에 붙인 다음 화살표로 연결했다.

"둘 간의 관계를 더 명확하게 할 필요가 있을 것 같습니다. 두 항목 간의 거리가 좀 멀어 보이네요."

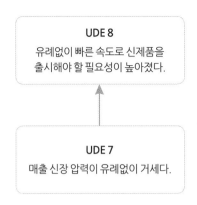

UDE 8
유례없이 빠른 속도로 신제품을
출시해야 할 필요성이 높아졌다.

UDE 7
매출 신장 압력이 유례없이 거세다.

내가 말했다.

"그래, 대서양만큼 넓은 것 같은데."

짐이 웃으며 말했다.

"중간에 한 단계를 더 집어넣으면 인과관계가 좀더 분명해질 겁니다."

나는 브랜든에게 말했다. 하지만 이 말도 별로 도움이 되지 않자, 다시 한 번 말해주었다.

"매출 신장 압력과 신제품 출시는 어떤 관계가 있습니까?"

"너무 뻔하지 않은가? 매출 신장 압력이 거세진다는 것은 새로운 제품을 개발해서 시장에 내놓아야 한다는 의미지."

브랜든이 놀라는 것 같았다.

"네, 그겁니다."

그렇게 대답하면서 나는 포스트잇 한 장에 '신제품, 개선된 제품을 빨리 개발하라는 압력이 유례없이 거세다'라고 적어서 포스트잇 두 장 사이에 붙였다. 우리 모두 이것을 검토했다.

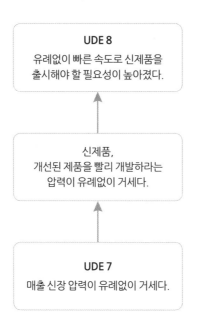

UDE 8
유례없이 빠른 속도로 신제품을
출시해야 할 필요성이 높아졌다.

신제품,
개선된 제품을 빨리 개발하라는
압력이 유례없이 거세다.

UDE 7
매출 신장 압력이 유례없이 거세다.

"좀 나아진 것 같군. 하지만 그래도 뭔가 빠진 것 같아."

다우티도 말했다.

"그렇습니다. 그런 것을 보고 '불충분하다'라고 합니다. 그럼 제 생각에 빠진 항목을 적어보겠습니다."

내가 맨 밑에다 포스트잇 한 장을 붙이는 것을 둘은 가만히 지켜보고 있다가 그 글을 읽었다.

"'매출을 신장시키는 가장 효과적인 방법 중 하나가 신제품 혹은 개선된 제품을 개발하는 것이다.' 동의하십니까?"

둘 다 동의한다고 했다.

"그러면 '매출 신장 압력이 유례없이 거세다'는 '매출을 신장시키는 가장 효과적인 방법 중 하나인 신제품 혹은 개선된 제품을

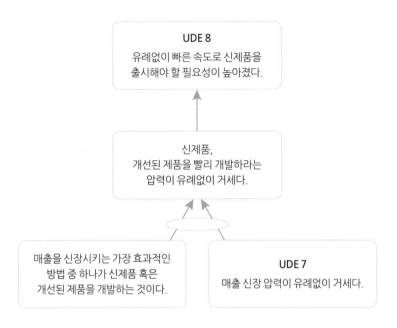

UDE 8
유례없이 빠른 속도로 신제품을
출시해야 할 필요성이 높아졌다.

신제품,
개선된 제품을 빨리 개발하라는
압력이 유례없이 거세다.

매출을 신장시키는 가장 효과적인
방법 중 하나가 신제품 혹은
개선된 제품을 개발하는 것이다.

UDE 7
매출 신장 압력이 유례없이 거세다.

빨리 개발하라는 압력이 유례없이 거세고' 이렇게 되면 곧 '유례없이 빠른 속도로 신제품을 출시해야 할 필요성이 높아졌다'가 되지 않겠습니까? 자, 이제는 어떻게 생각하십니까?"

둘 다 좋다고 했다. 하지만 나는 마음에 들지 않았다.

"그래도 아직 석연치 않은 점이 남아 있습니다. 대부분의 업계에서 매출 신장 압력이 유례없이 거세졌습니다. 하지만 유례없이 빠른 속도로 신제품을 출시하는 업계는 일부에 지나지 않습니다."

"내 생각은 좀 다르네. 대부분의 업계가 과거에 비해 빠른 속도로 신제품을 내놓고 있지 않나? 심지어 은행들도 항상 신상품을 소개하고 있는 판인데."

브랜든이 말했다.

"그거랑은 차이가 있지. 화장품이나 골프채, 전자제품 등에서 일어나는 현상과 은행을 비교할 수 없지. 그런 업계에서는 제품 수명이 1~2년도 안 돼. 거의 2년마다 전 제품을 교체한다고. 그런 게 정말 유례없이 빠른 속도 아닐까?"

이번에는 짐이 말했다.

"그건 또 그러네."

브랜든도 동의했다.

"문제가 뭔지 아시겠습니까? 나뭇가지 모양의 이 현상분석체계도 아래쪽에는 어느 업체에나 적용할 수 있는 문장들이 적혀 있는데 반해, 위에는 특정 업계에만 맞는 문장이 있습니다. 뭔가 빠져 있습니다. 이 문제를 해결하려면, 특정 업계로 범위를 좁혀주는 문장을 체계도 아래쪽에 추가해야 합니다. 즉, 특정 업계에서 유례없이 빠른 속도로 제품을 출시하게 하는 이유를 넣어야 합니다."

마침내 내가 실마리를 풀었다.

"이런 것은 어떻습니까? 신소재의 빠른 개발 덕분에 신제품 개발이 가능한 업계가 있다."

이를 적은 포스트잇을 아래쪽에 붙였다.

"정확한 지적이야. 사실 오늘날의 소재를 사용한다면 평범한 전기 기사도 10년 전 최고의 기사보다 훨씬 뛰어난 제품을 만들 수 있을 거야. 그럼 분석체계도를 어떻게 고쳐야 하나?"

짐이 잠시 생각하더니 말했다.

"고슴도치가 사랑을 나누듯 하면 됩니다. 즉, 아주 조심스럽게 하면 되죠. 우선 이런 업계를 뭐라고 부를 건지 정해야 합니다. 이렇게 하면 어떨까요? 신소재의 빠른 개발 덕분에 신제품을 개발할 수 있는 업계들을 줄여서 '첨단 소재 업계'라고 하면 어떻겠습니까? 그런 다음에는 지금까지 적은 것을 보면서 고쳐야 할 곳을 찾아내야 합니다. 일단 '신소재의 빠른 개발 덕분에 신제품 개발을 할 수 있는 업계, 이른바 첨단 소재 업계가 있다'는 문장과 '매출을 신장시키는 가장 효과적인 방법 중 하나가 신제품 혹은 개선된 제품을 개발하는 것이다', '매출 신장 압력이 유례없이 거세다'를 연결해보는 겁니다. 그러면 이렇게 되겠죠? '첨단 소재 업계에서는 신제품, 개선된 제품을 빨리 개발하라는 압력이 유례없이 거세다.'"

"좀 길기는 하지만 맞는 것 같군."

브랜든이 만족스럽다는 듯 말했다.

"그러면 그 문장을 다시 이렇게 고치면 정확하겠죠?"

브랜든의 글씨체가 어떤지 잘 알기 때문에 내가 직접 '첨단 소재 업계에서는 유례없이 빠른 속도로 신제품을 출시해야 할 필요성이 높아졌다'라고 문장을 고쳐 썼다.

"지금까지는 상식적인 이야기밖에 없는 것 같은데."

다우티가 말했다.

나는 그럼 왜 몇 분 전까지만 해도 이런 '상식적'인 이야기를 자신 있게 하지 못했느냐고 한마디 해주고 싶었지만 참았다. 하지만 브랜든은 그냥 넘어가지 않았다.

"상식적이라니! 이게 상식적이었으면 처음 두 항목 사이에 화살표를 그릴 때 바로 알아냈어야지? 또 여기까지 오는 데 왜 30분이나 걸렸겠어?"

"알았네, 알았어. 상식을 체계적으로 표현하는 게 쉽다고는 안

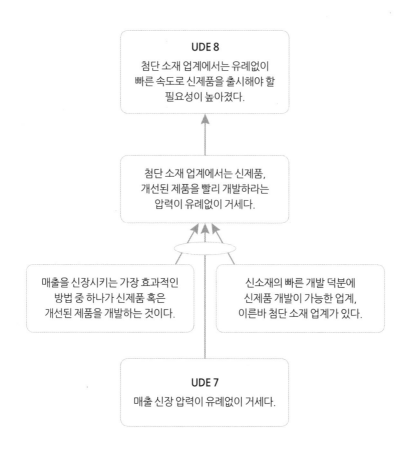

UDE 8
첨단 소재 업계에서는 유례없이 빠른 속도로 신제품을 출시해야 할 필요성이 높아졌다.

첨단 소재 업계에서는 신제품, 개선된 제품을 빨리 개발하라는 압력이 유례없이 거세다.

매출을 신장시키는 가장 효과적인 방법 중 하나가 신제품 혹은 개선된 제품을 개발하는 것이다.

신소재의 빠른 개발 덕분에 신제품 개발이 가능한 업계, 이른바 첨단 소재 업계가 있다.

UDE 7
매출 신장 압력이 유례없이 거세다.

했어. 그럼 다음은 어떻게 해야 하나? 이제 겨우 2개의 UDE들을 연결했고, 13개나 남아 있는데."

짐이 사과하면서 말했다.

"그 점이 바로 다음 단계에서 해야 할 일입니다. 우리는 핵심적인 사항을 찾았지만, 여기에다 다른 UDE들을 연결해야 합니다. 하지만 천천히 신중하게 해야 합니다. 또 쉽게 연결할 UDE가 뭐가 있을까요?"

내가 말했다.

"바로 다음에 있는 것, 그러니까 '잦은 신제품 출시로 시장이 혼란스러워지고, 고객들의 버릇도 나빠졌다'라는 항목이 연결될 거 같은데."

브랜든이 지적했다.

내가 확인을 해봤다.

"만약 '첨단 소재 업계에서 유례없이 빠른 속도로 신제품을 출시해야 할 필요성이 높아졌다'면 '첨단 소재 업계의 잦은 신제품 출시로 시장이 혼란스러워졌다'가 맞는 것 같습니다."

나는 이 항목을 현상분석체계도에 덧붙였다.

"UDE 12번, '영업사원의 업무 부담이 지나치게 크다'도 쉽게 연결할 수 있을 거 같은데."

짐이 제안했다.

하지만 UDE 12번은 쉽지가 않았다. 여러 번 실패한 후에 그 원인을 알아냈다. 이 UDE는 하나가 아니라 두 가지 원인이 합쳐져서 나온 것이었다. 마침내 정리했을 때 우리의 체계도는 다음과 같았다.

만약 '매출 신장 압력이 유례없이 거세다'면 '영업사원들은 매출 신장 압력을 받게 된다.' 하지만 이 자체로는 왜 영업사원들의 업무 부담이 지나치게 커졌는지를 완전히 설명하지 못했다. 영업사원들이 바쁜 데는 또 다른 뭔가가 있었다. 만약 첨단 소재 업계에서 신제품에 대한 압력이 유례없이 거세다면 '첨단 소재 업계에서 영업사원은 유례없이 빠른 속도로 출시되는 신제품에 대해 배워야 한다.' 이제 이 모든 것을 함께 엮을 수 있게 되었다. 결국 왜 첨단 소재 업계의 영업사원들이 과다한 업무 부담을 지게 되는지를 명확하게 설명할 수 있었다.

"하지만 다른 업계, 즉 첨단 소재의 개발이 신제품 출시 경쟁을 촉발하지 않는 업계는 어떻게 하죠?"

내가 한 가지 의문점을 제기했다.

"그런 업계도 무시할 수는 없지 않습니까?"

"현상분석체계도의 출발점은 다른 업계에도 똑같이 적용할 수 있는 내용이야. 첨단 소재와 상관없는 업계 역시 유례없는 매출 신장 압력을 받고 있으니까."

브랜든이 대답하자, 짐이 말을 이었다.

"그런 압력이 어떤 결과를 가져오는지는 잘 알지. 아무렴 너무나 잘 알지. 수주를 늘리기 위한 가장 전형적인 '방법'은 바로 가격 인하잖아. 알렉스, 이걸 어떻게 할까? 지금은 일단 체계도에 UDE를 연결하는 데만 집중해야 할 거 같은데."

"네, 하지만 방금 말씀하신 것도 지금 우리가 하고 있는 일과 무관하지 않습니다."

나는 포스트잇 두 장을 더 써 붙이고 읽어봤다.

"만약 '매출 신장 압력이 유례없이 거세지고', '수주를 늘리기 위한 가장 전형적인 방법이 가격 인하라면', '가격 인하 압력이 점점 거세지고 있다.' 자, 이렇게 하면 UDE 2번도 연결이 되겠죠."

"그리고 이 UDE는 불행히도 어느 업계에나 적용할 수 있지."

브랜든이 한숨을 쉬었다.

"내 생각에는 UDE 1번, '경쟁이 유례없이 치열하다'를 연결시킬 차례가 된 거 같아. 가격 전쟁만큼 경쟁을 부추기는 게 있겠나?

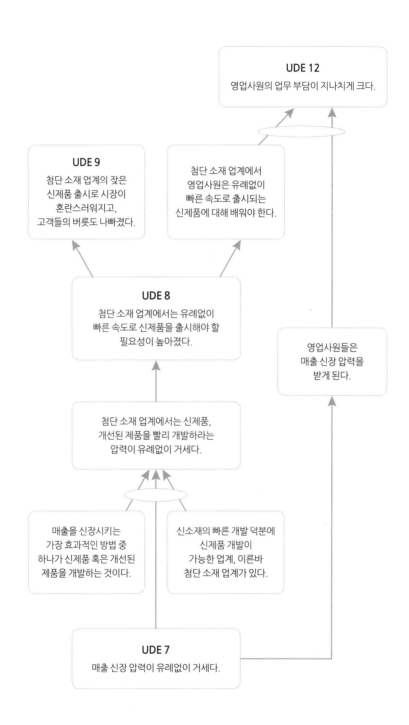

UDE 12

영업사원의 업무 부담이 지나치게 크다.

UDE 9

첨단 소재 업계의 잦은 신제품 출시로 시장이 혼란스러워지고, 고객들의 버릇도 나빠졌다.

첨단 소재 업계에서 영업사원은 유례없이 빠른 속도로 출시되는 신제품에 대해 배워야 한다.

UDE 8

첨단 소재 업계에서는 유례없이 빠른 속도로 신제품을 출시해야 할 필요성이 높아졌다.

영업사원들은 매출 신장 압력을 받게 된다.

첨단 소재 업계에서는 신제품, 개선된 제품을 빨리 개발하라는 압력이 유례없이 거세다.

매출을 신장시키는 가장 효과적인 방법 중 하나가 신제품 혹은 개선된 제품을 개발하는 것이다.

신소재의 빠른 개발 덕분에 신제품 개발이 가능한 업계, 이른바 첨단 소재 업계가 있다.

UDE 7

매출 신장 압력이 유례없이 거세다.

거기다가 기술 개발 경쟁과 유례없는 신제품 출시를 더하면, 실제 상황 그 자체 아닌가? 우리가 어딜 가나 보는 게 바로 이거잖아."

짐도 현상분석체계도 그리기에 심취해 있었다.

하지만 나는 이 항목을 선뜻 연결시키지 못했다. 브랜든도 회의적인 반응을 보였다.

"뭐가 문제라는 거지? 어떤 업종이든 유례없이 치열한 경쟁의 원인은 가격 인하 압력과 끝없는 신제품 출시 경쟁이라고 생각하지 않나?"

짐이 자기주장을 밀어붙였다.

"그렇긴 하지만……."

브랜든이 마지못해 동의했다.

"그런데 뭐가 문젠가?"

"나는 유례없이 치열한 경쟁이 거센 매출 신장 압력의 원인이라고 생각했거든."

"그렇군. 무슨 말인지 알겠어."

짐이 나를 보더니 물었다.

"이럴 때는 어떻게 해야 하나?"

"문제가 뭔가요?"

나는 마치 이해하지 못하는 척했다.

"짐은 UDE 1번이 지금 우리가 그린 체계도의 결과이고 따라서 체계도의 맨 위로 올라가야 한다는 거고, 나는 UDE 1번이 체계도 출발점의 원인이라는 거지. 따라서 체계도의 맨 밑으로 들어가야 한다는 거야."

브랜든이 침착하게 설명했다.

"이사님 생각은 어떠세요? 짐 이사님의 논리도 맞는다고 생각하세요?"

브랜든이 한참 생각하더니 동의했다.

"짐 이사님은요? 브랜든 이사님 논리도 맞는다고 생각하세요?"

"그럼, 동의하지."

"그렇다면 문제가 안 됩니다. UDE 1번을 분석체계도의 아래와 위에 모두 표시하면 됩니다. 결국은 끊임없이 반복되는 고리 모양이 되는 거죠."

내가 침착하게 말했다.

"하지만 계속 반복되는 고리라면, 즉 일종의 루프라면 그 효과로 나타나는 결과는 점점 커져야 할 텐데."

브랜든이 생각을 곱씹어보면서 말했다.

"바로 그겁니다. 실제로 우리가 직면하고 있는 게 그런 거 아닙니까? UDE를 표현하느라 쓴 단어만 봐도 알 수 있습니다. '유례없는 압력', '유례없는 속도', '어느 때보다 치열하다' 등의 표현들이 루프의 효과로 나타나는 결과가 어느 정도인지를 말해주고 있습니다. 더군다나 우리가 마지막으로 연결시킨 UDE, '가격 인하 압력이 점점 거세지고 있다'를 보면 이 현상이 지금도 진행 중이라는 의미 아니겠습니까? 사실 저는 이런 표현을 보고 처음부터 일종의 루프가 형성되어 있지 않을까 의심했습니다. 이런 현상은 흔히 있는 일입니다. 제가 풀어본 여러 문제 속에 이런 반복적인 루프가 한 가지씩은 늘 있었으니까요."

두 사람은 루프를 추가하고 체계도를 읽었다. 체계도를 그리는 과정에서 전개되는 현상에 대해 새로운 시각을 갖게 되었는지, 짐과 브랜든은 어느덧 향후 전망에 대해 열띤 토론을 벌였다.

나는 좀더 신중을 기하기 위해 체계도를 다시 한 번 검토했다. 그렇게 하니 브랜든과 짐이 추가한 것 중 불충분한 점을 발견할 수 있었다. 경쟁 그 자체만으로는 유례없는 매출 신장 압력을 불러일으키기 부족했다. 원인은 그것 말고도 더 있을 것 같았다. 기업이 왜 점점 경쟁을 어려워하고 뒤처지는 걸 심각하게 걱정하는지 그 이유를 설명할 원인이 있을 것 같았다. 이런 생각을 두 사람에게 말했지만, 짐과 브랜든은 너무 당연한 거 아니냐면서 굳이 언급할 필요 없다고 했다.

이전에 현상분석체계도를 작성해본 경험에 비추어볼 때, 이런 '사소한' 점들을 무시하는 것이 얼마나 위험한지를 나는 잘 알고 있었다. 사소한 문제들이 결국은 모든 UDE를 일관성 있게 연결하는 고리가 되는 경우가 많았다. 또한 돌파구를 제시하는 결정적인 열쇠가 되기도 했다. 그러나 모든 사소한 문제들을 나열하다가는 아무것도 못하고 마비되는 지경에 이를 수도 있다. 하나하나 추가를 하다가는 애초에 이 작업을 시작한 목적이 문제의 해결 방법을 찾기 위한 거라는 본질을 망각할 수도 있다.

이것을 추가해야 할까 말까 고민하며 UDE 목록을 다시 한 번 읽어보니 해답은 바로 거기에 있었고, 내가 망설이던 또 한 가지 원인도 우리의 목록에 이미 포함되어 있었다. 나는 노란색 포스트 잇을 꺼내 적기 시작했다. 내가 거의 다 썼을 무렵, 짐과 브랜든도 열띤 토론을 마쳤다.

브랜든이 소리 내서 내가 추가하는 문장들을 읽었다.

"만약 '생산과 물류의 개선이 너무 느리고 미약하며', '기술 부

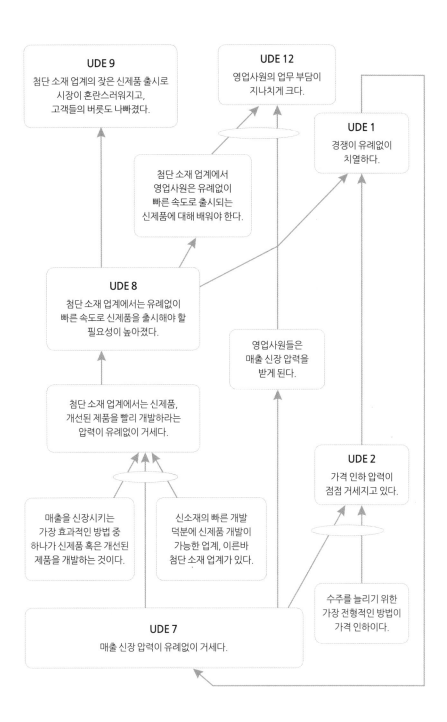

UDE 9
첨단 소재 업계의 잦은 신제품 출시로
시장이 혼란스러워지고,
고객들의 버릇도 나빠졌다.

UDE 12
영업사원의 업무 부담이
지나치게 크다.

UDE 1
경쟁이 유례없이
치열하다.

첨단 소재 업계에서
영업사원은 유례없이
빠른 속도로 출시되는
신제품에 대해 배워야 한다.

UDE 8
첨단 소재 업계에서는 유례없이
빠른 속도로 신제품을 출시해야 할
필요성이 높아졌다.

영업사원들은
매출 신장 압력을
받게 된다.

첨단 소재 업계에서는 신제품,
개선된 제품을 빨리 개발하라는
압력이 유례없이 거세다.

매출을 신장시키는
가장 효과적인 방법 중
하나가 신제품 혹은 개선된
제품을 개발하는 것이다.

신소재의 빠른 개발
덕분에 신제품 개발이
가능한 업계, 이른바
첨단 소재 업계가 있다.

UDE 2
가격 인하 압력이
점점 거세지고 있다.

수주를 늘리기 위한
가장 전형적인 방법이
가격 인하이다.

UDE 7
매출 신장 압력이 유례없이 거세다.

문의 신제품 개발 속도가 너무 느리고 신뢰성이 떨어지고', '기업은 혁신적인 마케팅 아이디어를 찾아내지 못하면', '기업의 개선 속도가 너무 느리게 된다.' 그리고 '기업의 개선 속도가 너무 느리고', '경쟁이 유례없이 치열하다면', '기업들은 그들이 목표로 세운 재무성과를 달성하지 못한다.' 맞는 말이군. 여기에 하나 더 덧붙일 수도 있을 것 같은데."

브랜든이 계속해서 읽었다.

"'기업들은 이미 가능한 최대의 원가 절감을 했다.' 확실하지는 않지만 어떻게 되는지 잠깐 기다려보라고. '기업들은 그들이 목표로 세운 재무성과를 달성하지 못하고', '기업들은 이미 가능한 최대의 원가 절감을 했다'면, '전에 없는 매출 신장 압력을 받게 된다.' 짐, 정곡을 찌르는 것 같지 않아?"

대답 대신에 짐은 이렇게 대꾸했다.

"이 분석체계도의 뿌리에는 세 개의 UDE가 있는데, 다 관리자들의 무능과 관련된 거야. 이것이 문제의 핵심이라는 건 체계도를 그리기 전에도 알고 있었어. 결국은 너무나 당연한 결과가 나왔을 뿐이잖아."

"그렇게 말하는 것은 옳지 않은 거 같은데."

브랜든은 짐의 말에 동의하지 않았다.

"그럼 그전까지는 유능했던 관리자들이 어느 날 갑자기 무능해졌다는 건가요? 방금 그 말이야말로 UDE 6번 '기업의 각 부서가 실적 부진을 남의 탓으로 돌린다'의 예가 아닐까요? 그것을 우리가 만들고 있는 이 분석체계도에도 한번 제대로 연결해보시겠어요?"

나는 좀더 직설적으로 말했다.

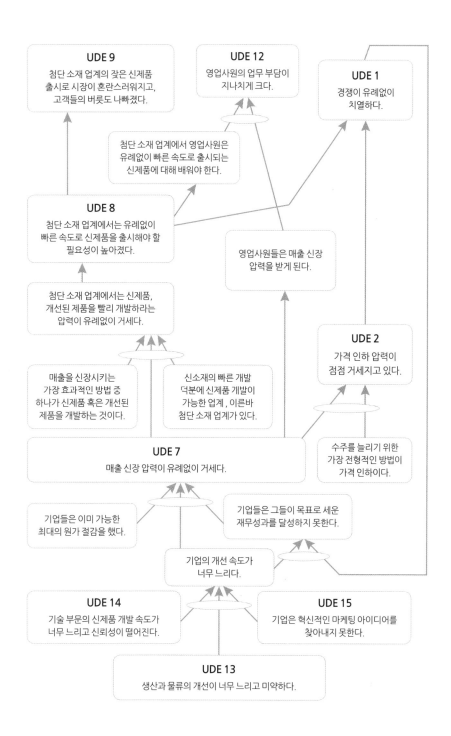

UDE 9
첨단 소재 업계의 잦은 신제품 출시로 시장이 혼란스러워지고, 고객들의 버릇도 나빠졌다.

UDE 12
영업사원의 업무 부담이 지나치게 크다.

UDE 1
경쟁이 유례없이 치열하다.

첨단 소재 업계에서 영업사원은 유례없이 빠른 속도로 출시되는 신제품에 대해 배워야 한다.

UDE 8
첨단 소재 업계에서는 유례없이 빠른 속도로 신제품을 출시해야 할 필요성이 높아졌다.

첨단 소재 업계에서는 신제품, 개선된 제품을 빨리 개발하라는 압력이 유례없이 거세다.

영업사원들은 매출 신장 압력을 받게 된다.

매출을 신장시키는 가장 효과적인 방법 중 하나가 신제품 혹은 개선된 제품을 개발하는 것이다.

신소재의 빠른 개발 덕분에 신제품 개발이 가능한 업계, 이른바 첨단 소재 업계가 있다.

UDE 2
가격 인하 압력이 점점 거세지고 있다.

UDE 7
매출 신장 압력이 유례없이 거세다.

수주를 늘리기 위한 가장 전형적인 방법이 가격 인하이다.

기업들은 이미 가능한 최대의 원가 절감을 했다.

기업들은 그들이 목표로 세운 재무성과를 달성하지 못한다.

기업의 개선 속도가 너무 느리다.

UDE 14
기술 부문의 신제품 개발 속도가 너무 느리고 신뢰성이 떨어진다.

UDE 15
기업은 혁신적인 마케팅 아이디어를 찾아내지 못한다.

UDE 13
생산과 물류의 개선이 너무 느리고 미약하다.

"그래, 좋아. 해보자고."

짐이 겸연쩍은 웃음을 지었다.

두 사람이 분석체계도를 가지고 고심하는 동안, 짐이 지적한 관리자의 무능 문제를 설명해줄 만한 UDE를 찾기 위해 나는 목록을 재검토해봤다. 그때 UDE 5번이 눈에 들어왔다. '관리자들은 부분 최적화를 추구하며 회사를 운영한다.' 일단 짐과 브랜든이 이야기를 마칠 때까지 기다리기로 했다.

드디어 두 사람이 말을 마치자 내가 물었다.

"물류 시스템이 필요한 만큼 빠르고 효과적으로 개선되지 못하는 이유가 어디에 있다고 생각하세요?"

"왜냐하면 자네와 자네 직원들이 아이코스메틱스 회사에서 개발한 방법을 그들은 찾아내지 못했기 때문이지."

반농담으로 짐이 대답했다.

"하지만 그 방법은 상식적인 거였습니다. 다른 회사에서는 왜 그 방법을 찾아내지 못했을까요? 좀더 어려운 질문을 드릴까요? 관리자들이 원하기만 하면 어떤 회사에서든지 그런 식의 변화가 쉽게 받아들여질까요?"

두 사람은 한참 이 문제를 고민했다. 브랜든이 먼저 대답을 했다.

"아니, 상당히 어려울 거야. 자네 방법을 실천하려면 공장의 내부 평가 방법을 수정해야 하는데 그런 변화에 합의하는 게 쉽지 않을 거야."

"그뿐 아니라 재고가 감소했는데도 서류상의 손실이 늘어난 것처럼 보이는 왜곡 현상도 무시할 수 없을 거 같습니다. 이 왜곡 현상 때문에 도노번 사장은 새로운 물류 시스템을 되돌릴 생각까지

했죠."

"그럴 만도 하지. 오늘 아침에 나도 그런 제안을 할 뻔했으니까."

브랜든이 말했다.

"그렇게 생각한다면, 다음 내용에 대해서도 생각을 들어보고 싶네요. 일반적인 문장으로 시작해보죠. '관리자들은 어떤 경영 방식을 적용하더라도 그에 합당한 평가 방법을 개발한다.'"

두 사람이 자연스럽게 동의하자, 나는 계속했다.

"만약 '관리자들은 부분 최적화를 추구하며 회사를 운영하고, 관리자들은 어떤 경영 방식을 적용하더라도 그에 합당한 평가 방법을 개발한다'면 '부분 최적화를 위한 평가 기준, 즉 원가 회계에 바탕을 둔 평가 기준들'이 중요시되겠죠? 여기에도 동의하십니까?"

"드디어 나왔다!"

짐이 소리쳤다. 그리고 브랜든이 덧붙여 설명했다.

"누군가 나한테 미리 경고해주더군. 이번 출장 동안 자네가 원가 회계의 단점을 귀에 못이 박힐 정도로 얘기할 거라고 말이야. 그런데 그 말이 맞았네. 어떤 사람들은 자네가 원가 회계를 '생산성 제1의 적'이라고 일컫는다고 하던데."

"이건 타당성이 있는 얘깁니다."

나는 다소 언성을 높여 당위성을 설명했다.

"생산이나 기술 부문에서 달성한 모든 혁신 활동은 원가 회계 지표들과 어긋나는 것이었습니다. 모든 원가 개념에 정면으로 배치되는 거였죠. 하지만 문제점을 해결하고 회사를 개선하려면 그 길밖에 없었어요. 솔직히 아주 위험한 경우도 종종 있었습니다. 만약 우리의 개선 방안이 신속하게 효과를 보이지 못했다면, 오늘

이 자리에 저도 없었겠죠."

"자네 심정 이해하네. 하던 이야기 계속해보게. 우린 자네 의견에 동의하니까."

브랜든이 내 어깨를 두들겨주었다.

나는 아직도 흥분이 가라앉지 않았지만 현상분석체계도 작업을 계속하기로 했다.

"여기도 마찬가지 일이 벌어지고 있습니다. '리드 타임, 신뢰도, 품질, 대응 속도, 서비스 등을 개선하기 위한 여러 가지 활동이 원가를 절감시키지 못할 뿐만 아니라 오히려 원가를 단기적으로 상승시킨다.' 하지만 먼저 '원가'의 개념을 정확히 해야 할 거 같습니다. 여기서 '원가'는 기존의 원가 회계 쪽에서 사용하는 의미입니다."

"그게 사실이 아니었으면 좋겠지만 그 점에도 동감할 수밖에 없군. 전에 맡았던 사업부에서 자네가 한 활동도 검토해봤네. 자네 말이 맞아. 자네가 펼친 모든 개선 방안은 부분적으로는 측정 지표와 어긋났지만 전체적으로 봤을 때 하나도 틀린 부분이 없었어. 한 가지 문제가 있다면, 그런 개선 방안이 유니코 내의 다른 부문에서는 너무 느리게 진행돼서 효과가 빨리 안 나온다는 거지. 하지만 계속하게. 자네가 무슨 이야기를 하려는 건지 들어보고 싶군."

브랜든이 나를 지지하며 격려했다.

"그럼 이제는 다 모으기만 하면 됩니다. 만약 '부분 최적화를 위한 평가 기준, 즉 원가 회계에 바탕을 둔 평가 기준들이 중요시되고' '리드 타임, 신뢰도, 품질, 대응 속도, 서비스 등을 개선하기 위한 여러 가지 활동이 원가를 절감시키지 못할 뿐만 아니라 오히려

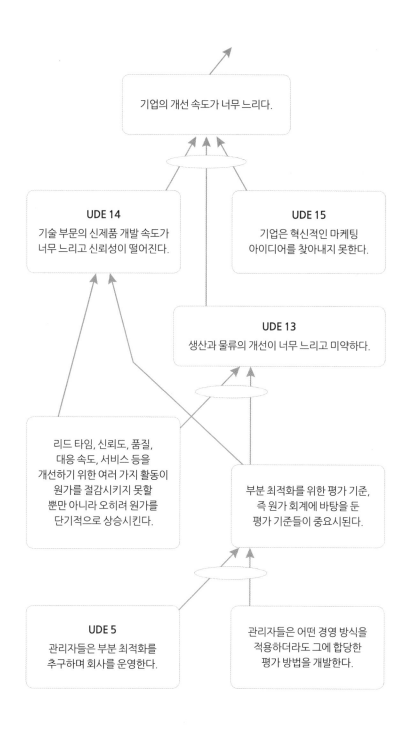

기업의 개선 속도가 너무 느리다.

UDE 14
기술 부문의 신제품 개발 속도가
너무 느리고 신뢰성이 떨어진다.

UDE 15
기업은 혁신적인 마케팅
아이디어를 찾아내지 못한다.

UDE 13
생산과 물류의 개선이 너무 느리고 미약하다.

리드 타임, 신뢰도, 품질,
대응 속도, 서비스 등을
개선하기 위한 여러 가지 활동이
원가를 절감시키지 못할
뿐만 아니라 오히려 원가를
단기적으로 상승시킨다.

부분 최적화를 위한 평가 기준,
즉 원가 회계에 바탕을 둔
평가 기준들이 중요시된다.

UDE 5
관리자들은 부분 최적화를
추구하며 회사를 운영한다.

관리자들은 어떤 경영 방식을
적용하더라도 그에 합당한
평가 방법을 개발한다.

원가를 단기적으로 상승시킨다'면 '생산과 물류의 개선이 너무 느리고 미약하게 된다.' 또 '기술 부문의 신제품 개발 속도가 너무 느리고 신뢰성이 떨어진다.' 제 고민은 '기업은 혁신적인 마케팅 아이디어를 찾아내지 못한다'를 어떻게 연결시키느냐 하는 겁니다. 이것도 여기에 연결될 거 같다는 느낌이 들기는 하는데 정확히 어떻게 연결되는지 잘 모르겠습니다."

"나도 자네 말에 동의하네. 또 UDE 3번도 여기에 연결될 거 같은데."

짐이 말했다. 나는 UDE 3번이 무엇인지 찾아봤다. '시장에서 결정되는 가격이 마진을 너무 적게 남긴다'였다. 일리가 있었다. 마진과 생산 원가의 관계는 어떠한가? 판매가에서 하나(마진 또는 생산 원가)를 뺀 것이 나머지 하나(생산 원가 또는 마진)였다. 생산 원가 개념 때문에 생산 활동이 왜곡된다면, 마찬가지로 마진 개념이 마케팅을 왜곡할 수도 있었다. 한동안 이 문제를 가지고 이리저리 궁리를 했지만 확실한 결론에 도달할 수가 없었다. 거의 자정이 가까워지는데 다음의 UDE 5개를 아직 연결하지 못했다.

UDE 3. 시장에서 결정되는 가격이 마진을 너무 적게 남긴다.

UDE 4. 고객의 기대에 못 미치는 업체는 시장에서 밀려난다.

UDE 6. 기업의 각 부서가 실적 부진을 남의 탓으로 돌린다.

UDE 10. 새로운 점포나 신제품, 개선된 제품은 대부분 기존 점포, 기존 제품의 매출을 잠식한다.

UDE 11. 기존 영업 인력의 상당수가 영업력이 부족하다.

브랜든이 일어서서 다리를 풀었다.

"오늘은 이만 할까?"

"그러죠."

내가 얼른 동의했다.

"알렉스, 내일 자네는 정오에 있는 회의에만 참석하면 되는 거지? 그럼, 내일 오전 중에 이 일을 마무리할 생각인가?"

짐이 물었다.

"물론입니다. 미국으로 돌아가기 전에 모든 UDE의 근본 원인이 되는 핵심 문제를 찾아낸다고 약속을 드렸으니까요."

대답은 이렇게 했지만 절로 한숨이 나왔다.

"그랬지. 자네가 해낼 거라는 확신이 드는군."

방으로 돌아온 후 계속하려고 했지만 너무 피곤했다. 자정이 지났으니, 미국 시간으로는 저녁 7시가 지났을 것이다. 아내 줄리는 아직 집에 돌아오지 않았겠지만, 유럽에 온 후 아이들과 한 번도 통화를 못해서 집으로 전화를 했다.

통화는 금방 끝났다. 기껏해야 '잘 지내니? 별일 없지? 다 잘되고? 새 소식은 없니?' 정도밖에는 물어볼 게 없으니 길게 이야기하려고 해도 할 말이 없었다. 집에 돌아가면 아이들과 함께할 수 있는 화제를 찾으리라 생각했다.

16

불가능은 소심한 자의 환상이요, 비겁한 사람의 도피처다.
―나폴레옹

판매량을 예측하기 어려운 것처럼 교통 상황도 그렇다. 런던의 교통 체증이 뉴욕보다 심하다는 얘기를 듣고, 우리는 마지막 일정이 끝나자마자 서둘러 공항으로 향했다. 모두 집으로 돌아가는 비행기를 놓치고 싶지 않았으니까. 하지만 그 덕에 이제 히드로 공항에서 장장 3시간을 기다리게 되었다.

4번 터미널에 있는 일등석 라운지는 지금까지 내가 들러본 곳 중에 최고였다. 음료도 다양했고 과자는 물론이고 먹기 좋게 잘린 샌드위치며 맛있어 보이는 케이크 등이 모두 공짜였다. 그런데도 불평이나 하다니! 교통 체증에 묶여서 길에서 시간을 버리는 것보다는 낫지 않은가? 인간이란 참 이상한 존재다. 현실에서 자신이 예상했던 대로 문제가 일어나지 않으면, 그래서 애써 취한 대비책이 소용없어지면, 은근히 섭섭해한다. 심지어 자신의 생명보험금을 타지 못했다고 불평하는 사람도 있으니까.

사람은 자기가 하는 대로 받나 보다. 방금 진짜 불평거리가 생겼다. 뉴욕행 항공기가 기체 결함으로 지연될 거라는 방송이 나왔다. 한 시간 후에 자세한 사항을 알려주겠다고 했지만, 지금까지의 경험으로 볼 때 최악의 지연 사태는 보통 이런 식으로 시작된다.

평소에 아내는 어떤 어려움이든 기회로 반전시킬 수 있다고 주장했다. 글쎄, 이 경우도 그럴까? 그럴 것 같았다. 아내 선물로 산 스웨터가 마음에 들지 않았는데 잘됐다. 캐시미어 스웨터인데 아무래도 색깔이 아내한테 안 어울릴 것 같았다. 오늘 아침에 옷가게에 다시 들르려 했지만, 현상분석체계도를 완성하느라 그럴 새가 없었다. 다행히 지금 시간이 좀 생겼다. 듣자하니 이 공항 면세점에는 근사한 보석점이 많은 모양이었다. 돌아다니다 보면 "날 사세요!" 하고 외쳐대는 그럴싸한 물건을 찾을 수 있을 것이다.

한참 후 아내 줄리의 마음에 쏙 들 것 같은 독특한 백금 팔찌를 사서 라운지도 돌아왔다. 물론 가벼워진 마음만큼 지갑도 가벼워진 상태로. 나는 차가운 맥주 한 병으로 기분을 풀었다. 전반적으로 봐서 이번 출장은 예상보다 훨씬 결과가 좋았다. 우선 짐과 브랜든에게는 확실히 좋은 인상을 남겼다. 또 밥의 아이코스메틱스에 대한 협상도 잘 진행되었고 값도 잘 받을 수 있을 것 같았다. 스테이시네 회사는 아직 불투명했지만, 그래도 피트네 회사는 아주 잘됐다. 피트네 회사에 대해서는 아예 논의도 안 했고 상황이 분명해질 때까지 논의하지 않기로 했다.

그쪽 일은 어떻게 돼가고 있을까? 오늘 아침에 구매 담당자 한 명과 만난다고 했는데, 결과가 궁금해 미치겠다. 낙관적이던 피트의 생각대로 됐을까? 혹시 피트가 상대방의 초기 반응을 잘못 읽은 건 아닐까? 피트의 제안을 이해하지 못했는데 예의상 말을 못한 게 아닐까?

"피트 사장은 돌아왔나?"

피트의 비서에게 물었다.

"네, 부회장님. 잠시만 기다려주십시오."

"안녕하셨어요, 알렉스 부회장님? 대서양 건너편은 사정이 어떻습니까?"

피트는 기분이 좋았다. 하지만 그는 안 좋은 소식이 있을 때 흔히 애써 기분 좋은 척하는 버릇이 있었다.

"그쪽 일은 어떻게 됐습니까?"

"예상보다 잘 진행됐습니다."

안심이 됐다. 만약 피트의 새로운 마케팅 아이디어가 효과가 없었다면, 브랜든과 짐은 내가 회사 매각을 의도적으로 방해하기 위해 이야기를 꾸며냈다고 의심했을 것이다. 그러면 내 입장도 아주 난처해졌을 텐데, 생각만 해도 아찔했다.

나는 자세한 이야기를 부탁했다.

"그쪽 회사에 가서 자세히 설명했습니다. 그리고 우리 쪽에서 추가로 2만 2,000달러를 양보했더니 두말 않고 계약서에 사인하던데요."

피트는 그런 일쯤이야 별거 아니라는 듯 이야기했다. 좋다. 이 정도 우쭐대는 거야 애교로 봐줄 수 있다. 일이 잘됐을 때는 더욱.

"수주 규모는 얼마나 되나요?"

"올해 잔여 수요 예상액을 기준으로 계약했습니다. 그 금액은 약 63만 4,000달러이고 새로운 디자인으로 제작할 경우 비용이 추가됩니다. 물론 새로운 디자인으로 주문할 경우 5일 안에 공급하기로 약속했습니다. 그랬더니 이게 웬 떡이냐 하면서 사인하던데요."

"5일 안에 제작이 가능하겠습니까?"

"준비실 관리자들 말에 따르면 문제없습니다. 4일도 거뜬하다고 하던데요."

"아주 잘됐네요."

그래도 몇 가지 더 확인하고 싶었다.

"지난번에 만난 구매 담당자가 한 명 더 있었죠? 그 사람은 내일 만나는 거 맞습니까? 그쪽에서 아직 별말은 없는 거죠?"

"계속 전화 통화 하고 있습니다. 새로운 물품들의 견적을 받으려고 그쪽에서 몇 시간마다 전화를 하고 있습니다. 아마 마케팅 부서를 참여시킨 거 같습니다. 전화통에 불이 날 정도로 전화한다니까요. 아, 그렇다고 싫거나 귀찮은 건 절대 아닙니다."

"물론 그래야죠. 그런데 피트 사장, 몇몇 대형 고객사에만 너무 의존하지는 마세요."

"네, 그럼요. 그렇지 않아도 지금 그 부분을 논의 중이었습니다. 앞으로 어떤 고객들을 겨냥할지 말입니다. 우리의 이 아무도 거절할 수 없는 마피아 조건(Mafia Offer)을 내세우면 이제는 우리가 고객을 원하는 대로 고를 수도 있을 겁니다."

피트는 구름 위를 날고 있는 것 같은 목소리였다. 나도 그의 입장이라면 그랬을 것이다. 다음 주에라도 피트를 찾아가봐야겠다. 성공에 들떠서 혹시 함정을 놓칠 수도 있으니까. 주문 계약서가 완전히 손에 들어오기 전까지는 조그마한 허점도 있어서는 안 된다.

어쨌든 일이 잘 진행되고 있었다. 나는 브랜든과 짐에게도 보고를 했다. 그들도 나만큼이나 이 소식을 듣고 좋아했다. 피트와 그의 직원들을 위해 축배까지 들었다.

"우리가 그리던 현상분석체계도가 어떻게 되었는지 들어보시 겠습니까?"

나는 접어 넣었던 큰 종이를 꺼내서 탁자 위에 펼쳤다.

"좋은 소식이 또 있나?"

브랜든이 의자를 내 쪽으로 당겨 앉았다.

"네, 제가 보기에는. 그렇지만 두 분이 직접 판단해보시죠."

나는 오늘 아침에 그린 현상분석체계도에 상당히 자신감이 있 었다.

"어디서부터 시작하지?"

짐도 진지하게 들여다보기 시작했다.

"밑에서 위로, 그렇게 읽어가는 게 논리를 따라가기 가장 쉽습 니다."

내가 대답했다.

브랜든이 자청해서 현상분석체계도를 읽었다.

"만약 '관리자들은 부분 최적화를 추구하며 회사를 운영하고', '관리자들은 어떤 경영 방식을 적용하더라도 그에 합당한 평가 방 법을 개발한다'면, '부분 최적화를 위한 평가 기준, 즉 원가 회계에 바탕을 둔 평가 기준들이 중요시된다.' 여기까지가 어제 했던 부 분이고. 아, 이쪽에 새 부분이 있군. 만약 '관리자들이 부분 최적화 를 추구하며 회사를 운영한다'면, '관리자들이 보는 제품의 가치 는 그 제품을 설계 · 생산 · 판매 · 운송하는 데 드는 부분적인 노 력에 따라 상당히 영향을 받는다.' 이 마지막 결론에는 선뜻 동의 할 수 없겠는데."

"왜 동의를 못해? 자네는 제품의 가치를 그런 기준으로 평가하지 않을 수도 있지만, 대부분의 관리자들은 아니야. 완전 동의할걸."

짐이 무뚝뚝하게 말했다.

"그렇군. 미안하네, 알렉스."

"아닙니다. 계속하십시오. 나머지도 읽어보세요."

나는 두 사람의 반응이 몹시 궁금해서 브랜든을 재촉했다. 하지만 브랜든을 더는 재촉할 필요가 없었다. 그는 숨을 깊이 들이마시고는 내가 쓴 현상분석체계도를 읽어나갔다.

"'원가 회계의 핵심은 생산 원가를 계산하는 것이다.' 흐음……, 맞는 말인지는 잘 모르겠지만, 일단 순서대로 끝까지 읽어보는 게 좋겠군. 만약 '부분 최적화를 위한 평가 기준, 즉 원가 회계에 바탕을 둔 평가 기준들이 중요시되고', '원가 회계의 핵심은 생산 원가를 계산하는 것이고', '관리자들이 보는 제품의 가치는 그 제품을 설계·생산·판매·운송하는 데 드는 부분적인 노력에 따라 상당히 영향을 받는다'면, '관리자들은 생산 원가가 제품을 생산하는 데 들어간 노력을 계량화한 것이라고 믿게 된다.' 와! 이건 정말 긴데. 다시 한 번 읽어봐야겠어."

나는 두 사람이 이 긴 문장을 소화할 때까지 기다렸다.

마침내 짐이 대답했다.

"맞는 말이군. 난 동의하네."

브랜든도 곧 동의했다.

이제 내가 더는 참을 수 없었다. 두 사람이 동의하자마자 바로 내가 입을 열었다.

"그러니 그 결과는 불 보듯 뻔하죠. 결국……."

나는 현상분석체계도에 나와 있는 대로 찾아서 읽기 시작했다.

"관리자들은 제품 가격이 생산 원가에 적절한 마진을 합한 금액이어야 한다고 믿습니다."

두 사람은 잘 이해가 안 가는 모양이었다. 짐이 재빨리 결론을 내렸다.

"여기서 중요한 것은 '이어야 한다'라는 대목이지. 즉, '합한 금액이어야 한다'는 부분 말이야. 이제 자네 의도를 알겠어. 여기다가 '시장에서 결정되는 가격이 마진을 너무 적게 남긴다'라는 UDE를 연결하려는 거지?"

서두를 필요가 없었다. 시간이 지나면 두 사람도 이해할 것이다.

"맞습니다. 하지만 거기에 표시된 것처럼 직접 연결할 수는 없고 몇 단계를 더 거쳐야 합니다. 우선 제가 하는 대로 따라와보십시오. 그럼 먼저 가격이 결정되는 원리부터 밝혀보죠."

"공급과 수요의 균형 말인가?"

브랜든이 물었다.

"기본적으로는 그렇지만 좀더 심도 있게 살펴봐야 합니다. 먼저 공급을 담당하는 기업은 자신이 공급하는 제품의 가치를 비교적 정확하게 알고 있다고 생각하죠. 공급하는 사람들은 제품의 가격이란 생산 원가에 적절한 마진을 붙인 거라고 여깁니다. 당연히 자신들이 생각하는 제품 가치 선에서 시장 가격이 형성되었으면 하고 바라죠."

"잠깐, 지금 마치 모든 공급업체를 하나로 묶어서 이야기하는데 그건 좀 아닌 거 같은데? 사실 공급업체 간에도 서로 경쟁을 하지 않나?"

짐이 물었다.

"네, 가격을 결정할 때는 바로 그 점을 고려해야만 합니다. 현상 분석체계도에 그 내용도 들어 있습니다. 어제 이야기했던 것 중에 '경쟁이 점점 치열해진다'는 항목이 있었죠? 이것은 결국 '공급업체들 간의 연대가 점점 약해진다'는 의미입니다."

"그렇군. 그럼 여기 어디 수요를 나타내는 대목도 있을 거 같은데."

짐이 말했다.

"이쪽입니다."

나는 손가락으로 가리켰다.

"시장이 판단하는 제품의 가치는 제품의 효용성에 따라 결정된다."

짐이 질문을 하기 전에 내가 먼저 설명을 덧붙였다.

"수요와 공급의 법칙에 따라 가격이 결정될 수도 있습니다. 하지만 제가 보여드리고 싶은 것은 기업이 생각하는 제품의 가치와 시장이 생각하는 제품의 가치가 서로 상충한다는 사실입니다."

"재미있군. 그래, 기업과 시장의 판단 기준이 완전 다르지. 기업에서는 제품의 가치를 제품 생산에 들어간 그들의 노력을 바탕으로 하는데 반해, 시장 쪽에서는 제품 사용을 통해 얻을 효용성에 바탕을 두니까. 양쪽이 적정 가격에 합의하는 게 왜 그렇게 어려운지 알겠군. 객관적인 판단 기준이 없는 거잖아?"

브랜든이 말했다.

"맞습니다. 바로 그겁니다. 그리고 공급업체 간의 연대가 점점 약해지다 보니 불가피하게, '가격 · 판매 · 수량이 점점 공급자 측에서 보는 제품의 가치가 아니라 시장이 보는 제품 가치에 따라 결정된다'입니다."

내가 현상분석체계도를 보며 읽었다.

"어쩔 수 없이 그렇게 되겠군."

브랜든도 동의했다.

"그리고 그렇게 되면 '성공하려면 시장이 원하는 가치를 만족시켜야 한다'가 되는군. 이것은 지난 10년 동안 우리 모두가 배운 교훈이기도 하지. 참, 어렵게 배웠군."

"이봐, 그건 경제원론 첫 시간에 가르치는 내용이야."

짐이 냉소적으로 이야기했다.

"아니야, 그렇지 않아. 짐, 제발 그만 좀 빈정거려. 알렉스가 여기 적어놓은 게 뭘 의미하는지 모르겠어? 이제는 주도권이 시장 쪽으로 넘어갔다는 얘기야. 가격이 더는 수요와 공급 법칙에 따라 결정되지 않는다는 거지."

내가 깜짝 놀랄 정도로 브랜든이 크게 소리쳤다.

"무슨 얘기야?"

짐도 브랜든의 과격한 반응에 놀란 모양이었다.

"제가 설명해보죠."

분위기를 좀 진정시키려고 내가 나섰다.

"경쟁이 점점 치열해져서 기술 경쟁이 벌어지고, 매일 새로운 제품이 시장에 쏟아지는 상황입니다. 이런 상황에서는 수요가 공급을 초과하더라도 가격은 계속 내려갈 수밖에 없죠."

"하지만 그렇지 않을 수도 있지."

짐이 반대 의견을 냈다.

"만약 그렇지 않다면 정확히 어느 부분이 잘못됐는지 얘기해주십시오. 지금까지의 논리 중에서 잘못된 부분이 있었습니까?"

짐이 고개를 숙이고 현상분석체계도를 들여다보자, 브랜든이 말했다.

"헛수고야. 알렉스가 맞아. 반도체 웨이퍼 업계를 생각해보라고. 이미 수요가 공급을 훨씬 초과해서 웨이퍼 공장은 사방이 병목이야. 심지어 1년 분량 이상 주문이 밀려 있는 곳도 있지. 그런데도 가격은 계속 내려가고 있어. 아닌가?"

"틀린 말은 아니지만 좀더 생각해봐야겠어. 자네 말대로라면 우리가 투자하고 있는 첨단 분야에서는 시장이 회복되더라도 가격 인상을 기대할 수 없다는 의미 아닌가? 그러면 좀 곤란한데."

"짐, 여태 눈치 못 챘나? 1년 전부터 시장이 회복되고 있는데도 그쪽 기업들은 예상 수익을 계속 낮춰 잡고 있잖아?"

"그래, 수익이 늘지는 않았지."

짐도 인정했다.

"계속해도 되겠습니까? 몇 개의 UDE를 더 연결해야 합니다."

내가 물었다.

다시 본론으로 돌아오려고 했지만 브랜든은 아직도 투덜대고 있다.

"경제원론 첫 시간……."

짐은 머릿속으로 자신의 몇몇 투자에 대한 향후 전망을 분석하는 것 같았다. 분석 단계에서 바로 실용적인 결과를 얻을 수 없다고 누가 말했는가?

결국 나는 다시 현상분석체계도를 읽기 시작했다.

"만약 '공급자가 보는 제품의 가치는 생산 원가에 적절한 마진을 더한 것이고', '가격과 수량이 점점 공급자 측에서 보는 제품의 가치가 아니라 시장이 보는 제품 가치에 따라 결정된다'면, '시장에서 결정되는 가격이 마진을 너무 적게 남긴다.' 이렇게 해서 UDE 3번이 연결됩니다."

"간단하지 않나?"

브랜든이 짐을 놀렸다. 하지만 다음 몇 단계를 추론해가는 과정에서도 브랜든이 여전히 웃을 수 있을지 모르겠다.

"분석체계도에서 이 부분을 한번 살펴보죠. 앞서도 말했듯이 '관리자들은 생산 원가가 제품을 생산하는 데 들어간 노력을 계량화한 것이라고 믿게 된다'면, '관리자들은 생산 원가보다 낮은 가격에 판매할 경우(적어도 장기적으로는) 손해를 본다'고 생각하게 됩니다."

나는 두 사람의 반응을 살폈다. 브랜든과 짐이 나를 쳐다보고 있었다.

"알렉스, 자네는 그렇게 생각하지 않나?"

브랜든이 물었다.

"생산 원가를 믿지 않는데 그걸 어떻게 믿습니까? 제가 믿는 것은 당기순이익뿐입니다. 하지만 그건 완전히 별개의 이야기고요, 일단 두 분은 이 추론에 동의하시나요?"

"대다수 관리자들이 그렇게 생각한다는 것엔 동의하네. 하지만 우리가 어떤지는 좀더 생각해봐야겠어."

짐이 말했다.

지금까지는 생각보다 잘 진행되고 있었다. 나는 다시 침착하게 읽어 내려갔다.

"만약 '관리자들은 생산 원가보다 낮은 가격에 판매할 경우(적어도 장기적으로는) 손해를 본다'고 생각하면, '기업은 저마진 주문을 꺼리게 되고 급기야 저마진 제품을 생산하지 않게 된다'가 됩니다."

"알렉스, 우리가 기업 경영자들에게 저마진 제품을 전략적으로 쳐내라고 하는 게 잘못이라는 말인가?"

브랜든이 천천히 말했다.

"경우에 따라 다릅니다. 저마진 제품을 쳐내면, 결국 그 제품을 구입하던 고객으로부터 얻던 수익을 잃는다는 이야깁니다. 그런데 이는 생산을 중단해서 얻게 되는 절약 효과가, 줄어든 수익보다 많으냐 적으냐의 문제입니다."

나는 애써 덤덤한 표정을 지었다.

"물론 변동비는 줄지만 고정비는 그대로겠지."

브랜든이 인정했다.

"브랜든, 거짓말 좀 그만하게. 변동비조차 줄이지 못하는 경우도 태반이잖나?"

이번에는 짐이 강력하게 나왔다.

"만약 기업에 병목이 없는데 제품 원가에 포함되었던 비용을 모두 줄이지 못한다면……. 그렇다면……, 저마진 제품을 단종시키는 것은 우리 스스로 기업을 위기 속으로 밀어 넣는다는 얘긴가?"

브랜든이 망설이며 결론을 내렸다. 나는 태연한 표정을 지으려고 했지만 쉽지 않았다.

"난 한잔해야겠네."

브랜든이 일어섰다.

"나도."

짐도 따라 일어났다.

내가 UDE 4번을 어떻게 연결했느냐보다는 방금 내린 결론에 더 관심이 있는 모양이다. 하긴 충격을 좀 받아서 나쁠 것은 없다. 두 사람 다 반성할 필요가 있었다. 어떤 사람이 '지옥으로 가는 길은 선의로 포장되어 있다'고 했다. 하지만 내가 상식을 체계화하면서 보고 유추한 바에 따르면, 그 말은 옳지 않은 것 같다. 즉, 지옥으로 가는 길은 선의로 막혀 있다고 해야 옳을 것 같다.

두 사람은 커피를 들고 돌아왔다. 그들은 내 것도 한 잔 가져다 주었다.

"술을 드신다더니요?"

"벌써 이 안에 있지."

짐이 배를 두드리며 말했다.

"한 가지 보여드릴 게 더 남았습니다."

"이미 충분히 본 거 같은데."

브랜든이 이제 됐다고 말했다.

"아닙니다. 이 분석체계도의 내용들은 모든 핵심 문제에서 나온 것들입니다. 저한테 모든 문제의 근본 원인인 핵심 문제를 찾으라고 했지 않습니까? 아직 그 핵심 문제에 대해서는 얘기도 안 했는데요."

"아니야, 이미 여러 문제가 얽히고설켜 있다는 걸 보여주지 않았나? 그 정도로 충분해."

브랜든은 한숨까지 내쉬었다.

"게다가 자네가 이야기를 마저 하고 싶어 하는 걸 보니, 충격받을 일이 아직 남은 거 같군. 그런데 오늘은 이쯤에서 그만했으면 좋겠네."

짐도 영 내키지 않는 모양이었다.

"하지만 아직 한 가지 연결이 빠져 있습니다. 부분 최적화를 추구하는 게 왜 혁신적인 마케팅 아이디어 개발을 방해하는지 아직 설명하지 않았습니다."

나는 끝까지 포기하지 않았다.

"중요한 문제인 거 같기는 한데."

짐도 동의했다.

"좋아, 알렉스. 자업자득이지. 우리가 자네보고 하라고 했으니까 계속해봐. 말해주게나."

브랜든이 포기한 듯 말했다.

이제 브랜든도 자기가 무엇을 시켰고, 내가 무엇을 하느라 시간을 보냈는지 깨달은 것 같았다. 나는 오늘 아침을 느긋하게 가족들 선물을 사는 데 보내는 대신 체계도를 만드는 데 몽땅 썼다. 그러니 브랜든도 이제 체계도의 결론을 빨리 내라고 재촉하지는 않을 것이다.

나는 아직까지 다루지 않았던 곳을 가리키면서 천천히 읽기 시작했다.

"'관리자들은 제품 가격이 생산 원가에 적절한 마진을 합한 금액이어야 한다고 믿는다'면, '대부분의 관리자들은 제품의 공정한 가격은 단 하나라고 믿는다'라고 할 수 있습니다. 또 한편 생각해봐야 할 점은 '다른 시장 분야에는 다른 요구 사항이 있다'는 건데, 이점에 동의하십니까?"

"우릴 또 한 방 먹일 작정이군. 그래, 모순이지. 가격은 단 하나인데 사장마다 가격이 또 달라져야 한다는 거니까."

짐이 큰 소리로 말했다.

"아니, 모순이 아니라 기회라고. 알렉스, 어서 이야기해보게."

브랜든이 짐의 말을 고쳐줬다.

"만약 '다른 시장 분야에는 다른 요구 사항이 있다'면 '다른 시장 분야에서는 같은 제품에 대한 가치 평가가 다를 수 있다'라고 할 수 있습니다."

"물론이지. 시장이 평가한 가치가 다르기 때문에 우리는 여러 가지 가격을 요구할 수 있겠지."

짐이 말했다.

"아, 그렇게 간단하지 않습니다. 평가가 다르다고 그것이 곧 가격을 차별화할 수 있다는 의미는 아닙니다. 제 결론은 단지 '동일한 제품이 시장에서 서로 다른 평가를 받을 수 있다는 사실을 관리자들이 무시하는 경우가 많다'는 겁니다. 방금 얘기하신 점과 관련해서는 '효과적인 시장 세분화 조치를 취할 수 있다'라고 새로운 문장을 추가했습니다. 한 가지 문제는 기업이 적극적인 시장 세분화 조치를 취하지 않는다면, 같은 제품에 대해 두 부류의 시장이 서로 다르게 평가하더라도 시장 전체가 그중에서 낮은 가격에 제품을 공급하라고 요구하게 된다는 겁니다."

내가 말했다.

"그러니까 한쪽 시장이 다른 쪽 시장을 알고 있다면 그렇게 되겠지."

짐이 인정했다.

"비밀이란 없습니다. 언젠가는 서로 알게 될 테고, 그럼 뻔하지 않나요? 따라서 비록 공급하는 쪽에서는 같은 제품이더라도 각

분야별 시장에서 서로 다른 제품으로 인정받도록 조치를 취해야
합니다."

"예를 하나 들어줄 수 있나?"

짐이 물었다.

"물론입니다. 곧 우리가 탈 이 비행기를 예로 들어보죠. 일반석
에 가서 비행기 표를 얼마에 샀는지 한번 물어보십시오. 다들 같
은 가격으로 샀을까요?"

"아니. 전혀 아니지. 구입 시기, 장소 등에 따라서 가격이 다를
걸. 또 개인인지 단체인지에 따라서도 다르지."

짐이 미소를 지으며 말했다.

"맞습니다. 또 각자의 비행기 표 가격은 체류 기간에 따라서도
다릅니다. 한 승객을 대서양 건너편까지 태우는 데 드는 실제 비
용과는 아무 상관이 없는 거죠. 모두 같은 크기의 자리에 앉아서
같은 비행기를 타고, 같은 승무원에게 서비스를 받습니다. 만약
항공사들이 이 같은 적극적인 시장 세분화 노력을 하지 않았다면
오늘날 살아남지 못했을 겁니다. 물론 항공업계의 경우 지나친 세
분화 때문에 여러 가지 문제가 발생하기도 하죠. 자세히 들여다보
면 말도 안 되는 경우까지 있다고 하니까. 어쨌든 시장 세분화 관
련해서 다른 예를 또 들어볼까요?"

"아니, 나도 몇 가지 예가 떠오르는군. 그런데 시장 세분화를 어
떻게 정의하면 좋겠나?"

브랜든이 물었다.

"여기 정의했습니다."

"시장이 세분화되었다고 하려면 시장 한쪽의 가격 변동이 나머

지 한쪽에 영향을 주지 않아야 한다."

브랜든이 내가 보여준 종이를 읽었다.

"그러니까 틈새시장하고는 의미가 다르군."

"틈새시장도 시장 세분화에 포함시킬 수 있겠죠. 하지만 제가 하고 싶은 얘기는, 동일한 시장처럼 보여도 기업이 그 시장을 효과적으로 세분화할 수 있다는 겁니다. 물론 그렇게 하려면 각자의 요구 사항에 따라 시장을 나눌 수 있다는 전제가 필요합니다."

"계속하게."

짐이 말했다.

"제가 강조하는 것은 시장 세분화를 위한 적극적인 노력이 얼마나 중요한가입니다. 그런 노력을 하지 않는다면, 즉 한 제품을 같은 가격으로 판매하면 어떤 결과가 생길까요? '한 가지 가격만 고수할 경우, 제품의 가치를 높게 평가하는 고객도 낮은 가격을 지불하게 된다'라는 주장에 동의하십니까?"

두 사람은 동의했다.

나는 계속했다.

"동시에 '한 가지 가격만 고수할 경우, 제품의 가치를 그 가격보다 낮게 평가하는 고객을 잃게 된다'라고도 할 수 있습니다."

"그러니까 대부분의 기업이 시장 세분화를 통해 얻을 수 있는 막대한 잠재적 이점을 활용하지 못하고 있다는 거군."

브랜든이 결론을 지었다.

"네, 바로 그겁니다."

두 사람은 내가 이 결론에 도달하는 데 걸린 시간보다 훨씬 빨리 요지를 간파했다. 둘 다 나보다 경험이 워낙 많아서 그런 모양이었다.

"알렉스, 그러니까 UDE 10번이 뭐였지?"

브랜든이 물었다.

나는 손가락으로 현상분석체계도의 한쪽을 가리키며 읽었다.

"'새로운 점포나 신제품, 개선된 제품은 대부분 기존 점포, 기존 제품의 매출을 잠식한다'입니다. 이건 절대 그냥 넘길 문제가 아닙니다. 제가 맡고 있는 회사에서도 이런 경우가 있어서 이 부분을 검토하느라 오늘 아침 내내 애를 먹었습니다. 신규 점포 개설과 동시에 시장 세분화 노력을 했더라면 불필요한 피해를 최소화할 수 있었을 겁니다."

"자네 말이 맞아."

브랜든이 동의했다.

"앞으로는 그런 실수를 반복하지 않으면 되지 않나?"

짐도 내 어깨를 두들겨주었다.

나는 빨리 끝내고 싶어서 바로 말을 시작했다.

"자, 그럼 다음으로 넘어가면, 우리가 지금까지 논의한 것처럼 '마케팅은 시장 세분화라는 처녀지처럼 새롭고 유망한 방향으로 가고 있지 않다'는 게 분명합니다."

"처녀지라고? 조금 있으면 '임신 초기'라고 적을걸."

이렇게 말하며 짐이 낄낄 웃었다. 나는 험악한 눈빛으로 짐을 쳐다봤다.

"농담이야, 농담. 자네 얘기는 다 이해했어. 당연히 다 이해했지. 오늘날 모든 기업이 새로운 마케팅 아이디어를 찾으려고 애쓰지만, 이미 여러 번 써먹은 방법으로는 혁신적인 아이디어가 절대

나올 수 없지. 그래서 모두 노력은 하지만 성과가 없는 거지. 또 동일하게 보이는 시장을 적극적으로 세분화하려는 사람은 드물어. 가격이 꼭 하나여야 한다는 생각에 눈이 멀어서, 시장 세분화의 가능성을 제대로 인식하지 못하고 있는 게 사실이야. 자네 말이 맞아."

"이제 모든 항목을 다 묶었으니 핵심 문제를 찾기는 쉽습니다."

"어떻게?"

짐은 여전히 호기심에 차 있었다.

"화살표를 따라가면 됩니다. 직접적으로든 또는 간접적으로든 모든 UDE의 근본 원인이 어떤 것인지를 찾아보십시오."

두 사람은 몸을 수그리고 분석체계도를 들여다보며 화살표를 쫓아 내려갔다. 한참 후, 짐이 고개를 들고는 말했다.

"드디어 찾았어. 우리가 정말 해냈어. 여기 나열한 모든 UDE(또한 직접 언급하지 않은 것까지도)는 한 문장에서 파생된 거야. '관리자들은 부분 최적화를 추구하며 회사를 운영한다.' 이게 근본 원인이야. 사실 나는 처음부터 그것이 원인일 거라고 생각했지만 말이야."

"원인을 알았으니, 그럼 다음 단계는 뭔가?"

브랜든이 물었다. 하지만 내가 대답하기 전에 짐이 손을 들어 말을 가로막았다.

"아니, 브랜든. 이제 자네나 나나 머리가 빙글빙글 도는 것 같은데 그만하지. 그다음 단계가 궁금하면 나중에 알렉스랑 약속을 잡으라고. 물론 나도 함께. 하지만 다음 주는 피했으면 좋겠네. 오늘 한 것만으로도 당분간은 충분하니까."

문제를 풀어줄 열쇠, 사고 프로세스

"마케팅 돌파구는 회사가 아니라 시장에 있다"

THE
GOAL
It's Not Luck

17

"아빠, 고마워."

샤론이 내 얼굴에 뽀뽀를 하더니 선물을 제대로 열어보지도 않고 방으로 사라졌다.

"왜 저래?"

내가 물었다.

"에이, 아빠, 그냥 신경 쓰지 마요."

데이브는 내가 사다 준 영국 축구팀 스카프들을 펼쳐보고 있었다.

"맨체스터 유나이티드, 리버풀, 아스날. 야, 이거 멋진데. 애스턴 빌라 거네. 아빠, 지난주에 이 팀이 이긴 거 알아요?"

데이브가 스카프를 목에 두르며 말했다.

데이브는 최근 축구, 그것도 유럽 축구의 열렬한 팬이 되었다. 도대체 그게 뭐가 재미있다고 그러는지? 그래도 내가 사다 준 선물을 좋아하는 모습을 보니 기뻤다.

나는 아내에게 다시 물었다.

"샤론은 왜 저래? 무슨 일 있어? 이름이 그 뭐야, 남자친구 사귀면서 좋아라 하고 다녔잖아."

"내 원 참, 딸 남자친구 이름도 몰라? 에릭이잖아. 샤론은 걱정하지 마. 완전히는 아니지만 많이 좋아졌어. 하루이틀 지나면 기분 풀리겠지."

아내는 큰 문제가 아니라고 했다.

"올라가서 우리 공주님이랑 이야기해볼까? 나라도 가서 기분을 풀어줘야겠는데."

사실 나는 출장 동안 샤론이 무척 보고 싶었다.

"그러든지."

아내는 별 도움 안 될 거라고 생각하는 모양이었다.

"들어가도 되니?"

대답이 없었다. 적어도 내 귀에는 아무 소리도 들리지 않았다. 나는 문을 살짝 열었다. 샤론은 침대에 누워 책을 읽고 있었다.

"들어가도 될까?"

내가 다시 물었다.

샤론이 책을 내려놓았다. 들어와도 된다는 의미로 받아들이고 들어가서 침대에 걸터앉았다. 샤론이 자리를 더 내주려고 옆으로 비켰다.

방으로 들어가는 데는 성공했는데 이제는 어떻게 해야 되나? 막막했다.

"샤론, 무슨 책 읽고 있었어?"

"그냥 별로 재미없는 책이야."

샤론이 책을 바닥에 내려놓았다.

"에릭은 잘 지내?"

"응."

"학교는?"

"좋아."

이런 따분한 대화는 나도 싫었다.

"샤론."

나는 좀더 직접적인 접근법을 취하기로 했다.

"사실 아빠가 마음에 걸리는 게 있는데, 아빠랑 잠깐 얘기할 수 있어?"

"무슨 얘기?"

"아빠는 너랑 얘기를 많이 하고 싶어. 근데 우리 둘이 재미있게 나눌 대화 주제가 단 하나도 없더라. 네 생각은 어때?"

"아빠, 그런 얘기라면 다음에 하면 안 돼? 지금은 너무 피곤해."

실패다.

좋아, 마지막이다. 십대 소녀들은 감수성이 예민하니까 감정에 호소하기로 했다. 이번엔 되겠지.

"샤론, 유럽에 출장 가 있는 동안 외롭다는 생각이 많이 들었어. 식구들이 너무 보고 싶어서 아무것도 할 수 없을 정도였지. 독서도, 산책도 다 하기 싫더라. 특별한 이유도 없이 갑자기 모든 게 무의미하게 느껴지고 말이야."

아무 반응이 없었다.

"너도 같은 심정이니? 아무 이유도 없이 갑자기 모든 일이 너무 재미없게 느껴지니?"

"아빠!"

"좋아, 혼자 있게 해줄게. 단, 하나만 물어볼게. 그렇게 우울한 특별한 이유라도 있어?"

"당연하지. 내가 이유도 없이 이러겠어?"

"글쎄, 아빠 생각에는 별 이유가 없는 거 같아서."

내가 샤론에게 미소를 지으며 말했다.

"아빠가 뭘 아는데?"

샤론이 상체를 일으켜 앉았다.

"월요일까지 에릭이랑 못 만난단 말이야. 또 크리스한테 한 약
속도 어기게 생겼고. 거기다 데비는 요즘 얼마나 짜증나게 구는
지 알아? 에릭이랑 나보고 맨날 유치하다고 놀려댄단 말이야. 날
질투하는 거지. 아빠가 듣기엔 이게 다 우습지? 어린애들 장난 같
지? 아빠랑 얘기할 기분 아니야. 혼자 있고 싶어. 아빠, 제발!"

이렇게 애원을 하니 나도 물러설 수밖에.

"그래, 누가 질투를 한다면 정말 속상하지. 그래도 참아야 할 때
도 있어. 그게 인생이지."

나는 이렇게 말하여 일어났다.

"데비하고는 제일 친한 사이였는데……. 그래서 더 속상해."

"그런데 데비랑 계속 친한 친구로 남으면서 네 마음도 안 상할
방법이 있는데."

내가 문을 열면서 말했다.

"정말? 어떻게? 어떻게 하면 되는데?"

샤론도 따라 일어났다.

나는 샤론의 책상으로 가서 얇은 분홍색 종이를 한 장 집어 들
고는 적기 시작했다.

"아빠가 제대로 이해했다면, 네 목표는 '데비랑 좋은 사이를 유

지하는 것'이지. 그렇게 하려면 '데비의 행동을 이해'해야 해. 뭐,
지금 상황에서는 결국 '데비의 질투를 참는다'가 되겠네."

"하지만······."

"그래, 그래. '하지만' 이런 생각이 많이 들겠지."

"됐어. 아빠."

나는 괜히 기대했다는 듯한 샤론의 말을 무시하고 계속 말을 이
어갔다.

"샤론, 잘 봐. 다른 한편으로 보면 '데비랑 좋은 사이를 유지하려
면' 너는 '우정을 소유물로 간주하지 않도록' 조심해야 하는 거야."

"소유물로 간주한다······. 그래! 바로 그거였어. 데비한테 하려
던 얘기가 바로 그거였어."

나는 구름을 완성했다.

"그러기 위해서는 '데비의 질투를 참으면 안 돼.' 아빠가 보기에
도 정말 서로 모순되는 곤란한 상황이구나. 더군다나 데비가 너한
테 얼마나 소중한 친구인지를 생각하면, 네가 마음 상해하는 것도
이해가 간다."

"'우정을 소유물로 간주하지 않도록 주의한다.' 데비한테 말해
줘야겠어. 자기가 날 소유한 게 아니라는 걸 분명히 말해줘야겠
어. 나도 남자친구를 사귈 수 있고, 특히 에릭 같은 멋진 남자친구
라면 두말할 필요가 없지."

"그런데 그것 말고도 문제가 더 있다고 하지 않았어?"

내가 조심스럽게 물었다.

"다른 건 별거 아니야. 이게 진짜 고민이었지."

여기서 그만두는 것은 좋지 않을 것 같았다. 다른 것들이 그렇

게 중요하지 않았다면, 갑자기 샤론이 우울해할 이유가 없었다. 데비 문제만으로 그렇게 되지는 않았을 것이다.

"샤론, 계속하는 게 좋을 거 같은데."

"왜?"

"왜냐하면 네가 너무 조용해져서. 데비의 질투만 고민이었다면, 데비한테 큰 소리로 불평 한번 하고 네 입장을 이해시키려고 했을 거야. 겨우 그 문제 하나 때문에 애벌레가 고치 속으로 기어들어 가듯이 네 안으로 그렇게 들어가지는 않았을걸."

"애벌레가 고치 속으로 기어들어가듯이? 내가 어딜 기어들어갔다고 그래? 내가 언제……."

"샤론."

나는 이야기가 딴 방향으로 가기 전에 서둘러 샤론의 말을 끊었다.

"네가 보기에는 나머지 고민들이 별로 안 중요할 수도 있어. 하지만 아빠 생각에는 아니야. 오히려 네가 생각하는 것보다 더 중요한 문제일 거 같은데."

"아빠가 무슨 말을 하는 건지 모르겠어."

샤론은 적어도 내가 자기를 탓하고 있지 않다는 것과 또 단순히 위로해주는 것도 아니라는 걸 깨달은 것 같았다.

"다른 문제들이 왜 네 마음을 불편하게 하는지 알아낼 수 있을 거 같은데. 아빠랑 같이 해볼까?"

"아빠가 정 원하면."

"그럼 빈 종이를 한 장 펼쳐봐."

나는 펜 한 자루를 샤론에게 건넸다.

"일단 마음에 걸리는 일부터 시작하자. 그러고 나서 이걸 어떻게 완성하는지 차근차근 알려줄게."

"잠깐, 아빠."

샤론이 한숨을 쉬었다.

"마음에 걸리는 일이라는 건 뭘 말하는 거야?"

"왜 있잖아, 별로 중요한 거 같지는 않은데 몇 시간, 때로는 며칠 동안 신경이 쓰이는 일들."

"그런 거라면 몇 가지 있어."

샤론의 얼굴에 미소가 돌아왔다.

"생각했던 것보다 신경이 많이 쓰인다는 것은 보기와 다르게 그 일 때문에 큰 피해를 입고 있다는 의미지."

샤론은 이 말의 의미를 생각하고 있었다.

"아빠가 생각하기에는, 무슨 일에 신경이 쓰인다는 건 그 일 때문에 다른 중요한 뭔가를 희생하고 있다는 거지. 그런 신경 쓰이는 일에서 출발해서, 실제로 그 일 때문에 어떤 피해를 입는지 알아낼 수 있는데. 아빠가 그 방법을 가르쳐줄까?"

"내가 할 수 있을까?"

자신 없는 목소리였다.

"어디 보자. 네가 고민하는 에릭과의 문제가 뭐였더라? 한동안 에릭을 못 만나는 거라고 했지?"

"응. 월요일에 엄청 골치 아픈 시험이 있대. 이야기하자면 좀 길어."

"그래, 좋아. 일단 여기다가 적어. '월요일까지 에릭을 만나지 못한다.'"

"그래서 파티에도 혼자 가야 돼. 내가 얼마나 속상한지 알겠지?"

샤론이 종이에 적으면서 말했다.

"그럼 그 밑에는 네가 하고 싶은 걸 적어봐."

"난 에릭을 매일 봤으면 좋겠어."

"그래, 그렇게 적어. 그리고 그 왼쪽에다가 그게 왜 중요한지 적어봐."

"응? 어떻게 하라고?"

"에릭을 매일 만나는 게 왜 중요한지 이유를 적으면 돼."

"그냥 중요하니까 그렇지. 에릭은 내 남자친구야. 당연히 가까이 있고 싶고 만나고 싶지."

"그럼 '에릭과 가까이 있어야 되니까'라고 적으면 되겠다."

머릿속으로 이것이 논리적으로 맞는지 검토해봤다. '에릭과 가까이 있기 위해서'는 '매일 에릭을 만나야 한다?' 왜? 하지만 나는 묻지 않기로 했다.

"이제 어려운 질문에 답할 차례야. 왜 에릭을 안 보기로 했는데? 왜 월요일까지 에릭을 보면 안 된다고 생각했어?"

"얘기했잖아. 월요일에 시험이 있다고. 아주 중요한 시험이래. 적어도 걔네 엄마는 중요하다고 생각하나 봐. 사실 중요하긴 해. 이번에도 낙제를 하면 한 단계 낮은 과정으로 바꿔야 하는데, 그러면 에릭이 그렇게 원하는 엔지니어가 되기 어렵대."

"우리 딸이 우정을 소유물로 간주하지 않는 걸 보니 기쁜데!"

"매일 만나자고 고집을 안 부린 거?"

"그래, 누구와 원만한 관계를 유지하려면 상대방의 처지도 이해할 줄 알아야지."

"아빠 말 들으니 그러네."

샤론이 잠시 생각해보더니 말했다.

"그럼 에릭을 당분간 만나지 않기로 한 이유를 여기 적어봐."

"근데 아직도 잘 이해가 안 가. 뭐라고 적지? 에릭 때문이다? 그렇게 적으면 돼?"

"무슨 이유 때문에 만나지 않기로 했는지 한번 잘 생각해봐."

내가 반복했다.

"에릭 입장도 생각해야 하니까?"

내가 너무 까다롭게 군다고 생각했는지 샤론의 목소리에 짜증이 묻어났다.

"그래, 그거야. 여기 적어봐."

샤론이 다 적고 나자, 나는 생각을 정확하게 표현하는 것이 왜 중요한지 보여주었다.

"그럼 이번에는 '뭐뭐 하기 위해 나는 뭐뭐 해야 한다'를 넣어서 두 문장을 읽어봐. 어디, 말이 되는지 한번 보자."

"'에릭의 입장도 생각하기 위해, 나는 월요일까지 에릭을 만나면 안 된다.' 그래도 에릭이 나를 좋아하면 융통성 있게 할 수도 있지. 이거 다음에는 어떻게 해?"

"너희들의 공통 목표는 뭐야? 에릭의 입장도 생각하면서 동시에 에릭과 가까이 있어야 되는 이유가 뭘까 생각해봐."

"왜냐하면, 왜냐하면…… 알고는 있는데……."

"조금 전에 데비에 대해 적었던 구름 그림을 한번 봐봐."

나는 샤론을 도와주려고 애썼다. 샤론은 그 종이를 보더니 미소를 지었다.

"목표가 거의 같네. '에릭과 좋은 관계를 유지한다.'"

샤론이 구름을 완성했다.

"좋은 친구 사이를 유지하려면 에릭과 같이 있어야 되지만, 동시에 에릭 입장도 생각해야 되는 거지. 그런데 에릭을 월요일까지 안 만나는 건 '좋은 관계를 유지한다'라는 중요한 목표를 위태롭게 하지. 그래서 갈등하게 되는 거야."

샤론은 내 말을 주의해 듣고 있지 않았다.

"아빠, 내가 에릭에 대해 그런 게 데비 그림이랑 똑같이 생겼어."

샤론은 다시 데비의 구름 그림을 보고 있었다. 상황을 새로운 시각에서 보게 된 모양이다.

"그럼 이제는 데비가 좀 이해됐어?"

"음, 데비랑 얘기가 될 거 같아. 우정이 뭔지, 또 서로 소유하려드는 게 뭔지. 좋은 얘깃거리가 되겠어. 오늘밤 데비네 집에서 잤으면 좋겠는데. 엄마가 허락하면 좋겠다."

이 말을 마치기가 무섭게 샤론은 마치 초원을 달리는 한 마리 사슴처럼 방을 뛰어나갔다. 그러고는 내가 방을 나서기도 전에 돌아왔다.

"엄마가 그렇게 해도 된대. 고마워, 아빠. 너무너무 고마워."

기분 좋은 일이었다.

"세 번째 불만도 같이 분석해볼까?"

샤론이 다시 기운을 차렸으니 지금 꼭 그럴 필요는 없었지만 샤론과 좀더 같이 있고 싶었다.

"좋아. 뭐였더라?"

샤론이 흔쾌히 동의했다.

"크리스와 관련된 문제였는데."

"아, 그거. 좀 심각해."

샤론이 다시 심각해졌다.

"아빠한테 무슨 일이 있었는지 얘기하는 것보다는 직접 구름을 그려보는 게 어때?"

"응. 그럴게."

샤론이 자리에 앉았다.

우선 '킴에게 수학 숙제를 보여준다'라고 적었다. 그 밑에는 '누구에게도 수학 숙제를 보여주지 않는다'라고 적었다. 재미있었다. 나는 진지하게 딸아이가 다음 문장을 적을 때까지 기다렸다. 샤론은 몇 분 동안 몸을 꼬더니 왼쪽에다 '크리스와 약속을 지킨다'라고 적었다. 그리고 그 위에는 '킴을 도와준다'라고 했다.

"목표는 분명해. '좋은 친구 사이를 유지한다'인데 내가 그린 구름이 말이 되는 거 같아?"

"음, 크리스와 수학 숙제를 함께한 모양이구나."

"응. 근데 킴이 보여주라고 하도 애원을 해서 차마 거절할 수가 없었어."

가엾은 내 딸. 한꺼번에 세 가지 고민을 안고 있었으니 우울할 수밖에. 친구와 사이좋게 지내려는 샤론의 중요한 목표가 세 군데에서 공격받고 있는데, 셋은커녕 하나도 제대로 처리하지 못했던 것이다. 그러니 애벌레처럼 고치 속으로 기어들어갈 수밖에.

샤론은 자주 내향적이 되곤 했는데, 그때마다 아내와 나는 샤론한테 무슨 문제가 있는 건 아닐까 걱정했다. 친구들과 좋은 관계를 유지한다는 것은 쉬운 일이 아니다. 쉽게 마음을 다칠 수도 있지만 가치도 있다. 그러나 대부분의 부모는 샤론과 같은 아픔을 겪었으면서도 무관심하다. 적어도 그런 경우 어떻게 하면 되고 어떻게 하면 안 되는지쯤은 말해줄 수 있을 텐데. 그 정도의 아픈 경험은 충분히 있을 텐데도 말이다.

샤론은 어떻게 생각할까? 중요하고 민감한 문제를 부모인 우리와 상의하려 할까?

"아빠."

샤론이 황급하게 불렀다.

"아빠랑 나랑 서로 얘기할 거리가 없다고 했지?"

"그래, 샤론."

"그렇지 않아. 난 아빠랑 얘기하는 거 좋아. 날 잘 이해해주잖아."

"다음번에 네가 아빠한테 뭘 부탁했는데, 아빠가 '안 된다'고 해도 지금 한 말을 기억해야 한다."

그날 밤, 아내와 단둘이 편안하게 쉬고 있을 때 샤론의 구름 그림을 다시 꺼내봤다. 사실 샤론이 고민들을 읊어댈 때에는 그 고민들이 서로 연결되어 있으리라고는 생각하지 못했다. 샤론도 마찬가지로 몰랐을 것이다. 그럼에도 각 구름의 목표는 같은 것으로 판명 났다. 샤론에게 우정은 그 무엇보다도 중요했다. 물론 그 자체는 별로 놀랄 일이 아니다. 처음부터 알고 있었으니까. 하지만…….

나에 대해 이것과 유사한 분석을 한다면 결과가 어떻게 나올까? 예를 들어 내 생활의 다른 측면에서 개인적으로 마음에 걸리고 신경이 쓰이는 UDE를 체크해본다면? 개인의 성격이라는 것은 흔히 생각하는 것보다 훨씬 더 일관성 있게 나타날 수도 있다는 생각이 들었다.

"자기야?"

"왜?"

"이것 좀 봐줘⋯⋯."

18

힘겨운 상황에 처해 모든 게 장애로 느껴질 때,
단 1분조차도 더는 견딜 수 없을 때,
그때야말로 결코 포기해서는 안 되는 때다.
바로 그때 상황이 바뀌기 시작한다.
─해리엇 B. 스토

"힐튼 그 인간하고는 죽어도 같이 일 못 해! 절대!"

힐튼 때문에 빌 피치가 단단히 화가 난 모양이었다.

"그걸 이제야 아셨습니까? 새삼스럽게 왜 그러십니까?"

내가 놀리듯 말했다.

우리는 같이 점심 식사를 하고 있었다. 공장장이던 시절, 빌이
나를 사업본부장 후임으로 지명한 이후 우리는 한 달에 한 번씩
늘 점심을 같이하고 있었다. 나는 빌과 함께하는 점심 식사를 좋
아했다. 나에게는 윗선에서 나도는 갖가지 소문을 들을 수 있는
좋은 기회였고, 빌도 내가 충실한 부하 직원이라는 걸 알기에 무
슨 이야기든 할 수 있어 좋아하는 것 같았다. 게다가 나도 이제는
회사 핵심 경영자 가운데 한 사람이어서 우리의 식사 모임은 더
재미있을 수밖에 없었다.

"이번에는 무슨 일 때문에 그러세요?"

나는 몹시 궁금했다.

"그 뱀 같은 녀석이 말이야, 그 사기꾼 같은 녀석이 상상도 못할
짓을 했다니까. 기막혀 말이 안 나오네."

빌은 아직도 화가 다 풀리지 않은 모양이었다.

"힐튼 그 사람이야 말 안 해도 다 알죠. 이제는 그치가 무슨 짓을 했다고 해도 별로 놀라지도 않습니다."

"그랜비 회장님이 이사회에 투자계획서를 제출해야 된다는 말은 들었지?"

"네, 들었습니다."

내 얼굴에서 웃음이 사라졌다. 그 돈이 어디에서 나오는지를 알고 있기 때문이다. 바로 우리 회사가 흘린 피를 두고 서로 갖겠다고 싸우고 있는 거였다.

빌은 힐튼 때문에 화가 머리끝까지 나서 내 표정을 살피지 못했다.

"그랜비 회장님이 나와 힐튼한테 투자계획서를 작성해보라고 하더군. 우리는 신사적으로 일을 처리하기로 했지. 힐튼 그 작자가 신사적으로 할 거라고 믿은 내가 바보지. 어쨌든 돈을 놓고 서로 싸우기보다는 총 투자액을 반으로 나눠서 각자 계획을 짜기로 했지."

"그런데 뚜껑을 열어보니까 달랐다는 거죠?"

나는 두 사람을 워낙 오래 지켜봐서 안 들어도 알 것 같았다.

"빌 피치 수석 부회장님은 약속대로 투자액의 반에 맞춰서 계획을 세웠는데, 힐튼 그 사람은 투자액 전체로 계획서를 제출했다?"

"어떻게 알았나? 아니지, 척하면 착이니까. 자네가 그 자리에 있었어야 했는데. 힐튼 그 인간이 이번에는 자기 안대로 가자고 애원을 어찌나 해대던지. 우리가 살길은 그 길밖에 없다는 거야. 그놈한테 홀랑 넘어간 내가 바보지."

"이번엔 남 탓할 일이 아닌 거 같은데요."

"맞아. 다 힐튼 그놈을 믿은 내 잘못이지."

남의 불행을 이용해먹는 자들은 무슨 일을 당해도 싸다. 아직 회사를 매각하지도 않았는데 벌써부터 조금이라도 더 차지하려고 물고 뜯는 꼴하고는……. 힐튼도 망할 놈이지만, 빌, 당신도 마찬가지야.

속으로 빌을 원망하면서 아무 말없이 샌드위치를 먹었다.

그런데 갑자기 내 생각이 옳지 못하다는 생각이 들었다. 내가 빌한테 원하는 게 도대체 뭐지? 그럼, 자신이 맡은 핵심 사업 부문 쪽에 더 많은 투자를 유치하려고 싸우지 말아야 하는 건가? 만약 빌이 우리 회사를 매각하는 데 앞장서고 있다면 빌을 비난할 수 있겠지. 하지만 아니다. 그는 회사 매각과 전혀 관련이 없었다.

"도노번 사장과 스테이시 사장이 충격을 꽤 받았습니다. 회사 매각을 믿을 수가 없나 봅니다. 그건 저도 마찬가지고요."

"그렇겠지. 어느 누가 자기 회사를 그렇게 매각하고 싶겠나? 하지만 세상이라는 게 그렇지. 주변은 항상 핵심을 보호하느라 희생 당하는 거지."

"그런가 봅니다. 그건 그렇고 나중에 돈의 적당한 자리나 알아봐주십시오. 해주실 거죠?"

"그럼."

"일선 현장의 일거리를 주면 좋을 거 같은데. 자질은 충분합니다."

"돈 같은 인재야 언제든지 필요하지. 근데 왜 아직 닥치지도 않은 얘기를 하고 있지? 일단 그 얘긴 접어두고, 힐튼 얘기를 들어보라고. 글쎄, 힐튼 그 인간이 뭐라고 했는지 아나? 아이다호에 있는 그 쓸모없는 회사를 2,200만 달러나 주고 사들이자는 거야."

"왜요? 그 건은 이미 끝난 거잖아요. 특허가 있다지만 뭔가 좀 수상하고, 유능한 직원들도 이미 수년 전에 떠나고 없다면서요? 그나저나 왜 그렇게 많이 주고 사잡니까?"

내가 놀란 목소리로 물었다.

"총 투자액 1억 3,000만 달러를 자기가 다 쓰고 싶은데, 그러려면 투자 계획을 최대한 부풀려야 하는 거지. 트루먼 이사가 지난번에 퇴짜 놓은 투자 계획은 사용할 수가 없으니까 아무거나 생각나는 대로 집어넣은 거야. 그럴싸해 보이는 건 죄다 넣었더라고. 그 아이다호 회사도 서류상으로는 아무 하자가 없잖은가?"

"다들 가관이네요. 그랜비 회장님은 트루먼 이사와 다우티 이사가 회사를 너무 싼값에 팔아버렸다고 뒤집어씌우려는 건지, 우리 회사들을 실제보다 더 높은 가격에 매각할 수 있다고 주장하고 있죠. 회장님 체면을 조금이라도 살리려는 거죠. 또 힐튼은 힐튼대로 이번 기회에 권력 좀 잡아볼까 하는 심산으로 전혀 필요도 없는데 자기네 회사에 매각 대금이 모두 필요한 것처럼 꾸미고 말입니다. 재미있네요. 다만 이 모든 게 저랑 제 사람들의 희생으로 만든 거라는 것만 빼면요."

나는 한숨을 쉬면서 말했다.

"힐튼 그 인간이야 그렇지만, 그랜비 회장님은 자네가 잘못 생각하는 거야. 그 노인네 성정은 화살처럼 곧다고."

빌은 나와 생각이 달랐다.

"저도 지금까지는 그렇게 생각했죠. 그럼, 제 회사들의 추정 매각액이 어떻게 그리 높게 책정된 겁니까? 실제보다 너무 높잖습니까?"

"무슨 말이야? 1억 3,000만 달러는 최대한 낮춰서 잡은 거라고."

빌이 정말 놀란 듯이 말했다.

"빌 피치 수석 부회장님, 제가 기업 인수나 매각에 경험이 많은 건 아니지만 그렇다고 어린애도 아닙니다. 저도 재무제표를 볼 줄 압니다. 회사 하나당 3,000만 달러만 받아도 운이 좋은 겁니다. 그런데 셋을 합쳐 1억 3,000만 달러라니요? 너무 터무니없는 금액입니다."

"커피 마시겠나?"

빌이 나를 쳐다보며 물었다.

"아닙니다. 일이 어떻게 된 건지나 말씀해주십시오."

빌은 웨이터와 눈을 마주치려고 애를 썼다. 나는 짜증이 나기 시작했다. 그때 빌이 나와 눈도 마주치지 않고 말했다.

"가압증기사는 얼마나 받을 거 같은가?"

"최대 3,000만 달러 정도요. 그것도 받기 어렵습니다. 현재 그쪽 시장은 움직임이 없습니다. 교착 상태죠. 25만 달러의 흑자도 스테이시 사장 덕에 겨우 낸 겁니다. 앞으로 노력을 많이 기울이면 200만에서 300만 달러 정도는 이익을 낼 수 있겠죠. 하지만 그 이상은 어렵습니다."

"그 업계 경쟁사 중 하나가 회사를 인수하는 거지. 그다음에 가압증기사는 아예 폐업해버리고 고객만 가져가는 거야. 만약 그렇게 되면 매각액이 얼마나 될 거 같은가?"

머리를 세게 얻어맞은 느낌이었다.

그래, 그거였어. 바보같이 왜 그렇게 순진했을까? 만약 그렇게 된다면 그 경쟁사는 엄청난 시장 점유율을 확보하게 된다. 그들도 유휴 생산 능력이 있을 테고, 자재비는 판매가의 35퍼센트도 안 된다. 만약 가압증기사를 인수한 뒤 해체해버리면 인수한 경쟁사는 1년에 4,000만 달러까지 이익을 올릴 수도 있다. 그뿐 아니라 교착 상태에 빠진 시장의 균형을 깨고 최대 점유율을 가지고 시장을 주도하게 될 것이다.

내가 왜 진작 그 생각을 못 했을까?

이제야 영국에서 만났던 그 모사꾼 같던 자의 질문이 이해되었다. 브랜든이 그렇게 높은 금액을 부른 것도 이해되었다. 불길한 예감이 괜히 든 게 아니었다. 지금 이들이 회사를 갈기갈기 찢고 있었다.

트루먼, 다우티, 이 개자식들. 그러고는 나한테 아무 일 없는 척하다니. 이렇게 사람 뒤통수를 치다니. 만나서 따져봤자 뻔했다. '전체를 위해 부분을 희생해야 한다'고 하겠지. 빌어먹을!

"자네 괜찮나?"

빌이 진심으로 걱정하는 목소리로 물었다.

"아니, 괜찮지 않습니다."

나는 거의 고함을 지르듯이 답했다.

"아니, 내가 보기에 자네는 괜찮은 거 같군. 출정의 나팔 소리가 내 귀에까지 들리는데. 악당들이여, 목숨이 아깝거든 길을 비켜라! 정의의 기사 로고가 나가신다!"

빌이 웃으며 말했다.

"물론이죠."

나는 차로 돌아와 시동을 걸었다. 어디로 가지? 어디든 상관없다. 운전이나 하자. 지금은 생각을 해야 한다. 수십 마일을 운전하는 동안, 머리에서 김이 났다. 트루먼, 다우티, 그랜비, 힐튼, 월스트리트, 온 세상. 생각만 해도 머리끝까지 화가 치밀었다. 나 자신에게도 화가 났다.

한참이 지나서야 겨우 이성을 되찾았다. 화를 낸다고 문제가 해결되는 것은 아니다. 어떻게 해야 할까? 직원들을 위해 퇴직금이라도 넉넉하게 달라고 협상해볼까? 그 정도 가지고는 안 된다. 협상을 한다고 해도 얼마나 더 받겠나? 한 달 치 월급? 두 달 치 월급? 석 달 치도 가능할까? 유니코는 두 달 치도 안 줄 것이다.

사실 지금 중요한 건 퇴직금이 아니었다. 직원들이 자신의 전문기술을 활용할 기회와 공간을 몽땅 잃게 생겼다.

스테이시는 어떻게 될까? 가망이 있을까? 이끌던 회사가 공중분해되었다는 것은 경영자로서 치명적인 오점이다. 그것 때문에 평생토록 고생할 것이다. 그리고 나는? 나도 마찬가지 오명을 이마에 찍고 다니게 될 것이다. 그렇게 되도록 앉아서 보고만 있을 수는 없다. 하지만 도대체 어떻게 해야 막을 수 있을까?

현재 어떤 구름 속에 갇혀 있는지는 오래전부터 알고 있었고, 그 구름을 깨는 방법도 알고 있다. 바로 매출을 늘리는 것이 해답이다. 그것도 빠른 시간 안에 놀라울 정도로 매출을 늘려야 현재의 구름에서 벗어날 수 있다. 문제는 지금까지 나는 그것이 불가능하다고 믿었다는 사실이다. 하지만 이제는 선택의 여지가 없다. 가능하다고 믿는 수밖에 없다. 아니, 가능하게 해야 한다. 그것만이 살길이다.

틀림없이 매출을 늘릴 방법이 있을 것이다. 증거도 있다. 피트네 회사가 입증하지 않았는가? 그곳에서 우리는 성공을 했다.

기술 개발도 없이, 설비 투자도 없이, 또 광고 투자도 없이, 아무 것도 없이 해냈다. 한 달이라는 짧은 시간 안에 해냈다.

피트는 지금 '마피아 조건', 즉 도저히 거절할 수 없는 끝내주게 훌륭한 조건을 고객에게 제시했다. 하지만 이런 기적 같은 아이디어를 어디서 또 구한단 말인가?

스테이시네 회사가 공중분해되지 않으려면 엄청나게 획기적인 방안이 필요하다. 1년에 이익을 500만 달러로 늘린다 해도 부족하다. 1,000만 달러의 이익도 부족할 것이다. 경쟁사에 팔아넘길 경우 받을 수 있는 액수가 너무 컸다. 1억 달러를 주겠다는 사람이 나타날 가능성도 있었다. 이 모든 게 그저 꿈같은 얘기만은 아니다.

마케팅 돌파구를 찾아서 매출을 늘리는 것만으로는 부족하다. 경쟁사를 잡아먹을 정도로 강력한 해법이 필요했다. 그것만이 유일한 희망이었다.

물론 내가 구름을 정확히 파악하고 있다는 보장도 없으며 매출 신장만으로는 부족할 수도 있다. 하지만 어떻게 해야 해답을 찾을 수 있는지는 알고 있다. 그 해답은 내 머릿속에 분명히 있었다. 조각조각이 나서 여기저기 흩어져 있거나 많이 왜곡되어 있을 수도 있지만, 이 세상에 이 문제를 풀어줄 열쇠가 있다면 그건 반드시 내 머릿속에 있었다. 이제야말로 요나 교수의 '사고 프로세스'를 쓸 때가 된 것이다. 내 머릿속에 있는 해답을 끄집어내서 다듬어야 했다.

가장 어려운 부분은 이미 해놓았다. 브랜든과 짐 덕분에 경쟁이 치열한 현재의 시장에 대한 현상분석체계도는 완성해놓았다. 이제는 이어서 다음 단계로 넘어가야 한다. 그리고 이번에는 나 혼자 해야 한다. 이 일을 스테이시나 밥에게 미룰 수는 없었다. 이 문제를 풀어내는 것이 어디까지나 내 책임이기도 하지만, 두 사람은 너무 좁은 시야에서 접근할 가능성이 있었다. 특정 상황에만 적용되는 게 아니라 일반적인 해법을 찾아야 한다. 그러고 나서 밥과 스테이시가 그 결과를 가지고 각자의 특수한 상황에 맞게 응용하도록 해야 한다.

더는 미룰 수 없었다. 현상분석체계도에서 '관리자들이 부분 최적화를 추구한다'는 것이 핵심 문제라는 걸 이미 확인했다.

그다음 단계는 이 문제를 좀더 정확하게 서술하는 것이다. 관리자들이 효율적으로 일하지 못하는 이유를 찾아야 했다. 관리자들이 무능하기 때문이라는 짐의 말은 틀렸다. 요나 교수의 말에 따르면, 관리자들의 무능이나 무지를 탓해서는 안 된다. 오히려 관리자들은 옳은 일을 하고 싶어 하지만 그들을 둘러싼 상황이 바람직한 목표를 달성하지 못하게 막는다는 것이다. 따라서 나는 관리자들이 해야 하는 옳은 일은 무엇이고, 그들을 막는 회사의 모순점은 무엇인지 찾아내야 한다.

'옳은 일'은 무엇일까? 나는 관리자들이 회사를 어떻게 운영하기를 바라는가? 그 답은 분명하다. 그들은 '전체 최적화'를 추구해야 한다. 하지만 여기에도 문제가 있다. 전체 최적화가 나쁘다는 것은 아니지만……

만약 최적화가 가장 바람직한 결과라면, 예전에는 상상도 못했던 엄청난 결과를 얻을 수 있는 획기적인 방안들이 어떻게 가능할 수 있단 말인가? 한참 이 문제를 궁리하다 보니 서서히 풀리기 시작했다. 말하자면 '최적'이라는 것은 일정한 틀 속에서 최선을 다

하는 것이다. 반면에 우리가 필요로 하는 것은…….

그래, 우리가 그토록 필요로 하는 것은 틀을 깰 수 있는 파격적인 방법들이다. 그보다 못한 것들은 소용없다. 우리를 구속하고 있는 틀에서 벗어나 새로운 차원의 해결 방법을 찾아내야 한다.

그렇다면 나는 어떻게 해야 하는가? 관리자들은 항상 파격적인 해결 방법을 찾기 위해 투쟁하며 회사를 운영해야 하는가?

그렇지는 않다. 그것은 지나친 요구다.

'관리자들이 현명한 판단을 한다'면 그것만으로도 족하다. 그렇게 되면 필요할 때만 파격적인 방안을 찾으면 되고, 파격적인 방안을 늘 찾아야 된다고 불필요하게 강요하지 않아도 된다. 다시금 생각해봤다. 간단하지만 일리 있는 말이다. 이것을 바람직한 목표로 삼기로 했다.

이제는 관리자들이 이 목표를 달성하지 못하도록 막고 있는 모순적인 장애물이 무엇인지를 명확하게 말로 표현해야 한다. 요나 교수의 지침에 따르면, 이 모순 상황은 현상분석체계도에 확실하게 표시되어 있어야 한다. 문제가 생겼다. 나는 내가 그 분석체계도를 속속들이 다 알고 있다고 생각했다. 만약 그 속에 확연한 모순점이 있었다면 분명히 알아차렸어야만 했다.

내 경험에 따르면, 지침을 충실히 따르는 것이 시간을 절약하는 가장 좋은 방법이었다. 다시 한 번 분석체계도를 직접 보는 게 좋을 것 같았다. 하지만 이렇게 운전하면서는 무리였다. 나는 가장 먼저 나타난 인터체인지로 빠져나가서 주유소로 들어갔다.

"무연휘발유로 가득이오."

그러고는 뒷좌석에 있는 서류 가방에서 현상분석체계도를 꺼냈다. 펼치자마자 찾던 모순 상황이 눈에 들어왔다. 무엇을 찾고 있는지만 알면 실제로 그것을 찾는 것은 그리 어렵지 않다. 나는 장애가 되는 모순을 적었다. '고객의 관점에서 본 제품의 가치'와 '공급자의 관점에서 본 제품의 가치'의 대립이 내가 찾고 있던 모순이었다.

이제는 이 두 가지 관점의 차이가 어떻게 해서 바람직한 목표의 실현을 막고 있는지 증명해야 한다. 여기에 대한 구름은 금방 완성할 수 있었다. 나는 구름이 제대로 그려졌는지 살펴보기 위해 소리 내어 읽었다.

"'현명한 판단을 한다.' 하지만 이를 위해서는 '매출을 충분하게 달성해야 한다.'"

매출이 좋지 않다는 것은 관리자가 현명한 판단을 하지 못했다는 의미다. 결국 이것은 모든 최고 관리자가 따라야 할 원칙이다. 아니, 생각해보면 모든 단계의 관리자가 따라야 한다. 물류, 생산, 또는 개발 쪽의 하위 관리자들이 업무와 관련된 결정을 할 때도 그렇게 해야만 한다.

"손님, 다 넣었습니다. 18달러 30센트입니다."

나는 주유소 직원에게 신용카드를 건네주고 계속 소리 내어 읽었다.

"'매출을 충분하게 달성하기' 위해서 관리자들은 '제품의 가치를 고객 관점에서 평가하고 이에 따라 결정을 내리고 행동한다.' 좋아."

그러고는 구름의 아래쪽을 봤다.

"그렇다면 다시 '현명한 판단을 하기' 위해서는 '적절한 제품 마진을 확보할 필요가 있다.'"

현재의 기업 문화에서는 부정할 수 없는 조건이었다. 제품 마진만으로 판단해서는 안 된다는 걸 아는 사람들도 어쩔 수 없이 따라가고 있는 것이 현실이었다. 안 그랬다가는 순교자가 될 뿐이니까.

나는 마지막 연결 부분을 읽었다.

"'적절한 제품 마진을 확보할 필요가 있기' 때문에 관리자들은 '제품의 가치를 공급자 관점에서 평가하고 이에 따라 결정을 내리고 행동한다.'"

나는 계산서에 서명을 하고 시동을 걸어 다시 고속도로 진입로 쪽으로 향했다. 그러고는 얼른 구름 그림을 봤다. 일단 그려놓고 나면 모든 게 분명해진다. 유니코 그룹의 어디를 가나 관리자들은 여기 적힌 모순에 갇혀 있었다.

알렉스, 넌 문제의 핵심을 분명하게 찾아낸 거야. 스스로가 대견스러웠다. 그럼 계속하자. 이 구름 그림에 있는 화살표 중 가장 마음에 걸리는 것은 어느 것인가? 그 해답은 간단했다.

'현명한 판단을 하기' 위해서는 '적절한 제품 마진을 확보할 필요가 있다'는 대목이었다. 시장이 세분화만 된다면, 원가 이하로 제품을 판매하더라도 현재는 물론 앞으로도 이익을 늘릴 수 있다. 이는 지난 몇 년 동안 내가 여러 차례 입증해 보였다. 특히 병목이 아닌 경우에는 가능했다.

이제 우리 사업다각화 부문의 계열사들은 주문을 받을지 말지 여부를 단순히 제품 마진으로 판단하지 않는다. 주문 수락 여부를 평가할 때는 상품의 전체 처리량과 전체 영업비에 미치는 영향이 기준이 되어야 한다. 우리는 이미 구름 속의 모순을 깨뜨렸다.

그런데 왜 여전히 문제가 남아 있는 것일까? 그제야 생각이 났다. 마진을 무시했는데도 이익은 늘어났던 것이다. 그래서 세 회사 모두 끝없는 적자에서 끌어내어 겨우 균형을 이루는 수준으로 살려낼 수가 있었다. 효과는 있었지만 그것만으로는 부족하다. 새로운 시장 세분화가 이루어질 때마다 우리는 유휴 생산 능력을 이용하여 제품을 생산해 평균 이하의 가격에 기꺼이 판매했다. 결국 전체 수익은 개선되었지만 사실은 그것이 낭비였던 것이다. 이제는 그런 낭비를 계속할 수 없다.

그리고 진짜 문제는 틈새시장이 고갈되었다는 것이다. 주력 시장에서는 가격을 인하할 엄두도 낼 수 없었고 가격 전쟁도 촉발할 수 없었다. 그랬다가는 망할 게 자명했다. 그 결과 지금은 세 회사 모두 상당 수준의 유휴 생산 능력을 안고 있다.

게다가 계속되는 시장의 가격 인하 압력 때문에 개선 활동의 효과도 상쇄되고 있는 실정이다. 이보다는 훨씬 강력한 방법을 찾아야 한다. 점진적으로 이익을 늘려서는 소용없다. 회사를 살리려면 평균 이상의 가격으로 모든 유휴 생산 능력을 팔아치워야 한다. 문제는 어떻게 하면 그것이 가능한가이다.

그것이 바로 지금 내가 찾고자 하는 해결 방법이다. 훨씬 더 효과적으로 구름을 깰 방법을 찾아야 했고, 그러기 위해서는 구름의 나머지 화살표 밑에 깔린 다른 전제조건들도 살펴봐야 했다. 기존의 방법보다 훨씬 더 강력한 해결책을 찾아야 한다. 나는 앞에 차가 없는 순간을 이용해 얼른 다음 화살표를 읽었다.

"'적절한 제품 마진을 확보할 필요가 있기' 때문에 관리자들은 '제품의 가치를 공급자 관점에서 평가하고 이에 따라 결정을 내리고 행동한다.'"

이것은 마진이 제품 원가를 기준으로 정해진다는 조건을 전제로 한다. 이런 전제조건 때문에 한 제품의 적정 가격은 오로지 하나라는 생각을 하게 된다. 현상분석체계도에 따르면 분명한 해결책은 복수 가격 정책을 운용하는 것이다. 즉, 겉보기에 단일 시장처럼 보이는 기존 시장을 세분화하는 것이다.

그렇다. 현상분석체계도는 이것을 분명히 보여준다. 구름 그림을 가지고 더 연구를 하면 다른 해결 방법도 찾을 수 있을 것이다. 하지만 현재 단일 시장처럼 보이는 시장을 세분화할 일반적인 방법론을 운전하면서 머리로 그려내는 게 쉽지 않았다. 아무래도 종이에다 연필로 그리면서 해야 할 것 같았다.

나는 다음 화살표 부분을 봤다. 그것은 모순을 나타내는 화살표였다. 요나 교수의 말에 따르면, 이 모순을 나타내는 화살표를 깨면 가장 강력한 해결 방법이 나온다고 한다. 지금처럼 강력한 해결책이 아쉬운 적은 없었다.

'제품의 가치를 고객 관점에서 평가하고 이에 따라 결정을 내리고 행동한다'는 '제품의 가치를 공급자 관점에서 평가하고 이에 따라 결정을 내리고 행동한다'와 상호 배타적인 개념이다. 이 점은 상식적인 것이다. 여기에 깔린 전제는 무엇인가? 양쪽 관점이 서로 다르니까 그렇다? 아니, 그것은 너무 당연한 전제라 도움이 될 것 같지 않았다.

"현상분석체계도를 그려놓고 보니까 당연해 보이는 거지."

나는 스스로에게 말했다.

그럼 이것을 어떻게 한단 말인가? 곰곰이 생각해보니, 이 전제 사항을 더 제한적으로 표현해야 할 것 같았다. 고객이 제품의 가치를 매우 높게 평가한다면, 즉 공급하는 쪽보다 제품의 가치를 더 높게 평가하는 경우를 생각해보자. 이 경우 터무니없는 폭리만 취하지 않는다면, 관리자들에게는 아무 문제가 없을 것이다. 따라서 관리자들이 딜레마를 겪게 되는 것은 이 화살표에 깔린 전제, 즉 '고객 관점에서 본 제품의 가치가 공급자 관점에서 본 가치보다 현격하게 낮다'의 경우로 한정된다. 나는 한쪽 눈으로 길을 보면서 재빨리 이 문장을 종이에 적었다.

그러면 이 전제를 깰 수 있는 방법이 없을까? 이 상황을 바꿀 수 있는 방법이 있을까? 내 자신에게 물어봤다.

"너무 추상적이야."

혼자 중얼거렸다. 구체화하여 실천 가능한 수준으로 전개하는 과정을 거쳐야 할 것 같았다. 어떻게 해야 하는지 그 방법을 알고 있으니 큰 문제는 없었다. 내가 생각해낸 대답은 너무 간단했다. 너무 쉽고 간단해서 틀리려야 틀릴 수가 없을 것 같았다. 너무 간단했다. 조금만 더 가면 휴게소가 있다는 표지가 계속 보였다. 도대체 어디 있는 거지?

드디어 휴게소가 나왔고, 나는 바로 그리로 들어갔다.

'시장에서 제품의 가치가 훨씬 높게 평가되도록 필요한 조치를 취한다'라고 적었다. 이게 내가 아주 간단하다고 했던 그것이다. 비록 하나의 방향을 나타내는 문장일 뿐이지만, 요나 교수의 방법을 제대로 활용한다면 이 문장에서 해답을 찾을 수 있다. 그렇게 어렵지는 않다. UDE와 정반대라고 생각하면 된다. 목록이 있으니 그렇게 어려울 것 같지 않다는 생각을 하며 나는 얼른 가방을 뒤졌다.

아니, 도움이 안 된다. 이 목록은 트루먼과 다우티가 작성한 것이어서 그들이 참여하고 있는 모든 회사의 UDE를 다 포함하고 있다. 우리는 영업력을 보강하거나 기술 부문을 개선할 필요는 없다.

"우리는 시장을 주도할 경쟁 우위만 확보하면 충분해."

혼잣말을 했다.

아니, 잠깐만. 그것도 충분하지 않아. 우리는 대부분의 기업이 달성할 필요가 없는 엄청난 일을 해내야 한다. 또한 수익도 짧은 시간 안에 놀랄 정도로 개선시켜야 한다.

천천히 나는 첫 번째 목표를 적었다.

'모든 생산 능력을 가격 인하 없이 판매한다.'

현재 갖고 있는 유휴 생산 능력이 상당하기 때문에 그렇게만 한다면 수익을 크게 향상시킬 수 있다. 여기에 이런 상태를 장기적으로도 유지할 수 있어야 하고, 이를 명확하게 증명하는 것 역시 중요했다.

또 하나의 목표를 추가했다.

'명백한 경쟁 우위를 달성한다.'

그래, 그렇게 하면 된다. 이제 할 일은 앞에서 정해진 방향에 따라 이 두 가지 목표를 달성할 방법을 찾아내는 것이다. 다시 말해 미래모습체계도(Future Reality Tree)를 그려야 한다. 미래모습체계도는 비현실적인 것에서부터 출발해야 하기 때문에 어려울 수도 있지만 나는 할 수 있다. 확신이 섰다.

다시 차의 시동을 걸고 고속도로로 들어갔다. 내가 어디쯤 와 있는지 몰랐기 때문에 이정표를 열심히 읽었다. 윌밍턴? 윌밍턴

이 어디야?

나는 돈에게 전화를 했다.

"어디 계십니까?"

돈이 걱정하는 목소리로 물었다.

"예산위원회 회의가 10분 후에 있습니다. 제가 대신 갈 자리는 아닌 것 같습니다."

"아니야, 대신 가주게. 빌 피치 수석 부회장님한테 얘기하면 들어 주실 거야. 아차, 1시 반에 재무 담당 이사와 만나기로 했었는데."

"그걸 이제야 기억하셨어요? 걱정 마세요. 제가 대신 갔습니다. 잘 끝났어요. 그런데 지금 어디 계세요? 오늘 들어오실 겁니까?"

돈이 약간 짜증이 난 모양이었다.

"글쎄, 잘 모르겠는데. 그나저나 지난주에 내가 자네한테 준 현상분석체계도 기억나나? 그걸 집에 가지고 가서 검토해보게. 내일 아침까지는 그 체계도를 속속들이 이해하고 있어야 하네. 알겠나?"

아, 세상에. 나는 밀퍼드에 와 있었다. 집에서 100마일도 더 떨어진 곳이다.

"네, 알겠습니다. 그런데 그 체계도를 왜 검토해야 되는지 여쭤 봐도 되나요?"

"왜일 거 같나?"

"매출 신장 방법을 찾으려는 겁니까?"

"그래."

"만세!"

나는 본능적으로 전화기를 귀에서 멀리 뗐다. 돈은 폐활량이 대단한가 보다.

"우리 모두 그 말씀이 떨어지기만을 기다리고 있었습니다."

"내일 8시에 보지."

"회의실도 하나 준비할까요? 부회장님 사무실에 있으면 계속 누가 전화하거나 찾아와서 방해를 하니까 제대로 일하기가 어려울 겁니다."

"좋은 생각이야. 자네도 준비하게."

"무슨 준비요?"

"단단히 각오하고 와. 엄청난 일을 할 거니까."

19

행동한다는 것은 동시에 고뇌하는 것이고
고뇌는 동시에 행동하는 것이다.
—엘리엇

커피가 나오자, 나는 용기를 내 회사 매각에 대해 말을 꺼냈다.

"회사를 매각한다면 크나큰 실수를 하는 겁니다."

"그 문제라면 이미 여러 차례 이야기하지 않았나?"

브랜든 트루먼이 약간 짜증을 냈다.

"그 건은 이미 끝난 문제야."

짐 다우티도 브랜든의 말에 동의한다는 표시를 했다.

"상황이 변했는데도 이미 끝난 문제란 말씀입니까? 두 분이 막힌 분들은 아니라고 믿습니다."

"결정을 재고해야 할 만큼의 큰 변화가 있겠나? 포기하게. 가망없어."

짐이 타이르는 어조로 말했다.

"저한테 조금만 시간을 주십시오. 우리 회사들을 황금알을 낳는 거위로 바꿀 수 있습니다."

"그렇게 확신하는 이유가 뭔가? 2주 전엔 자네도 회의적이지 않았나?"

"두 분 덕분에 자신을 얻게 됐습니다. 두 분이……."

"우리가 구해줄 거라고 기대하진 말게. 자네 생각대로 우린 악당이잖아."

짐이 웃었다.

"알렉스, 이미 설명하지 않았나? 선택의 여지가 없어. 유니코의
재무 상태는 너무 취약해. 우리 모두 자네를 좋아하고, 어떻게든
회사를 살리려는 자네 노력이 존경스러울 뿐이네. 하지만 불가능
한 일을 부탁하면 우리도 어쩔 수 없어."

브랜든도 내 고집을 꺾으려고 했다.

나는 브랜든이 말을 마칠 때까지 기다렸다가 침착하게 계속했다.

"현재의 시장 환경 아래에서 회사의 현실을 분석하라고 한 것은
두 분입니다. 그 모든 건 두 분 때문에 시작했는데 결과가 궁금하
지 않으세요?"

"물론 궁금하지. 하지만 이론적인 분석 결과를 가지고 우리가
결정을 번복할 거라고는 생각하지 말게."

짐이 말했다.

"이론만이 아닙니다. 아주 현실적인 데서부터 출발했습니다. 피
트 사장의 인쇄회사 성공 사례를 응용한 겁니다."

"인쇄회사가 거둔 그 성과는 우리도 만족하고 있네. 인쇄회사
일은 거의 기적이야. 그런데 아이코스메틱스와 가압증기사에서
도 같은 결과가 나올 거라고 생각하나? 두 회사는 인쇄회사와 성
격이 완전히 다르지 않나?"

브랜든이 흥분한 나를 진정시키려 했다.

"또 아이코스메틱스와 가압증기사 간에도 차이가 많지."

짐이 덧붙였다.

"알고 있습니다. 하지만 아무 근거도 없이 이러는 게 아닙니다.

피트 사장과 했던 걸 참고해서 지난번 현상분석체계도를 계속 분석했습니다. 그리고 이제 어느 기업에나 적용할 수 있는 일반적인 방법을 찾아냈습니다. 이 방법만 있으면 어떤 회사든 그 회사 상황에 맞는 해법을 쉽게 찾아낼 수 있습니다."

"시장 확대를 위해 포괄적으로 적용할 수 있는 방법이라? 그게 가능하다고 생각하나?"

짐이 물었다.

"네, 지금 그걸 보여드리려는 겁니다."

내가 자신 있게 말했다.

"어떤 시장이라도? 투자할 돈도 없고 시간적으로도 아주 촉박한데 시장을 확대할 수 있다고?"

브랜든이 놀란 듯이 말했다.

"시간적으로 촉박하다는 게 어느 정도인가에 달렸습니다. 한 6개월 정도면 충분히 해낼 수 있습니다."

나는 3개월이라는 짧은 기간으로도 얼마나 엄청난 일을 할 수 있는지 경험을 통해 알고 있다. 보통 사람들은 3개월로는 아무것도 할 수 없다고 하겠지만 나는 충분한 시간이라고 생각한다.

"지금은 아무것도 약속해줄 수 없네. 더군다나 6개월이라니. 하지만 그렇게 자신 있으면 내가 한잔 살 테니까 어디 한번 자네 작품을 보자고."

트루먼이 말했다. 그러고는 웨이터를 찾아서 두리번거렸다.

"맥주를 좀 가져와야 할 텐데."

이젠 점심 손님들도 모두 빠져서 식당도 비교적 한산했다. 하지만 웨이터가 보이지 않았다. 트루먼이 일어서더니 곧 김이 허옇게

서린 맥주잔을 손수 들고 돌아왔다.

"고맙습니다."

나는 크게 한 모금을 들이켜고는 입술을 훔쳤다.

"매출을 급격히 증가시키기 위해서는 시장에서 우리 제품의 가치를 훨씬 높게 평가하도록 해야 합니다."

"물론, 그게 가능하다면 그렇게 해야지. 가격을 낮추는 것보다는 훨씬 좋겠지."

브랜든이 동의했다.

"보통은 제품의 가치를 높이기 위해 새롭고 더 나은 상품을 개발해야 한다고 생각합니다."

"그것은 이미 현상분석체계도에도 나와 있잖나? 하지만 난 그런 식의 접근은 반대야. 막대한 투자에 비해 실제로 성공할 확률은 너무 낮거든. 경쟁사들이 길을 닦을 때까지 기다렸다가 그 뒤를 따르는 게 더 현명해."

짐이 말했다.

"다른 방법이 있습니다. 막대한 투자나 위험 부담 없이도 할 수 있는 방법이 있습니다."

"자네는 내 호기심을 자극하는 데 비상한 재주가 있어. 어서 말해보게."

내 말에 짐이 대꾸했다.

"피트 사장이 어떻게 했는지를 분석하면 제가 무슨 말을 하려는 건지 알 수 있습니다. 피트 사장은 물리적인 제품 자체는 하나도 손을 대지 않았습니다. 다른 것을 개선했죠."

"무슨 뜻인가?"

브랜든이 물었다.

"공급하는 사람 입장에서 제품은 어디까지나 물리적인 제품 그자체일 뿐입니다. 그렇게 생각하면 개선할 수 있는 것도 제품 그자체로 한정이 됩니다. 하지만 시장의 관점에서 봤을 때 제품은 훨씬 광범위한 의미를 갖습니다. 제품 외에도 서비스, 지불 조건, 품질 보증 등이 모두 포함되죠. 시장이 생각하는 제품은 물리적인 제품 외에도 우리가 제공하는 모든 것을 포함합니다."

"일리가 있군."

브랜든이 천천히 고개를 끄덕거렸다.

"하지만 그것은 모든 회사가 다 알고 있는 상식이잖나? 요즘 다들 고객 서비스에 얼마나 신경들을 쓰나? 납기 준수율을 높인다, 리드 타임을 줄인다는 등 다들 난리 아닌가?"

짐은 날카로운 목소리로 비판을 쏟아냈다.

"그럼에도 공급하는 쪽에선 '제품의 업그레이드'란 말만 나오면 본능적으로 기술과 설비에 막대한 투자를 하고 거기다 엄청난 시간을 들여야 한다고 생각합니다. 하지만 피트 사장이 포착한 것은 시장이 본 제품의 가치를 극적으로 향상시키려면 물리적 제품을 개선할 게 아니라, 그 제품 주변의 것을 바꿔야 한다는 거였습니다. 그렇게만 해도 거의 아무런 투자 없이 또 비교적 빨리 효과를 볼 수 있었습니다."

짐이 마음에 들지 않는다는 표정을 지었다. 그나마 브랜든은 좀 나았다.

"물론 그 말에는 나도 찬성하네. 하지만 현실을 봐야지. 우리가 지금 이론을 얘기하자는 게 아니지 않나? 이론적으로야 아무 손색없지만 실제 현실에서는 문제가 있다는 말이네. 어떤 조건을 어떻게 바꿔야 고객들한테 가장 큰 효과를 낼 수 있는지 도대체 어떻게 안다는 말인가? 그것도 경쟁사들이 아직 알아내지 못한 새로운 방법을 찾아야 하는데."

"그건 어렵지 않습니다. 하지만 우선 배경 설명부터 드리는 게 순서일 거 같습니다. 시장이 제품의 가치를 결정하는 기준이 뭐라고 생각하십니까? 제품을 생산하는 데 들어간 노력을 가지고 평가하는 게 아닙니다. 그 제품을 사용하면서 얻게 되는 효용성을 기준으로 제품의 가치를 결정하게 됩니다."

내가 미소를 지으며 말했다. 두 사람도 고개를 끄덕였다. 이 이야기는 전에도 한 적이 있었다.

"효용성을 높이는 방법에는 두 가지가 있습니다. 긍정적인 것을 더할 수도 있고 부정적인 것을 감할 수도 있습니다. 광고를 보십시오. 자동차 광고의 경우 승차감이 좋다, 튼튼하고 잔고장이 없다, 할부 조건이 유리하다 등을 내걸고 있습니다. 첫 번째 편안함은 긍정적인 것이지만, 나머지 둘은 부정적인 것을 제거한 경우라고 볼 수 있습니다. 튼튼하고 잔고장이 없다는 게 무슨 의미일까요? 즉, 차를 자주 정비소에 가지고 가지 않아도 된다는 거겠죠. 이건 그 자체로는 차의 가치를 높여주지 않지만 단점을 감소시켜주는 겁니다. 가격 인하나 유리한 할부 조건도 마찬가지입니다. 돈을 지불한다는 것은 제품 구입에 필연적으로 수반되는 부정적인 측면입니다. 하지만 우리 제품을 구입하면 돈을 덜 내도 된다는 이야기죠."

"가치를 더하는 것과 부정적인 것을 덜어주는 것, 이 두 가지를 구분하다니. 재미있는 발상이군. 이중부정은 긍정이란 말이지."

짐이 웃었다.

"하지만 그 이야기를 하는 이유가 뭔가?"

"왜냐하면 저희는 시간이 없기 때문이죠. 물론 시장이 제품의 가치를 더 높게 평가하도록 만드는 가장 효과적인 방법은 긍정적인 것을 더하는 겁니다. 하지만 제품의 가치를 가장 빠르고 쉽게 끌어올리려면 부정적인 면을 제거하는 데 초점을 맞춰야 합니다. 고객들도 제품의 부정적인 면은 이미 잘 알고 있기 때문에 그 부분에 대해 굳이 설명할 필요는 없습니다. 부정적인 면을 제거하면 어떤 효과가 있을지 금방 알 테니까요. 이것이 저항을 최소로 하면서 제품에 더 높은 가치를 부여하도록 하는 가장 쉬운 방법입니다. 한번 생각해보십시오. 피트 사장의 방법이 바로 이겁니다. 우선 자신이 직접 상대하는 것은 구매 담당자들이기 때문에 그들을 시장으로 정의했습니다. 제품의 가치를 향상시켰을 때, 여기에 즉시 반응을 나타낼 수 있는 사람들은 구매 담당자들이라는 거죠. 그리고 나서 피트 사장은 구매 담당자들이 겪고 있는 가장 큰 문제를 해결해주었습니다. 그 결과 당연히 구매 담당자들은 피트 사장의 제안을 다른 업체의 제품과는 비교도 할 수 없을 만큼 높게 평가했습니다."

"잠깐, 그 말은 결국 고객을 잘 알아야 한다는 거잖나? 그래서 고객이 아쉬워하는 점을 해결해줘야 하고 말이야."

짐이 다시 미심쩍은 표정으로 물었다.

"네, 바로 그겁니다."

"미안한데 말이야, 그건 경영학의 기본 원칙 아닌가? 경쟁사보다 효과적으로 대응하려면 당연히 고객의 요구를 제대로 파악해야지. 누구나 다 노력하는 거잖아? 전혀 새로울 게 없는 이야기 같은데."

짐이 실망한 빛을 드러냈다.

"그렇지 않습니다. 모두 말은 그렇게 하지만, 실제로 고객의 요구를 제대로 만족시키고 있는 기업은 거의 없습니다."

"잘 이해가 안 되는데."

짐의 태도가 조금 진지해졌다.

"기업들이 고객의 진정한 요구를 어떤 방법으로 파악한다고 생각하십니까?"

"물론 자세히는 모르지만, 예를 들어 막대한 예산을 들여 시장 조사도 하고 그러잖나."

"네, 아주 좋은 예입니다. 가압증기사도 4개월 전에 그런 시장 조사를 했습니다. 마케팅부에서 온갖 데이터를 담아 장장 200페이지에 달하는 두꺼운 보고서를 내놓았습니다. 고객이 우리 제품 혹은 우리에 대해 가지고 있는 모든 UDE가 도표나 그림 혹은 히스토그램 형식으로 나와 있습니다. 또 모든 관련 부문에 대한 벤치마킹도 했습니다. 그런데 그 보고서를 어디에다 썼다고 생각하십니까?"

"아마 아무것도 안 했겠지."

"정확히 보셨습니다. 보고서를 보고 느낀 바가 있어서 발견된 UDE 중 몇 가지를 해결해보려고 했지만, 사실 이미 알고 있거나 짐작하고 있던 것 말고 새로운 사실은 하나도 없었습니다."

"그래, 무슨 말을 하려는 건가?"

"아까 말씀하신 대로 누구나 고객의 UDE를 해결해주려고 노력합니다. 그런데 다른 기업들과 피트 사장이 한 일을 비교해보세요. 차이점을 모르시겠습니까?"

나는 맥주를 한 모금 마시면서 둘에게 생각할 시간을 주었다.

"차이가 있기는 하지, 그것도 상당히 큰 차이가. 하지만 얼른 말로 하려니 쉽지 않군."

"우리 용어에 익숙하지 않아서 그럴 수도 있습니다. 차이가 있다면 다른 기업들은 고객의 UDE를 해결해주려고 노력하는 데 비해, 피트 사장은 고객의 핵심 문제를 해결했다는 데 있습니다."

"바로 그거야. 나도 항상 증상을 치료하는 것만으로는 효과가 없다고 생각해왔지. 근본적인 원인을 풀어야 해."

브랜든이 말했다.

"아닙니다. 그것만으로는 부족합니다."

이것들이 서로 어떤 관계인지를 확인시켜줄 필요가 있었다.

"근본 원인을 찾는 것만으로는 충분한 해결이 안 됩니다. 우리는 핵심이 되는 문제를 풀어야 합니다. 한두 가지 UDE가 아니라 모든 UDE의 근본 원인이 되는 그 한 가지 문제를 해결해야 합니다."

"이제 알겠네. 그리고 핵심 문제를 찾아내기 위한 최적의 방법도 알고 있지. 바로 현상분석체계도야. 관련이 없어 보이는 여러 UDE를 연결해서 핵심 문제를 찾아내는 방법을 자네가 직접 보여주지 않았나? 정말 대단했어. 잊지 못할 거야."

짐은 머리 회전이 빨랐다.

"어떤 조건을 어떻게 바꾸어야 고객들에게 가장 큰 효과를 줄 수 있는지 궁금해하셨죠? 이제 제가 왜 할 수 있다고 확신했는지 아시겠습니까?"

아직도 두 사람은 회의적이었지만, 표정을 보니 처음보다는 많이 부드러워져 있었다.

"자네 말을 제대로 이해했나 확인해보자면, 우선 시장 조사를 해서 UDE를 파악한 다음…….."

"시장 조사는 필요 없습니다. 조사는 시간과 돈의 낭비일 뿐입니다. 저와 직원들은 별도의 조사 없이도 대표성 있는 UDE를 찾아낼 정도로 시장을 잘 알고 있습니다. 만약 그것이 부족하다면, 고객과 이야기를 하다 보면 UDE는 충분히 파악할 수 있습니다. 현상분석체계도를 작성하기 위해 모든 UDE를 알 필요는 없으니까요. 대표성 있는 표본만으로도 핵심 문제를 확인할 수 있습니다."

"그래, 그러니까 시장의 UDE를 가지고 현상분석체계도를 작성한 다음 근본적인 문제를 파악하면."

짐이 여기까지 말하더니 나를 쳐다봤다. 내가 고개를 끄덕이자 계속 말했다.

"그러고 나서는 무엇을 바꾸어야 하는지, 즉 물리적인 제품이 아니라 그 외의 부수적인 조건을 어떻게 바꾸어야 하는지를 정해서, 시장의 근본적인 문제를 해결해주는 거지. 그럴싸하군."

"그럴싸하다고? 거의 천재적인 발상이야."

브랜든도 탁자를 치며 동의했다.

나는 의자에 편안히 기대어 남은 맥주를 다 마셨다. 두 사람도 맥주를 끝까지 마셨다. 잠시 후 짐이 물었다.

"하지만 그 과정에서 결정적인 것을 놓치지 않았다고 어떻게 확신하나?"

"좋은 질문입니다. 제가 덧붙여 설명을 드리겠습니다. 오히려 부메랑처럼 역효과가 나서 우리에게 이전보다 더 불리해질 수도 있지 않겠습니까?"

"맞아. 하지만 그 정도 위험은 어느 변화에나 수반되는 거지."

브랜든이 말했다.

"어느 정도의 위험은 감수해야 합니다. 하지만 가능한 한 위험을 줄여보도록 노력해야 할 뿐만 아니라, 이를 위한 완벽한 장치도 개발되어 있습니다. 일단 시장에 대한 현상분석체계도를 작성하고 나면 근본적인 인과관계를 알 수 있게 됩니다. 다음에는 새로운 조치를 취한다고 가정하고, 그것이 고객에게 어떤 영향을 줄지 논리적으로 분석해야 합니다. 다시 말해 시장의 미래모습체계도를 그리는 겁니다."

이제야 두 사람이 내 말을 따라오는 것 같았다.

"그럼 우리가 가장 많이 남용하고 있지만, 가장 강력한 자원을 활용할 차례가 된 겁니다. 어느 회사나 그렇지만 우리도 새로운 생각을 제시하면, '좋기는 하지만…… 그런데'라고 항상 반대 이유를 찾는 사람들이 많습니다. 일단 미래모습체계도를 그린 다음, 회사 각 부서에 이를 보내서 검토하게 하고 예상되는 문제점들을 찾아보게 해야 합니다."

"물론 예상되는 문제가 산더미같이 쌓이겠지."

짐이 웃으면서 말했다.

"그런 부정적인 의견을 무시해서는 안 됩니다. 그 의견 하나하나가 다 보석입니다. 사실 하나하나를 신중하게 분석해서 '부정적인 나뭇가지'로 작성을 한다면 일어날 수 있는 모든 부정적인 상황을 미리 파악할 수 있게 됩니다. 그러고 나서 부정적인 나뭇가지 중에 실제로 위험해 보이는 것들을 제거해야 합니다. 다시 말해 그런 경우가 일어나지 않도록 예방책을 보완해서 고객에게 제시하는 조건에 포함시켜야 하는 거죠."

"그래, 아주 좋은 생각이군. 그렇게 하면 훌륭한 조건을 제시할 수 있을 테고, 따라서 경쟁 우위도 확보할 수 있을 거야. 알렉스, 그렇게 하려면 시간이 얼마나 필요할까?"

"정확히는 모르겠지만 한 달도 채 안 걸릴 겁니다. 그다음에는 이를 구현하고 실제로 수주를 따는 데 시간을 활용해야 합니다."

"수주를 위해 건배!"

짐이 맥주잔을 들었다. 그런데 가만히 보니 셋 다 잔이 비어 있었다. 짐이 물잔을 들었다. 브랜든과 나도 따라서 물잔을 들었고, 우리는 물잔으로 건배를 했다.

"시장 세분화를 하겠다는 생각은 어떻게 됐나? 현상분석체계도에서 나온 그 멋진 생각은 사용하지 않을 건가?"

짐이 물었다.

이 두 사람이 현상분석체계도에서 이렇게 많은 것을 배우다니. 감탄스러웠다.

"처음에는 사용하지 않겠지만 때가 되면 반드시 적용할 계획입니다."

"그저 틈새시장을 찾아 공략하는 것이 아니라 현재 단일 시장처럼 보이는 시장을 세분화하는 게 핵심이었지. 그런데 시장을 세분화할 방법은 알고 있는 건가?"

짐은 쉽게 포기하는 성격이 아니었다.

"알고 있습니다."

"그게 뭔데?"

둘이서 또 나를 다그치기 시작했다.

"아주 간단합니다."

내가 생각하기에는 간단하지만 남들이 이해하도록 설명하는 것은 그리 쉽지 않다.

"사실 그동안 우리가 했던 이야기에서 파생된 겁니다. 기억하실지 모르겠지만 우리가 해결하지 않은 질문이 하나 남아 있습니다. 바로 시장을 어떻게 정의하느냐 하는 겁니다. 직접 접촉하는 구매 담당자라고 정의할 수도 있고, 제품을 구입하는 회사라고 정의할 수도 있습니다. 아니면 더 나아가 최종 소비자를 시장이라고 할 수도 있습니다. 각 단계별로 분석할 수 있죠. 그런데 한 단계씩 최종 소비자에게 가까이 가면 갈수록 더 강력한 해결 방법을 찾을 수 있다는 겁니다. 물론 그렇게 되면 해법을 구현하는 데 중간에 참여자가 더욱 많아지기 마련인데, 이 중간 부분의 고리에 해당하는 사람들이 모두 참여해 협조하도록 해야 합니다."

두 사람의 표정을 보니 내가 너무 동떨어진 이야기를 한 것 같았다. 우선 짐의 질문부터 대답하는 게 좋을 것 같았다.

"하지만 정말 흥미로운 질문은 두 개의 서로 다른 시장에 동시에 제품을 공급할 경우, 몇 개의 현상분석체계도를 그려야 되는가 하는 겁니다. 몇 개를 그려야 한다고 생각하세요?"

"두 개 아닌가?"

브랜든이 대답했다.

"그런데 이 두 시장이 서로 중복되는 부분이 있다면, 즉 두 시장

간의 경계가 불분명하다면 어떻게 해야 할까요?"

"그래도 마찬가지로 두 개를 그려야 할 것 같은데."

"이런 경우는 어떻습니까? 시장은 하나인데, 그 안에 고객이 두 그룹으로 나뉘어 있습니다. 두 고객군 간의 유일한 차이는 한쪽은 다른 쪽이 안고 있는 모든 UDE뿐만 아니라 몇 가지 자체적인 UDE를 안고 있습니다. 이 경우는 어떻습니까?"

"시장을 UDE 기준으로 분류한다? 재미있군. 그래도 여전히 두 개를 그려야 할 거 같은데."

브랜든의 말에 짐도 동의하는 듯 고개를 끄덕였다.

"잘못 생각하신 것 같습니다. 이런 관점에서 한번 살펴보죠. 한 가지 분석체계도만 그리되 각 UDE가 어느 그룹의 것인지만 구분한다면, 우리는 두 가지 판매 조건을 정의할 수 있습니다. 공급하는 우리의 입장에서는 판매하는 조건만 바꾸었을 뿐, 물리적으로는 같은 제품을 공급하는 것이기 때문에 동일 제품으로 볼 수 있습니다. 하지만 시장의 관점에서 보면 어떨까요? 추가적인 UDE를 안고 있는 시장이 보기에는 그 추가적인 UDE까지 해결해주는 조건에 훨씬 더 높은 가치를 쳐주게 되고, 따라서 더 높은 값을 지불할 용의가 생깁니다."

"자네 정말 똑똑하군. 그래, 그렇게 하면 시장을 세분화할 수 있겠어."

짐이 드디어 내 대답에 만족해했다.

"정말 신기하군."

브랜든도 연신 고개를 끄덕이며 말했다.

이제는 노리던 바를 제기할 때가 된 것 같았다.

"그럼, 저희 회사들은 안심해도 되는 건가요?"

"매각 관련 활동을 일체 중단하란 말인가?"

짐이 나를 보며 미소를 지었다.

"네, 적어도 당분간만이라도."

"이보게, 현실을 직시해야지. 자네 계획은 상당히 혁신적이고 우리 모두 동감하지만 치명적인 단점이 있어. 그건 자네도 알 거 아닌가? 우선 시장 분석을 했더니 이미 우리 회사뿐만 아니라 경쟁사들도 핵심 문제를 해결하고 있더라는 결과가 나올 수도 있어. 둘째, 경쟁사가 못하고 있다면 그 사람들도 못하는데 우리가 해결할 수 있다는 보장도 없잖나? 핵심 문제가 이쪽에서 판매 조건을 바꾼다고 해결될 성격의 것이 아닐 수도 있단 말이지. 셋째는 시장의 핵심 문제가 우리의 판매 조건과 연관이 있다고 해도, 실제로 핵심 문제가 해결되도록 조건을 바꿀 수 있다고 어떻게 확신하나? 우리 힘으로는 도저히 핵심 문제를 풀 수 없거나, 제품에 대대적인 수정을 해야만 풀 수 있을지도 몰라. 그럴 가능성이 얼마든지 있지."

브랜든이 다시 타이르듯 말했다.

브랜든이 괜히 그렇게 힘 있는 자리에 앉아 있는 게 아니었다. 문제의 정곡을 그렇게 빨리 포착하는 사람은 처음이었다. 앉은 자리에서 새로운 접근 방법의 약점을 하나하나 정확히 꼬집어낸다는 것은 여간 어려운 일이 아니었다. 감탄스러웠다.

"그렇다고 전혀 가망이 없다는 것은 아니야. 성공할 수도 있지. 인쇄회사가 좋은 증거니까."

브랜든이 덧붙였다.

"위험을 감수하실 용의가 있으십니까? 성공할 가능성은 있는데 저한테 기회를 주지 않으면 노다지를 헐값에 팔아버리는 실수를 할 수도 있습니다."

"우리는 아무리 작은 위험도 무시할 수 없는 입장이야. 어쨌든 앞으로 몇 주 동안은 별 다른 계획이 없으니까 그때가 되면 자네 계획이 성공할지 아닐지 더 분명하게 알 수 있겠지. 그사이 일이 어떻게 진행되는지 그때그때 알려주면 좋겠네. 핵심 문제를 해결하는 방법을 자네가 알아내면 우리도 거기에 따라 행동할 테니까. 인쇄회사의 경우에도 우리는 자네의 합리적인 방안에 손을 들어주지 않았나? 나머지 두 회사에서 똑같은 기적이 생긴다면 누가 시비를 걸겠어?"

짐이 말했다.

"물론이지."

브랜든도 동의했다.

"단지 우리한테도 진행 상황을 알려주면 좋겠네. 수고했어. 아주 좋았어."

그래, 시간 낭비를 한 것은 아니었다. 오늘 이 자리도, 또 지금 설명한 이 개념을 개발하기 위해 들인 시간도 모두 값어치가 있었다. 이제는 우리에게 달렸다. 요나 교수의 '사고 프로세스'를 계속 활용해 핵심 문제를 풀어줄 방법만 찾아내 실천한다면, 분명히 이길 수 있다. 브랜든의 지적은 크게 걱정되지 않았다. 그가 지적한 부분들은 이미 분석 과정에서 발견했고, 적절한 해결 방법을 모두 찾을 수 있을 것 같았다.

분석 과정은 결코 쉽지도 즐겁지도 않았다. 현상분석체계도는 재미 삼아 그려볼 만한 게 아니다. 게다가 문제의 핵심은 각 항목의 이면에 깔려 있는 '만약 ~한다면 ~한다'라는 상호 연관 관계를 파악하는 데 있으므로, 항목 간의 논리적인 관계를 찾아내는 데 많은 시간과 노력을 들여야 한다. 하지만 내가 돈과 함께 요나 교수의 '사고 프로세스'를 가지고 꼬박 이틀을 매달려서 겨우 찾아낸 결론은 누가 봐도 당연하다고 할 만큼 지극히 상식적인 거였다. 나는 이 상식적인 결론에 도달한 과정을 하나도 빠짐없이 기억하고 있다.

20

문제가 발생했을 때와 똑같은 의식 수준으로는
어떤 문제도 해결할 수 없다.
―알베르트 아인슈타인

나는 돈보다 먼저 사무실에 도착했다. 단 1분도 낭비하고 싶지 않
았기 때문에, 한쪽 구석에 있던 플립 차트를 끌어다 쓸 만한 깨끗
한 면을 찾은 다음에, 주머니에서 두꺼운 포스트잇을 한 뭉치 꺼
냈다. 한 장에는 '모든 생산 능력을 가격 인하 없이 판매한다'라고
썼고, 또 한 장에는 '회사가 명백하고 주도적인 경쟁 우위를 확보
한다'라고 적은 후 플립 차트 위쪽에 붙였다.

"목표 한번 근사한데요. 안녕하세요?"

돈이 들어오며 인사했다.

"어서 오게."

나도 인사를 하면서 포스트잇 한 장을 더 썼다.

"커피 드시겠어요?"

"그래, 커피 좋지."

나는 방금 쓴 포스트잇을 플립 차트 맨 아래에 붙이고는 소리
내어 읽었다.

"시장이 제품의 가치를 훨씬 높게 평가하도록 필요한 조치를 취
한다."

"그건 뭐죠? 오늘 분석할 주제인가요?"

돈이 물었다.

"그렇다고 할 수도 있지. 이것도 내가 구름 그림에서 얻은 해결의 열쇠지."

나는 돈이 들고 온 커피잔을 받아들며 말했다. 그리고 다시 그의 표정을 보면서 물었다.

"별건 아니지만 그래도 출발점 정도로는 삼을 만하지 않나?"

"이걸 출발점이라고 생각하세요? 제가 보기에는 오히려 결론 같아 보이는데요."

돈이 놀란 표정을 지었다.

"그래, 지금 이 단계에서는 희망 사항이라고 하는 게 나을지도."

나도 인정했다.

"그럼 이제 어떻게 하죠?"

돈이 실망한 듯한 목소리로 말했다.

"솔직히 저는 부회장님이 좀더 구체적인 문장을 들고 오실 줄 알았습니다. 정말 출발점으로 삼을 수 있는 거 말입니다. 이걸 가지고 미래모습체계도를 어떻게 그리죠?"

돈은 미래모습체계도를 그려본 경험이 별로 없을 뿐만 아니라, 특히 이렇게 희망 사항에서부터 시작한 적이 없었다.

"언제나 했던 것처럼 하면 되지. 우선 이 문장을 출발점으로 삼아서 '만약 뭐뭐 하다면 뭐뭐 하다'는 화살표를 사용해 위에 있는 이 두 가지 목표에 연결시키는 거야. 이것만으로 연결할 수 없다면 문장을 몇 개 더 추가하면 되고."

"문장을 더 추가하면 된다고요? 부회장님, 여기서 출발해서 위에 있는 두 목표에 도달하는 것은 하나도 어렵지 않습니다. 문제는 그렇게 하는 게 무슨 의미가 있느냐는 거죠. 설령 아래와 위를 연결한다고 해도 그 결과는 미래모습체계도가 아니잖아요. 그냥 환상적인, 상상의 그림일 뿐입니다. 왜냐하면 지금 출발점으로 삼으시려는 그 문장 자체를 어떻게 달성하는지, 다시 말해 어떻게 시장이 제품을 더 높게 평가하도록 할 것인지 그 방법을 모르지 않습니까? 진짜 문제는 바로 그겁니다."

"나도 알고 있네. 내가 알고 있다는 걸 자네도 알고 있겠지? 그러니 다른 말은 그만하고 일단 방법론대로 목표에 연결시켜보자고."

"하지만 도착점에 도달하는 방법을 모르는 상태에서, 그림 속의 떡 같은 그저 환상에 불과한 출발점을 가지고는 다음 단계로 넘어가는 게 아무 의미가 없다고 생각합니다."

돈은 주장을 굽히지 않았다.

"아니, 그래도 해보게."

나는 단호하게 말했다.

"어떻게 하면 우리가 출발점으로 삼은 희망 사항을 달성할 수 있을까에 대해서 머리를 싸매고 고민하기 전에 우리가 바라는 그 희망 사항을 정말로 달성하기를 원하는 것인지, 그렇게 하면 문제가 풀리는지부터 확인해보자고. 그게 순서야. 자네는 이 문장의 내용대로 된다면 우리의 목표를 충분히 달성할 수 있다고 했는데, 나는 그렇게 생각하지 않네."

"하지만……."

"자네 말대로 출발점과 두 목표를 연결하는 게 그렇게 쉽다면, 이 말 저 말 필요 없이 지금 한번 해보자고."

"소소한 문제를 가지고 씨름하기 전에 전체적인 그림을 본다는 차원에서는 의미가 있을 것 같기도 합니다."

말은 이렇게 했지만 표정으로 봐서 돈은 별로 달갑지 않은 것 같았다.

만약 '시장이 제품의 가치를 훨씬 높게 평가하도록 필요한 조치를 취한다면', '시장은 제품의 가치를 현재 가격보다 높게 평가하게 된다'라고 읽으면서, 나는 미래모습체계도를 그리기 시작했다.

"무슨 근거로 반드시 그렇게 된다고 할 수 있죠?"

돈이 공격적으로 물었다.

"왜냐하면 평가 가치를 '훨씬' 높인다면 당연히 현재 시가보다 높지 않겠나?"

"이제 부회장님의 의도를 알겠습니다."

돈의 찡그린 얼굴이 펴지기 시작했다.

"미래모습체계도를 그려서 출발점으로 삼은 문장의 의미를 더 잘 이해하자는 거죠?"

"그래, 바로 그거야. 요나 교수님의 말이 맞는다면, 우리는 미래모습체계도를 그리면서 출발점으로 삼은 문장을 좀더 자세히 이해할 수 있게 되고, 결국은 그것을 달성할 방법까지 찾게 될 거야."

"좋은 생각입니다."

돈의 얼굴이 한결 밝아졌다.

"계속할까요?"

"좋아, 자네가 해보게."

나는 돈에게 포스트잇을 넘겨주었다.

돈이 한 장에 뭐라고 적더니 소리 내어 읽었다.

"'시장이 제품의 가치를 현재 가격보다 높게 평가하게 된다'면

'시장은 우리 회사가 요구하는 가격에 불만이 없다.'"

"좋아. 하지만 그것만으로는 아직 충분하지 않아. 그렇다고 경쟁 우위가 생기는 것은 아니야."

"네, 맞아요. 시장이 우리 가격에 불만이 없을 수는 있지만, 동시에 경쟁사의 가격이 더 좋을 수도 있죠. 문장을 하나 더 삽입해야 될 것 같습니다. 즉, '시장은 우리 제품의 가치를 경쟁사 제품의 가치보다 높게 평가한다'라고 말입니다. 그러면 경쟁 우위를 갖게 됩니다."

"우리의 경쟁 우위가 주도적이어야 하니까, 단순히 '높게'가 아니라 '훨씬 높게 평가한다'라고 고치면 될 것 같은데."

"온통 꿈같은 이야기네."

돈이 중얼거리면서 문장을 수정했다.

"이제 한 가지 목표에 연결할 수 있겠습니다. '회사가 명백하고 주도적인 경쟁 우위를 확보한다.' 이거 보세요. 제가 너무 쉬울 거라고 하지 않았습니까?"

"돈, 지금 그런 미래모습체계도에 경쟁 우위를 갖게 된다는 것은 표현했지만, 그 경쟁 우위가 명백하도록 구체적으로 입증하지는 못했어. 명백한 경쟁 우위를 확보하기 위해서는 시장 점유율이 늘어나야 해."

내가 침착하게 말했다.

"아, 그러네요. 그럼, 두 가지 문장이 더 필요하겠는데요."

돈의 표정이 그리 좋아 보이지 않았다.

"만약 '시장이 우리 제품의 가치를 경쟁사 제품의 가치보다 높게 평가하고', '시장은 우리 회사가 요구하는 가격에 불만이 없다'

면 '우리 회사의 시장 점유율이 높아진다.' 이제 고객은 경쟁사보다는 우리 회사를 선호하게 되었으니까, 그 결과 시장 점유율이 높아지게 됐습니다. 그럼 해당 목표에 연결해도 될까요?"

그러고는 돈이 화살표를 그려 넣었다.

"너무 서두르는군. 아직도 주도적인 경쟁 우위는 설명을 못한 것 같은데."

"또 뭐가 빠졌죠?"

"경쟁사가 우리의 방법을 그대로 따라 하지 말라는 법은 없어. 그렇게 되면 우위도 사라지지."

"그렇군요. 문장을 하나 더 삽입해야 될 것 같습니다. '우리가 취한 조치는 경쟁사들이 따라 하기 어렵다' 정도면 될 것 같습니다."

돈이 잠시 생각하더니 말했다.

"그래, 그렇게 하면 되겠군."

나도 찬성했다.

이것을 미래모습체계도에 더하고 나서 돈이 말했다.

"이렇게 되면 나머지 목표에도 그대로 연결할 수 있습니다. 지금까지와 똑같은 논리로 '모든 생산 능력을 가격 인하 없이 판매한다'라고 할 수 있지 않습니까?"

"아니, 그렇지 않아. 문장을 하나 더 추가해야 돼. 우리 제품의 가치를 높게 평가하는 시장의 규모가 커야 해. 즉, 우리의 가용 생산 능력보다 시장의 규모가 커야 두 번째 목표를 달성할 수 있어."

나는 돈에게 포스트잇을 한 장 건넸다.

"'우리가 목표로 삼는 시장의 규모가 가용 생산 능력보다 훨씬 커야 한다.' 문제없습니다."

돈이 포스트잇을 읽은 뒤, 포스트잇을 플립 차트에 붙여서 미래 모습체계도를 완성했다.

"이 꿈같은 이야기들을 실제로 적용할 수 있다면, 우리 목표를 쉽게 달성할 수 있을 텐데……."

"그렇지."

나도 웃었다.

"우리가 추가한 문장들이 실제로 이루어지게 하는 건 하늘을 나는 돼지처럼 꿈같은 이야기지. 하지만 우리가 시간 낭비를 한 건 아니야. 그렇지? 적어도 뭐가 필요한지는 알게 됐으니까. 제품의 가치를 경쟁사 제품의 가치보다도 훨씬 더 높게 만들어야 해. 그것도 우리의 생산 능력을 소화할 만큼 충분한 규모의 시장을 대상으로 해야 하고, 또 경쟁사가 쉽게 모방할 수 없는 방법을 써야만 하는 거야."

"그 정도는 식은 죽 먹기잖아요? 그러니까 하늘을 하는 돼지가 한 마리도 아니고 네 마리나 되는 거죠? 이게 뭔가 진척되고 있다는 뜻이겠죠."

돈이 빈정대듯 말했다.

"실제로는 네 마리가 아니지. 우리가 나중에 삽입한 문장들은 애초에 출발점으로 삼았던 문장을 더 구체적으로 전개한 것뿐이야. 더 구체적으로 설명해주는 것들이지."

"그래도 아직 저는 어떻게 해야 달성할 수 있는지 구체적인 방법을 모르겠습니다."

돈이 한숨을 쉬었다.

"아직 끝난 게 아니야."

나는 돈에게 자신감을 심어주려고 했다.

"이제 미래모습체계도가 지닌 강점, 즉 '부정적인 나뭇가지 치기(Negative Branch Trimming)'를 활용할 때가 된 거야."

"그렇게 한다고 도움이 되겠습니까?"

"돼지 등에 달린 날개를 잘라내어 좀더 땅에 가깝도록 현실성을 부여하는 거니까 분명 도움이 될 거야."

"저야 부회장님 말씀만 믿겠습니다."

돈은 그렇게 중얼거렸지만 별로 자신 있는 목소리는 아니었다.

나는 원래의 출발점을 다시 한 장 적어서, 플립 차트를 넘겨 새로운 종이 맨 아래에 붙였다. 그러고는 다시 한 번 읽었다.

"'시장이 제품의 가치를 훨씬 높게 평가하도록 필요한 조치를 취한다.' 돈, 제품의 가치를 높이려면 어떻게 해야 하지?"

"그야 더 좋은 제품을 개발하면 됩니다."

하지만 우리는 그럴 여유가 없다. 우리가 적은 문장들이 날아다니는 돼지처럼 황당하게 들리는 이유도 바로 그 때문이었다. 하지만 요나 교수의 말에 따르면, 방법론을 따라 계속 진행하면 실현 가능한 해답을 얻게 된다고 한다. 제발 그의 말이 맞기를 바랐다. 어차피 다른 방법도 없지 않느냐고 속으로 생각하면서, 나는 천천히 생각나는 것을 적었다.

돈이 내가 적은 것을 읽었다.

"'시장이 제품의 가치를 훨씬 높게 평가하도록 필요한 조치를 취하고', 그렇게 해서 '시장이 더 나은 제품이라고 평가를 해준다'면, '그 회사는 더 나은 신제품을 성공적으로 출시한 셈이 된다.' 이 부분의 부정적인 나뭇가지는 명백합니다. 신제품을 개발, 출시하려면 막대한 자금과 시간이 필요합니다. 우리는 그럴 여유가 없다는 거죠."

"맞아. 그래도 적어두는 게 좋을 것 같아. 만약 '우리 회사가 더 나은 신제품을 성공적으로 출시해야 하고', '신제품을 출시하려면 시간과 자금을 투자해야 한다'면, '회사에서는 반드시 시간과 자금을 투자해야 한다.' 그리고 자네 말대로 '우리는 시간과 자금이 없다.' 따라서 결론은 '회사의 관리자인 우리는 잘린다'가 되겠지. 분명히 부정적인 나뭇가지야."

나는 일어나서 커피를 더 가지러 갔다.

"돈, 우리의 부정적인 나뭇가지 중에 긍정에서 부정으로 전환되는 곳이 어디지? 출발하는 문장은 긍정이고 또 신제품의 성공적인 출시도 긍정인데, 그다음의 시간과 자금의 투자는 부정적이야. 바로 여기에 초점을 맞추어야 될 거 같군. 이 두 문장 사이를 연결하는 화살표 밑에 깔려 있는 전제가 뭔가?"

"부회장님, 거기에 깔려 있는 전제는 신제품이 실제로 새롭다는 가정입니다."

돈이 헛기침을 하며 말했다.

"그게 무슨 뜻인가?"

"신제품이라는 것이 실제로는 기존 제품을 조금 바꾼 것일 수도 있지 않습니까? 그 경우는 회사에서 막대한 자금과 시간을 투자할 필요가 없습니다. 그렇게 해서 제품의 가치를 높이는 것은 그다지 어렵지 않습니다. 현실적으로 가능합니다. 예를 들어 피트 사장님의 해결 방법을 생각해보세요. 고객들에게 제시하는 판매 조건만 몇 가지 바꾸었지, 투자나 시간이 필요하지는 않았습니다."

"그래, 아주 좋은 생각이야. 그럼 미래모습체계도에 그 내용을 적어보게."

"어떻게 말씀입니까?"

"자, 커피 들게."

나는 돈에게 커피를 건네주고 플립 차트를 다시 앞장으로 넘겼다.

"이제 새로운 문장을 추가하는 거야. '시장이 제품의 가치를 훨씬 높게 평가하도록 하는 작은 변화를 도입한다.'"

나는 이렇게 적어서 플립 차트의 맨 아래에 붙였다.

"이렇게 하면 우리의 출발점은 황당한 문장이 아닌 파생문이 되는 거야. 그러니까 만약 '시장이 제품의 가치를 훨씬 높게 평가하도록 하는 작은 변화를 도입한다'면 '시장이 제품의 가치를 훨씬 높게 평가하도록 필요한 조치를 취한다'라고 할 수 있지."

"이번에 삽입한 문장은 좀더 땅에서 가까운 현실적인 것 같긴 하지만, 차별화시켜줄 수 있는 그 작은 변화를 어디서 찾아야 할지는 아직도 모르지 않습니까? 저희의 출발점은 여전히 날개를 달고 공중에 떠 있는 거 같은데요."

돈이 힘없이 말했다.

"그러면 날개를 더 잘라서 땅에 더 가깝게 끌어내리는 수밖에."

나는 절대로 포기할 수 없었다.

"어떻게 말씀입니까?"

돈은 회의적이었다.

"우리가 적어 넣을 부정적인 나뭇가지가 전혀 보이지 않는데요."

"모든 방법이 실패하면 현상분석체계도를 다시 읽어라. 길을 열어줄 단서가 있다면 거기에 있다."

나는 요나 교수의 말을 인용했다.

돈도 더는 반박할 기운이 없는 모양이었다. 우리는 현상분석체계도를 다시 읽었다. 놀랍게도 정말 거기에 단서가 있었다.

맨 아래에 있었다.

"돈, 이것 좀 보게. '시장이 판단하는 제품의 가치는 제품의 효용성에 따라 결정된다.'"

나는 이것을 포스트잇에 적어 맨 아래 문장 가까이에 붙였다.

"무슨 관계가 있는지 모르겠습니다."

나는 일단 돈의 말을 무시했다. 드디어 돌파구를 찾은 것이다.

"만약 '시장이 제품의 가치를 훨씬 높게 평가하도록 하는 작은 변화를 도입한다면', 그래서 '시장이 제품의 가치를 훨씬 높게 평가한다면' 필연적으로 그것은 '시장에 커다란 이익을 가져온다.' 자, 돈, 시장에 가져올 커다란 이익이 뭐지? 피트 사장의 아이디어가 제공하는 추가적인 이득에는 뭐가 있지?"

"아, 피트 사장님의 마케팅 솔루션! 그거라면 문제가 쉽게 해결될 거예요."

처음에는 무슨 뜻인지 이해 못했다. 그런데 가만히 생각해보니, 돈의 뜻을 짐작할 수 있었다.

"그래, 자네 말이 맞아. 피트 사장의 아이디어는 자신의 회사가 처해 있던 어려움만 해결한 게 아니라, 고객의 딜레마도 해결했기 때문에 성공한 거야. 그럼, 그걸 어떻게 일반화시킬 수 있을까?"

"간단합니다."

돈은 이렇게 대답하고는 포스트잇을 쓰고, 지우고, 이리저리 옮기더니 마침내 다음과 같이 배열했다.

"고객의 문제를 해결하는 제품은 효용성이 좋다. 더 큰 문제를 해결할수록 효용성이 커진다."

"아주 좋아."

나도 동의했다.

"'우리가 도입한 작은 변화가 시장이 바라는 효용성을 증가시킨 다면', 결론은 '우리가 도입하는 작은 변화는 시장(고객)이 안고 있는 많은 문제를 해결해주는 것이다. 또 더 크고 더 많은 문제점을 해결해줄수록 효용성은 더 커진다.' 부회장님, 우리가 찾던 해답과 비슷한 거 같기는 한데 어떻게 해야 되는지는 모르겠습니다."

"무슨 이야기야? 이제 됐어. 하늘을 날던 돼지를 땅으로 끌어내린 거라고!"

나는 의자에서 벌떡 일어났다.

"안 보이나?"

돈은 아직 찾아내지 못한 모양이었다.

"돈, 어느 것이 더 효과적인가? 증상을 치료하는 것, 아니면 원인을 치료하는 것."

"무슨 말씀이세요? 제 지능이라도 의심하시는 겁니까? 당연히 문제의 원인을 해결하는 게 증상을 치료하는 것보다 효과적이죠."

"그럼 한 가지 문제의 원인을 해결하는 것과 여러 문제의 원인을 해결하는 것 중 어느 쪽이 더 효과적이지?"

돈이 깨달음의 미소를 지었다.

"여러 문제의 원인을 해결하는 거죠. 시장이 안고 있는 여러 가지 문제의 원인을 어떻게 찾아내느냐? 물론 그 방법은 알고 있죠.

해답은 너무 간단합니다. 이 간단한 답을 그동안 왜 몰랐죠? 너무 명백한 겁니다. 회사를 살려낼 마케팅 돌파구를 찾으려면 우리 회사를 분석할 것이 아니라 우리 회사의 시장을 분석해야 합니다. 마케팅 돌파구는 시장에 있습니다. 간단하고 당연한 이야깁니다."

"그래. 누구나 자신이 안고 있는 여러 가지 UDE가 무엇인지는 알고 있지만, 핵심적인 문제를 정확하게 알고 있는 사람들은 드물어. 제품의 효용성을 엄청나게 증대시키려면 다른 회사들이 하는 것처럼 증상을 치료하는 게 아니라, 고객의 핵심 문제가 무엇인지 알아내는 거지."

내 말이 끝나자, 돈이 일어섰다. 그리고 우리는 감격해서 서로 악수를 했다.

"솔직히 처음에 부회장님이 내놓은 출발점에서는 아무것도 기대하지 않았습니다. 제가 보기에 그것은 하늘을 나는 돼지가 아니라, 하늘을 나는 고래였습니다. 하지만 지금은 완전히 상황이 달라졌습니다."

"그럼 미래모습체계도를 그려보자고. 이번에는 좀더 구체화된 문장을 출발점으로 삼는 거야. 어떻게 되나 한번 보세."

돈이 '우리 회사의 시장에 대한 현상분석체계도를 그린다'라는 문장을 붙였다.

"이 문장을 추가하면, 원래 있던 문장들도 훨씬 현실성 있게 들릴 겁니다. 더는 황당한 꿈이 아니라 논리적으로 파생된 문장으로 변하겠죠."

"어디 한번 보자고."

나도 돈을 격려했다. 돈의 말이 옳았다. 몇 가지 문장을 더 추가

해야 될지도 모르지만 그래도 고비는 넘겼다. 날아다니던 돼지들이 이제는 아장아장 땅 위를 걷고 있었다.

"좋습니다. 그럼 '현상분석체계도는 문제, 즉 UDE를 근본 원인에 연결하는 효과적인 도구이다'라는 문장을 추가하죠. 거기에서 파생되는 문장은 '우리는 시장의 현상분석체계도의 핵심 문제가 무엇이며, 이를 해결하기 위해서는 어떤 판매 조건을 제시해야 하는지 알게 된다.' 잠깐만요, 알렉스 부회장님. 시장의 핵심 문제가 우리 쪽의 판매 조건과 관련 있다는 것을 어떻게 보장하죠?"

"그거에 대해서는 우리가 이미 알지 않나? 그러니 관련이 있다고 가정해도 될 거야. 현실적으로 어느 시장이나 공급업체와 관련된 문제를 여럿 가지고 있지. 제품 그 자체뿐만 아니라 서비스나 지불 조건 등에서 고객의 많은 문제가 공급업체인 우리와 연결되어 있어."

"그렇군요. 그러면 공급하는 쪽에서 기인하는 UDE가 많으니까, 핵심 원인을 우리가 해결할 가능성도 높아지겠네요. 정말 좋습니다. 결국은 고객에게 상당한 효용 증대를 가져다줄 수 있는 작은 변화가 무엇인지 알 수 있다는 의미입니다. 이것을 미래모습체계도의 그림에 추가하죠. 그렇게 되면 우리가 처음에 추가했던 문장들도 논리에 따라 도출되는 파생문이 됩니다."

나도 우리가 해결할 수 있는 근본 원인을 찾을 수 있다고 생각한다. 단지 작은 변화만으로 핵심 문제를 해결할 수 있기를 바랄 뿐이다.

돈이 미래모습체계도를 고치는 동안 나는 그다음 문장을 유심히 봤다. 시장이 우리 제품의 가치를 경쟁사 제품의 가치보다 높게 평가한다는 것을 어떻게 보장할까? 놀랍게도 더는 문장을 추가할 필요가 없었다. 현재 시장이 갖고 있는 여러 가지 UDE는 우리가 공급하고 있는 부류의 제품(현행 거래 관행을 포함해서)과 모두 관련되는 것들이었다. 다시 말해, 이러한 UDE의 원인이 되는 핵심 문제를 해결한 경쟁사는 현재 아무데도 없다는 뜻이었다. 이런 상황에서 우리가 핵심 문제만 해결한다면, 당연히 시장은 우리 제품의 가치를 경쟁사 제품의 가치보다 높게 평가할 것이다. 너무나 간단했다.

세 회사의 시장 모두 많은 UDE를 가지고 있었다. 시장이 겪고 있는 모든 UDE를 해결해준다면 그 효과가 매우 클 것이므로, 우리는 분명 시장에서 주도적인 경쟁 우위를 차지하게 될 것이다.

돈이 작업을 마치자, 나는 플립 차트 앞으로 가서 화살표와 포스트잇을 이가 맞게 고쳤다. 다 고치고 나니, '시장은 우리 제품의 가치를 경쟁사 제품의 가치보다 높게 평가한다'라는 문장은 이제 과정상의 삽입문이 아니라 결과적으로 나타나는 파생문이 되었다.

"뜬구름 잡는 이야기 같아도 미래모습체계도를 그리자고 고집하신 이유를 알겠습니다. 그 덕분에 이렇게 분명한 청사진을 가지게 됐습니다. 앞으로 어떻게 해야 하는지를 정확하게 알게 됐습니다."

돈이 기분이 좋아진 것 같았다.

"그럼 계속하지. 이번에는 어떤 문장을 연결해야 되겠나?"

"'우리가 취한 조치는 경쟁사들이 따라 하기 어렵다'입니다."

플립 차트를 보면서 돈이 읽었다.

"경쟁사가 우리의 해법을 모방하지 못하도록 하려면 어떻게 해야 할까요?"

우리는 이런 식으로 계속 진행했다. 하나하나 구체화시키면서 밥과 스테이시가 참고로 할 정확한 청사진을 그려나갔다.

21

하나의 모범은 천 마디의 논쟁보다 더 가치 있다.
—토머스 칼라일

나는 소파에 거의 눕다시피 한 자세로 텔레비전 뉴스 프로그램을 멍하니 쳐다보고 있었다. 오늘은 정말 힘든 하루였다. 오늘 피트가 알려준 문제를 당장 해결하지 못하면, 그동안 애써 이뤄놓은 것이 모두 수포로 돌아가게 생겼다. 스테이시네 회사는 풍비박산이 날 것이고, 피트와 밥의 회사도 헐값에 팔려서 결국에는 문을 닫고 말 것이다. 그리고 나는 어떻게 될까? 아마 나도 씻을 수 없는 오명을 안고 길거리로 쫓겨나게 될 것이다. 트루먼과 다우티가 틀림없이 그렇게 할 것이다. 그런 일이 일어나지 않게 막으려면 이 청천벽력 같은 문제를 당장 해결해야 한다. 솔직히 전혀 예상치 못했던 것은 아니었고 피트가 새로운 판매 조건 이야기를 꺼낼 때부터 걱정했던 거였지만, 그 결과가 이렇게 심각할 줄은 상상도 못했다.

모든 일이 순조롭게 진행된다고 안심하는 순간 기다렸다는 듯이 이런 문제가 생기는 이유가 뭘까? 지금까지 내가 그저 순탄하게 무미건조한 삶을 살아온 것은 아니다. 물론 살아가면서 가끔 자극적인 순간도 있어야 하겠지만, 이번에는 청룡열차를 탄 것 같은 기분이다. 너무 심한 것 같다. 이 건과 관련해서 가장 견디기 어려운 점은, 그저 앉아서 문제가 해결될 때까지 기다리는 수밖에 없다는 사실이다. 피트와 돈이 문제를 해결할 때까지 손가락 하나 까딱하지 못하고 그저 기다리기만 해야 한다. 일선에서 직접 싸우는 것보다 더 힘든 게 후방에 앉아서 승전보를 애타게 기다리는 것이다.

내가 지나친 걱정을 하는 것은 아닐까? 이 문제가 터진 것은 오늘 오후 4시였다. 피트한테서 전화가 걸려오고부터였다.

"부회장님, 조금 문제가 생긴 것 같습니다."

피트가 무슨 일이든 영국식으로 완곡하게 표현한다는 걸 알기에, 나는 바로 큰 문제라는 걸 직감했다.

"무슨 문젠가요?"

나는 침착하게 물었다.

"저희 직원들이 새 판매 조건으로 영업을 할 수 없답니다."

그는 덤덤한 어조로 말했다.

"이유가 뭡니까? 지난번 보고서에서 지난 2주 동안 거래를 세 건이나 성사시켰다고 하지 않았나요?"

정말 의외였다.

"네, 세 건 성사시킨 거 맞습니다. 그런데 그건 제가 한 거고 직원들이 한 게 아닙니다. 저희 직원들은 아직 한 건도 성사시키지 못했습니다. 노력 부족 탓도 아닙니다. 다들 정말 최선을 다했지만 성과가 없었고, 이제는 거의 포기한 상태입니다. 아무래도 예상 매출액을 다시 하향 조정해야 할 것 같습니다."

"피트 사장, 잠깐만요. 그렇게 쉽게 포기하면 안 되죠. 일단 어떻게 된 건지 자세히 얘기해보세요."

"뭐라고 말씀드려야 할지 모르겠습니다. 방금 영업 회의를 하고 나오는 길입니다. 영업사원들이 하나같이 새로운 조건으로 수주를 하려고 했지만, 단 한 건도 실적을 올리지 못했다고 아우성입니다. 우리가 제시한 새로운 판매 조건이 너무 복잡해서 구매자들이 제대로 이해하지 못한다는 겁니다. 영업 담당 부사장까지도 불만이 이만저만이 아닙니다. 자기도 직접 네 번이나 큰 고객들과 상담을 했는데 번번이 실패했다는 겁니다. 그래서 그 조건으로는 절대 영업할 수 없다고 굳게 믿고 있습니다."

피트가 풀 죽은 목소리로 대답했다.

"그럼 피트 사장은 몇 번이나 시도를 했나요?"

"다섯 번입니다."

"결과는?"

"저야 다 성사시켰죠. 하지만 저 혼자 영업을 다 할 수는 없는 노릇입니다. 영업부 직원들을 다그친다고 될 일도 아니고요."

"잠깐 생각 좀 해봅시다."

한 1분쯤 침묵이 흐른 뒤에 내가 다시 입을 열었다.

"피트 사장, 솔직하게 얘기해주세요. 영업하기가 어땠습니까? 어려웠나요?"

"아니요. 전혀 어렵지 않았습니다. 그래서 더 이해하기가 힘듭니다."

"영업사원들한테 피트 사장이 어떻게 영업을 했는지 정확하게 설명해줬나요?"

"그럼요. 설명해줬습니다. 모든 과정을 글로 적어주기까지 했는 걸요. 다들 제가 지시한 대로 토씨 하나 틀리지 않고 따라 했다는데도 결과가 이 모양이라 도대체 어떻게 된 영문인지 모르겠습니다."

피트가 이토록 절박하게 이야기하는 것은 처음이었다. 영업 회의에서 직원들이 피트한테 심하게 퍼부은 모양이었다.

"그러니까 영업사원들은 피트 사장만 할 수 있는 영업 전략을 가지고 왔다, 이렇게 생각하는 건가요?"

"네, 그렇습니다."

"그럼 이렇게 되나요? 피트 사장은 천재적인 세일즈맨이라서 고객을 설득해서 판매할 수 있는 거다. 그러니 보통의 다른 사람들도 설명하고 설득해서 팔 수 있는 거래 조건을 가져와라. 맞습니까?"

"영업 쪽 주장은 결국 그런 거죠. 알렉스 부회장님, 영업사원들 급여의 반은 커미션입니다. 어떤 조치든 취해야 할 것 같습니다."

"일단 냉정하게 생각해봅시다."

나는 우선 피트를 진정시키려고 노력했다.

"피트 사장이 천재적 세일즈맨이 아니라는 건 우리 둘 다 아는 사실이죠. 그런데도 계약이 성사된 건 고객들에게 내놓은 거래 조건이 좋다는 뜻이죠."

"저도 그렇게 설득해봤지만 도무지 들으려고 하지 않습니다. 이제는 소용없습니다."

피트가 웃으면서 대답했다.

"제가 지금까지 살면서 배운 게 하나 있다면 세상에 모순은 없다는 사실입니다. 모순처럼 보이는 상황도 언제나 간단히 해결할 방법이 있거든요. 영업사원들이 아무리 아니라고 해도 제가 보기에는 분명히 피트 사장이 가르쳐준 대로 똑같이 얘기하지 않았을 겁니다. 그게 아니고는 이 상황을 설명할 수가 없습니다. 분명히 차이가 있을 거고, 그게 지금의 치명적인 결과를 가져온 거죠."

"저도 그렇게 생각합니다. 하지만 지금 제 상황에서는 영업사원들이 저와 어떻게 다르게 설명하는지 밝히기가 힘듭니다. 지난번에는 영업 담당 부사장을 대동하고 고객을 만나러 갔는데, 절대로 입을 열지 않고 보기만 하겠다고 다짐했지만 3분도 지나지 않아서 제가 중간에 설명을 다 해버렸어요. 결국 거래는 성사됐지만 영업 담당 부사장은 상당히 기분 나빴던 모양입니다. 그 사람이 등을 돌린 것도 그 때문인 것 같고요. 알렉스 부회장님, 제가 부탁하나 드려도 될까요? 돈, 그 친구를 며칠 저희 쪽으로 지원 보내주시면 안 되겠습니까?"

"돈을 데려다가 뭐하려고요?"

나는 크게 놀라지는 않았다.

"그 친구가 와서 영업사원들과 같이 고객을 만나는 자리에 나가보면 좋을 것 같습니다. 돈은 저만큼 이 거래 조건에 대해 개인적인 애착을 갖고 있지 않기 때문에 영업사원들이 일을 망쳐도 끼어들지 않고 가만히 지켜볼 수 있을 겁니다. 또 한편으로는 우리가 개발한 새로운 판매 조건을 속속들이 알고 있으니까, 영업사원들이 무엇을 잘못하고 있는지 정확히 집어낼 수 있을 겁니다."

피트의 말이 맞기는 하지만 지금 나도 돈의 도움이 필요했다. 아니다. 지금 피트의 방법이 성공하는 것보다 더 중요한 일은 없다. 피트가 혁신적인 마케팅 솔루션을 통해 회사를 회생시키느냐 아니냐에 내 계획의 성공 여부도 달렸다. 사업다각화 부문 세 계열사의 운명이 피트의 방법에 달려 있었다.

"돈을 언제쯤 보낼까요?"

"빠를수록 좋습니다. 내일 당장 보내주시면 제일 좋고요."

"일정을 좀 확인해보고 전화하죠."

그리고 나는 즉시 돈에게로 갔다.

"아빠."

내가 암담한 심정으로 고민하고 있는데 데이브가 나를 불렀다.

"의논할 게 있는데."

잠시 나는 내 귀를 의심했다. 데이브가 의논거리를 들고 찾아온 게 언제였더라? 기억나지 않았다.

"그래, 여기 앉아."

TV를 끄고 데이브를 봤다. 큰 걱정이 있는 얼굴은 아니었다.

"서 있는 게 더 편해요."

한참을 기다렸지만 데이브는 아무 말도 하지 않았다. 그저 제자리에서 몸만 이리저리 흔들어댔다.

"얘기해봐. 무슨 일인데?"

내가 조심스럽게 데이브에게 말을 꺼냈다.

"뭐, 문제까지는 아니고……."

뭔가 좀 불편해하는 기색이 역력했다.

"문제는 아니고, 음……, 상황이라고 하는 게 낫겠다."

"뭐든 좋아. 어쨌든 난감한 상황이다 이런 거지? 어떻게 해야 할지 모르겠다?"

"그런 셈이지."

"그런 거라면 당연히 아빠한테 물어봐야지. 아빠야 곤란한 상황에 자청해서 들어가는 데 천재니까.”

“아빠가?”

데이브가 놀란 표정으로 되물었다.

나는 그냥 미소만 지어 보였다. 굳이 아빠에 대해 가지고 있는 아들의 환상을 깰 필요는 없을 것 같았다.

“어디 들어보자.”

나는 좀더 사무적인 태도를 취하기로 했다.

내가 태도를 바꾸었더니 데이브는 오히려 더 편안해했다.

“허비라고 내 친구 알죠?”

나는 고개를 끄덕였다. 물론 나도 허비를 알고 있지. 하루의 반 이상을 우리 집에서 보내며 냉장고를 거덜 내는 녀석을 모를 리 없지.

“근데 그 녀석이 아주 근사한 생각을 해냈어요.”

“그런데?”

“여러 가지 장점이 있는 계획인데…….”

데이브가 망설이기 시작했다.

“왜 있잖아요…….”

나는 아들 녀석을 잘 알고 있었다. 이러다가 “아니, 됐어요”라고 말하고는 사라질 참이었다.

“데이브, 허비의 생각이 뭔데?”

“허비가 자기 아빠만큼 클래식카 광팬이거든요.”

“너도 빠지지는 않지.”

나는 놓치지 않고 바로 한마디를 덧붙였다.

아들 녀석이 웃었다.

"허비랑 걔네 아빠에 비하면 난 아무것도 아니지. 걔네 집에 어떤 차들이 있는지 아세요? 골동품 자동차가 6대나 돼요. 모두 얼마나 멋진데요."

"그래. 그렇구나."

데이브가 허비 아버지의 취미에 대해 더 늘어놓기 전에 서둘러 대답했다. 나도 그런 취미를 갖고 싶었다. 하지만 그러자면 우선 백만장자가 되어야 했다.

"그런데 허비가 고물차를 하나 같이 사서 복원시켜보자고 해서. 56년형 올즈모빌 컨버터블을 하나 찾아냈거든요. 물론 분해되기 일보 직전에다가 엔진도 녹슬었지만 외관은 아직 쓸 만해요. 복원하면 멋지게 변신할 거예요. 아주 멋지게 고쳐놓을 수 있어요."

나는 데이브가 계속 이야기하도록 가만히 듣고만 있었다.

"허비가 부품 살 곳도 알아놨고 오래된 변속기도 하나 찾아냈어요. 59년형이기는 해도 차에 잘 맞을 거예요. 허비랑 내가 솜씨가 좋잖아. 우리 둘이 그 차를 멋지게 복원할 자신이 있어요. 복원되면 멋진 소장품이 될 거예요. 고치기만 하면 굉장할 텐데."

"근데 문제가 뭔데? 돈이 필요한 거야?"

"아니, 그건 아니에요."

데이브는 여태껏 돈 꿔달라는 얘기를 한 번도 한 적이 없었고, 그래서인지 돈 얘기에 기분이 나쁜 듯했다. 뭔가 그보다 더 큰 문제가 있는 것 같았다.

"그래?"

"네, 돈은 있어요. 자동차 값은 한 1,500달러 정도면 될 거 같은데, 허비랑 반반 낼 거니까 괜찮아요. 지난여름에 번 돈도 거의 그대로 있고, 할머니가 열여덟 생일에 500달러 주신다고도 했고. 뭐, 최악의 경우엔 잠깐 단기대출을 받아도 되고."

지금까지의 경험으로 보면, 아이들이 단기대출이라고 할 때는 나중에 유산을 물려받으면 갚겠다는 뜻일 것이다. 또 어머니가 주신다는 생일 선물은 이번 가을에 데이브가 대학에 가면 용돈으로 주시겠다고 한 것이다. 어쨌든 거의 망가져버린 고물차를 복원해보는 것은 좋은 경험이 될 것 같았다. 데이브라면 그 정도는 해낼 수 있을 것이다.

"돈 문제가 아니면 뭐가 걱정인데?"

"그냥, 뭐, 뭔가 찜찜해서."

"특별한 이유라도 있어?"

"모르겠어요. 허비가 자기 몫을 못 내서 내가 돈을 다 내야 될까 봐 그것도 걱정이고."

"그렇게 되면 어떻게 하려고?"

"사실 그건 크게 문제될 건 없어요. 그런 일도 없을 테지만 만약 그렇게 되면 중간에 그만두면 되니까. 그래도 그런 일은 없을 거예요. 허비가 돈을 구할 수 있다고 했으니까 알아서 하겠지. 그런데 그것 말고 다른 문제들이 있어요."

"예를 들면 어떤 문제?"

"누가 차를 언제 쓸 것이냐 하는 문제도 그렇고. 지금은 항상 우리 둘이 같이 다니지만……."

그러고는 다시 망설이기 시작했다. 나는 한참 동안 아들 녀석이 혼자 중얼거리도록 놔두었다.

"무슨 얘기인지 알 것 같다."

마침내 내가 말을 꺼냈다.

"그래요? 아빠, 그럼 어떻게 할까요?"

뭐라고 대답해야 할지 몰랐다. 허비가 생각해낸 계획도 괜찮았고 둘 다 충분히 생각해서 결정한 것 같기는 한데, 그래도 허점이 있는 것 같았다. 또 잘못될 가능성도 있었다. 추진을 하라고 할까? 포기하라고 할까? 하지만 내가 뭐라고 하든지 언젠가는 나를 원망할 게 분명했다. 생각해보겠다고 하고 그냥 넘어갈까 싶기도 했지만, 마침 그때 한 가지 생각이 떠올랐다.

"데이브, 아빠가 뭐라고 하든지 무조건 아빠 말에 따를 거니? 그러지는 않겠지? 그렇다면 먼저 너 자신한테 물어봐. 아빠한테 조언을 부탁하는 게 실제 도움이 되는지 말이야."

내가 천천히 입을 열었다.

"그럼요, 도움이 되지. 난 아빠 의견을 존중하니까."

"솔직히 너한테 어떻게 하라고 충고해야 할지 모르겠다. 간단한 문제가 아니고 어느 면으로 보나 장단점이 있어서 말이야."

"그렇죠?"

데이브가 한숨을 쉬며 실망한 듯한 표정을 지었다.

"하지만 그래도 아빠가 널 도와줄 방법이 하나 있기는 하지. 뭔가를 판단하고 결정하는 방법을 가르쳐줄 수 있어. 타협이나 억측 같은 거 없이 결정하는 방법 말이야."

"아빠, 정말? 확실한 방법이 안 보일 때도 써먹을 수 있어요?"

"그래, 같이 서재로 가자."

내가 일어서면서 말했다.

"너무 안 복잡했으면 좋겠는데."

데이브가 나를 따라오면서 중얼거렸다.

우리는 같이 책상에 앉았다. 나는 데이브에게 동전을 하나 건네주며 말했다.

"앞면이 나오면 추진하는 거고 뒷면이 나오면 허비한테 그만두자고 하는 거다."

"이게 아빠가 얘기한 방법이에요?"

데이브가 황당하다는 듯이 물었다.

"아니, 이건 단지 출발점을 고르기 위한 방법이야. 어느 쪽을 선택하든 상관없어."

"아, 알았어요."

동전을 던졌다. 앞면이 나왔다.

"좋아, 그럼 계획을 추진한다고 가정해보자. 그렇게 했을 때 생각나는 모든 긍정적인 점들을 한번 적어봐."

데이브는 두 줄쯤 쓰더니 망설이기 시작했다.

"왜 그러는데? 아빠한테 말하고 싶지 않은 장점이라도 있어?"

"네, 좀 그런데."

아들이 빙긋이 웃었다.

나는 오히려 더 잘됐다고 속으로 생각했다.

"아빠가 전에 너랑 비슷한 상황에서 이 방법을 썼는데 그걸 보여주마. 그때 적었던 종이들이 아직도 남아 있을 텐데……."

나는 그 종이를 찾으면서 이야기를 시작했다.

"한 4년 됐지. 그때 지미 외삼촌이 우리 집 근처에 살았잖아. 하루는 지미 외삼촌이 같이 배를 한 척 사자고 하더라."

"와, 좋은데요."

"그래. 아빠도 그렇게 생각했지. 근데 마냥 마음이 편하고 좋았던 건 아니야. 지금 너처럼 말이야. 그때 그린 종이를 보여주마. 여기 이 서랍 어디에 있을 텐데."

나는 서랍 속 서류 더미를 뒤적거렸다. 온갖 재미있는 것들이 그 속에 들어 있었다. 데이브는 기다리기 지루한 듯했지만 어쩔 수 없다는 표정이었다.

"아이고, 찾았다. 항상 찾고 싶은 건 맨 밑에 있다니까. 첫 장은 배를 샀을 때의 장점을 적은 거야."

"이 목록을 작성할 때도 먼저 동전을 던졌어요?"

"정확히 기억은 안 나는데, 아마도. 어쨌든 여기는 지미 외삼촌과 함께 배를 사야 하는 이유들이 적혀 있지. '나도 배를 소유하게 된다.' '배를 사는 데 드는 돈과 유지하는 데 들어가는 경제적 부담을 지미 처남과 나누어질 수 있다.' 사실 지미 외삼촌과 같이 사는 게 내가 배를 소유할 수 있는 유일한 방법이기도 했고."

"이 두 가지는 내 상황이랑 똑같네."

"그래, 정말로 비슷하지? 나머지 장점들도 네 상황에 적용할 수 있을 거다. 예를 들어서, '문제가 생겼을 때 혼자서 수리하지 않아도 된다'와 '지미 처남의 뛰어난 정비 기술 덕분에 배를 아주 잘 관리할 수 있다.' 이런 것도 비슷하지?"

"아니요. 마지막은 해당 안 돼요."

데이브가 웃으며 말했다.

"자, 네가 직접 읽어봐."

나는 종이를 건네주었다. 데이브는 쭉 읽어보더니 말했다.

"맨 마지막 것만 빼면 나랑 딱 들어맞는데요. '많은 돈을 들여서 배를 구입하려면 아내의 허락을 받아야 하는데, 아내를 설득하는데 도움을 줄 동지를 얻게 된다'는 것도. 아주 설득력 있어요. 근데결국 어떻게 됐어요?"

"다음 페이지를 봐봐. 단점도 장점 못지않게 설득력이 있어."

"'어느 배를 살지 의견이 다를 수도 있다.' 우리는 벌써 결정했으니 이 문제는 없고. 다음에 '서로 언제 배를 쓸지에 대해 의견 차이가 있을 수 있다.' 이건 우리랑 같네. 하지만 어차피 우린 데이트를 해도 같이하니까 큰 문제는 없어요."

"우리도 그렇게 큰 문제는 아니었어. 네 엄마는 아빠가 지미 외삼촌이랑 함께 다니는 거 좋아했고, 아빠도 지미 외삼촌이랑 마음이 잘 맞았으니까."

"근데 제인 외숙모는요?"

이 질문은 그냥 무시하는 게 현명할 것 같았다.

"계속 읽기나 해."

데이브는 읽어 내려가면서 농담을 한마디씩 덧붙였다. 이 오래된 목록을 좋아하는 사람이 난지, 아들 녀석인지 모를 지경이었다.

"와, 아빠, 일목요연하게 정리가 잘됐는데. 근데 결론은? 목록을읽고 났더니 결정하기 더 어려워졌어요."

"아직 안 끝났어. 이제 시작인데. 그럼 '같이 배를 구입하기로 동의했다'를 출발점으로 삼아서, '뭐뭐 하다면 뭐뭐 하다'의 식으로각 단점을 연결해보는 거야. 지난번에 자동차 빌려달라고 할 때해봤지?"

"네, 기억해요. 참, 차는 괜찮죠? 내가 그때 관리 얼마나 잘했는데. 그리고 약속대로 빌려달라고 귀찮게도 안 하잖아."

"그래, 고맙다. 전보다 덜 귀찮게 해서."

나는 데이브의 말에 대답한 뒤, 바로 우리의 문제로 돌아왔다.

"그래서 모든 단점을 다 연결하고 나면, 가지치기할 방법을 생각해보는 거야."

"가지치기?"

"연결된 문장들 사이에 부정적인 결과가 일어나지 않도록 막을 방법을 생각해보는 거지. 대부분의 단점은 그런 식으로 막을 수 있는데, 하나가 지미 외삼촌의 도움이 있어야만 해결되는 거였어."

"뭐였는데요?"

"둘 중 한 명이 자기 지분을 팔 경우 말이야."

"길게 내다봤네요."

데이브가 놀란 모양이었다.

"그럼, 당연히 길게 봐야지."

"그래서 어떻게 했는데요?"

데이브가 물었다.

"좀 더 연구도 해보고, 지미 외삼촌한테 보여줄 때 기분 나쁘지 않게 말도 다듬었지. 자, 그 결과는 여기 있다."

나는 데이브에게 부정적인 나뭇가지를 제시했다.

"자, 봐라. 우선은 출발점으로 삼은 문장을 적었지. '우리가 같이 배를 사기로 했다'는 것 말이다. 그다음 '지미 처남이 자기 지분을 팔고 싶어질 때가 올지 모른다.' 또 '나는 혼자서 배를 다 살 정도로 여유가 없다.' 그렇지. 그 정도로는 돈이 없었지. 아무튼, 그건 됐고. 결론이 어떻게 됐을까?"

"이 문장들의 결론이야 확실하죠. 아빠는 외삼촌의 지분까지 살

수 없다는 거지."

"거기다가 내가 배를 누구와 같이 쓰는지 까다롭게 따질 거라는 것도 고려해야 해. 만약 지미 외삼촌이 다른 사람한테 자기 지분을 팔 경우, 마음이 맞지 않는 사람하고 배를 같이 쓰게 될 수도 있지. 그러니까 내가 어떤 선택을 하든지 결과가 나쁠 수밖에 없었어. 마음에 들지 않는 사람과 배를 같이 쓰지 않으려면 내 지분도 팔아야 하는데, 이미 그때쯤이면 난 배와 정이 너무 들어서 그것도 곤란했을 거야."

"아, 뭔지 알겠다. 그러면 지미 외삼촌이 아빠한테 억지로 배를 팔도록 하는 셈이 되니까, 아빠도 지미 외삼촌한테 감정이 상하겠죠."

데이브가 결론을 내렸다.

"물론이지."

"만약 아빠가 계속 지분을 가지고 있어도 결과는 별로네. 마음에 들지 않는 사람하고 같이 배를 써야 하는 거니까. 그렇게 되면 두고두고 외삼촌을 원망할 테고."

"외삼촌하고 문제가 생기면 엄마랑도 관계가 그렇지. 그런 상황은 피해야지. 그래서 이 종이를 지미 외삼촌한테 읽어주면서 같이 해결해보자고 했지."

"그랬더니요?"

데이브가 궁금하다는 듯 물었다.

"지금을 보면 결과를 알겠지? 우리는 배가 없고, 아빠는 지미 외삼촌이랑 여전히 사이좋게 지내고 있고."

"아빠, 그럼 난 이제 어떻게 해? 나도 허비랑 고물차 수리하는 거 그만둬?"

"아니, 그러라는 얘기는 아니야. 너도 단점을 다 적어보고 '뭐뭐 하면 뭐뭐 하다'는 논리를 써서 연결해보라는 거지. 막연히 고민 하는 것보다는 그렇게 정리하는 게 한결 좋아."

"굳이 그렇게까지 해야 할 이유가 있나?"

"두 가지 이유가 있지. 우선 그렇게 논리적으로 자세히 정리하 면, 예상되는 단점을 예방하기 위해서 구체적인 방법을 찾아낼 테 니까."

"다른 이유는요?"

"나머지 하나가 더 중요한 이유인데, 너 혼자서는 도저히 해결 할 수 없는 단점이 남아서 허비의 도움이 필요하더라도 허비한테 해결 방법을 제시하지는 마. 괜히 오해가 생길 수도 있거든. 대신 아빠가 너한테 보여준 것과 똑같이 논리적으로 정리한 목록을 보 여주는 거야. 하나씩 하나씩 읽어주면서, 둘이 같이 검토하는 거 지. 좋은 해결 방법이 있으면 허비가 제안을 할 거고, 그러면 둘이 서 같이 다듬으면 되는 거야. 그렇게만 되면 모든 단점이 다 해결 되었기 때문에 고민할 게 없고, 그 계획을 추진 안 할 이유가 없는 거지."

"만약 허비가 해결 방법을 찾아내지 못하면? 내가 허비한테 걱 정되는 단점을 보여줬는데, 허비도 마땅한 방법을 찾지 못하면?"

"그 경우에는 너희 둘이 같이 결정을 내려야지. 하지만 그렇게 돼도 그 문제 때문에 너와 허비 사이가 나빠지지는 않아. 다시 말 하자면, 둘이서 한 문제를 놓고 같이 고민하는 입장이 되는 거야. 어떻게 되든 우정에 금이 가지는 않는 거지."

"좋아요. 해볼게요. 이 종이 빌려가도 돼요?"

“그래. 하지만 꼭 제자리에 가져다놓고.”

“네, 알고 있어요. 서랍 맨 밑에 넣어두면 되죠?”

데이브가 나를 보고 웃으며 말했다.

4막

행운은 우연히 찾아오지 않는다

"회사를 살리는 유일한 방법,
파격적인 마케팅 솔루션"

THE
GOAL
It's Not Luck

22

설득이란 상대방의 다른 의견을 존중하는 데서 시작한다.
한 번에 성과가 있기를 바라지 마라.
—벤저민 디즈레일리

그랜비 회장에게 올릴 보고서를 준비하고 있는데 돈이 들어왔다.

"축하하네."

내가 그를 반갑게 맞았다.

"피트 사장이 방금 전화를 했는데, 자네를 입이 닳도록 칭찬하더군. 도대체 뭘 어떻게 했기에 그러나? 피트 사장한테 무슨 주문이라도 걸었나? 아니면 타고난 마력 같은 거라도 있는 건가?"

돈도 기분 좋게 웃었다.

"오늘 아침에 제가 직접 주문 계약한 건을 물어다주었다는 말도 하던가요?"

"그래. 그 얘기도 들었네."

"완전 식은 죽 먹기던데요. 저희가 논의했던 대로 다 됐어요. 단 하나도 예상에서 빗나가지 않았어요."

돈이 의자에 털썩 앉으면서 말했다.

"왜 그랬나? 왜 자네가 영업사원 노릇까지 한 건가? 자네는 그냥 옆에서 지켜보면서 피트 사장의 영업사원들이 무엇을 잘못하고 있는지만 알아내면 되는 거였잖나?"

"네, 그랬죠. 그래서 피트 사장님의 영업사원 네 명 모두 주문을 하나씩 따도록 도와줬죠. 다들 좋아죽으려고 하던데요. 작은 주문만 받다가 최고의 건수라고 하더라고요. 그런데 2주 동안 그 문제 해결에 매달리고 나니까 저도 직접 할 수 있는지 궁금해져서요. 제가 그런 이야기를 했더니, 피트 사장님이 비교적 소규모인 한 고객사와 자리를 마련해주셨어요. 영업이랄 것까지도 없이 그냥 신기하게 넘어가던데요. 제가 생각했던 대로 술술 풀리더라고요. 수주를 딴다는 게 그렇게 기분 좋은 줄 몰랐습니다."

"자네 영업 쪽으로 진로를 바꾸는 게 좋을 거 같은데."

내가 농담을 했다.

"그런데 대체 문제가 뭐였나? 정말 궁금하군. 자세히 말 좀 해보게."

"짐작하신 대로 고객들한테 잘못 설명하고 있었습니다. 제가 보기에 가장 큰 실수는 처음부터 자기들이 가져온 조건이 얼마나 굉장한 것인지를 너무 떠벌렸다는 점입니다. 재고는 얼마나 줄일 수 있고 구매 예산을 얼마나 아낄 수 있는지를 처음부터 너무 강조한 거죠. 너무 장점부터 늘어놓은 겁니다."

나는 이해가 안 됐다.

"그게 왜 문제가 되지? 당연히 그 사람들은 그렇게 해야 되는 거 아닌가?"

"거래를 망치고 싶다면 그렇게 해도 되지만 수주할 생각이 있다면 그래서는 안 됩니다."

"이봐, 돈, 수수께끼 같은 이야기는 그만하고 자세히 설명해봐."

"잘 들어보세요. 부회장님께서 구매 담당자 입장이 되었다고 한번 생각해보세요. 영업하러 온 사람이 이게 얼마나 좋은 조건인지 자랑부터 늘어놓는다면 어떤 생각이 드시겠어요?"

"만약 내가 구매 담당자라면 의심하고 믿지 않겠지."

"바로 그겁니다. 구매 담당자는 속으로 영업사원의 주장에 반대하기 시작합니다. 제시하는 조건이 그렇게 독창적이지도 않고, 그렇게 자기네들한테 필요하지도 않다고 반박할 겁니다. 더군다나 우리가 제시한 조건과 같이 영업사원이 주장하는 조건이 상식을 거스르는 과장된 거라는 인상을 받으면, 당장 회의적인 반응부터 보일 겁니다."

"그렇지. 나라도 그런 생각이 들 거야."

나도 동의했다.

"그리고 구매 담당자가 부정적인 생각을 하면 할수록 거래를 성사시킬 가능성은 적어지죠. 이 상관관계는 이미 여러 연구 결과에서 증명된 사실입니다."

"굳이 연구 결과를 인용하지 않아도 영업하는 사람은 경험을 통해 누구나 알고 있지. 하지만 그렇다고 자기 제품을 소개하지 않으면서 어떻게 영업을 하나? 더구나 제시하는 조건이 통상적인 것과 다르다면, 그것을 설명 안 하고 넘어갈 수는 없지 않나?"

돈은 대답 대신 화이트보드에 구름을 그리기 시작했다. 그가 적어 나가는 동안 나는 소리 내어 그 내용들을 읽었다.

"목표는 '구매 담당자가 자기 예산에서 구입할 수 있는 최상의 제품이라고 평가하게 한다.' 일단 피트 사장의 영업사원들이 이 목표에는 쉽게 동의했겠지?

"네. 전혀 문제없었습니다. 다들 영업 전문가들이니까요."

"좋아."

내가 계속 읽었다.

"'구매 담당자가 자기 예산에서 구입할 수 있는 최상의 제품이라고 평가하게 하기' 위해서는, '그만큼 값어치가 있다는 것을 보여주어야 한다.' 이것도 상식이지. 하지만 동시에 '구매 담당자가 부정적인 생각을 하지 않도록 하기' 위해서는 '제품을 소개하면 안 된다.'"

"방금 전에 했던 이야기 기억하시죠? 제품을 소개하기 시작하면 구매 담당자는 본능적으로 반대하려 한다는 거 말입니다."

돈이 서둘러 설명을 했다.

"참 어려운 모순이군. 영업사원들이 힘들 수밖에 없었겠어. 본론으로 들어가기 전에 새로운 조건의 장점을 설명하면서 신뢰를 쌓으려고 했지만 오히려 역효과만 낸 거군. 이 모순을 어떻게 해결했지? 영업사원들이 어떻게 해야 되나?"

"피트 사장님과 함께 구체적인 실행체계도(Transition Tree)를 그렸습니다. 보시겠어요?"

"물론이지."

돈이 실행체계도를 가지러 간 사이, 나는 다시 구름 그림을 살펴봤다. 아주 일반적인 모양이었다. 구름 속에는 피트네의 경우에만 국한되는 것은 없었다. 돈이 여기서 구상해낸 해법도 어느 상황에나 적용할 수 있는 일반적인 것일 테지. 지금 이 구름에 나와 있는 상황은 우리가 어떠한 마케팅 돌파구를 개발하더라도 영업하는 과정에서 겪을 수 있는 것이기 때문에, 돈의 해법도 일반적인 방안일 것이다. 마케팅 돌파구란 본질적으로 고정관념에서 벗어나는 것이고, 그래서 그것을 처음 접한 고객들은 여러 가지 부정적인 반응을 보일 수밖에 없다.

왜 이렇게 안 오지? 뭐 하는 거지?

"한 부 가지고 계시는 게 좋을 거 같아서 복사를 해왔습니다."

돈이 들어오면서 말했다.

나는 건네받은 두 장의 종이를 살펴봤다. 전형적인 실행체계도였다. 이 체계도에는 현재의 상황에서 바람직한 상황으로 전환하는 세부 방법이 실려 있었다. 체계도의 아랫부분에는 구매자의 현재 생각을 적은 문장들이 나와 있었고, 그게 출발점이었다. 두 번째 장의 위에는 목표가 적혀 있었다.

'수주를 축하합니다. 하지만 만약 실패했을 경우 그 원인에 대한 심층 분석.'

돈이 썼을 법한 문장이었다.

두 장의 오른쪽에는 정사각형이 여러 개 있었다. 이것은 추천하는 조치 사항들인데 전혀 이해가 안 가는 것도 있었다.

"같이 읽어보는 게 어떨까?"

내가 돈에게 제안했다.

"좋습니다. 우선 전형적인 구매 담당자는 어떤 생각을 할까부터 설명하겠습니다. '대부분의 구매 담당자들은 사고 싶지 않은 척하는 게 자신의 역할이라고 생각한다.'"

"그래, 그렇게 생각하는 구매 담당자들이 많지. 나도 그렇고."

나는 웃으며 말했다.

"구매 담당자는 영업사원이 제품에 대해 찬사를 늘어놓으면, 곧이곧대로 안 믿는 경향이 있다."

돈이 계속해서 읽었다.

"너무 완곡하게 표현한 거 같지만 사실이지."

내가 말하자, 돈이 싱긋 웃어 보였다.

"다음 것을 보시죠. '구매 담당자는 인쇄회사와 거래하면서 그리 좋은 경험을 한 적이 없다.'"

"이건 그냥 돌려 말한 게 아니군. 완전히 영국식의 절제된 표현인데. 이건 아무래도 피트 사장이 쓴 거 같은데."

내가 놀리듯이 말했다.

"물론입니다. 이 출발점들이 다 같은 결론에 도달한다는 점에 동의하세요? '우리가 제시한 누이 좋고 매부 좋은 거래 조건을 전통적인 방법으로 설명하면 긍정적인 반응보다는 회의적인 반응이 나올 가능성이 크다.'"

"필연적으로 그렇지."

나도 그렇게 생각했다.

"그럼 이번에는 피트 사장님의 영업사원 관점에서 살펴보겠습니다. 그들 입장에서는 새로운 판매 조건이 구매하는 사람한테는 확실히 이득이 된다는 걸 알고 있습니다. 단가도 저렴할 뿐만 아니라 놀랄 만큼 재고도 줄일 수 있고 폐기해야 할 재고도 사라지게 되니까요. 그러나 새로운 조건이 영업사원 스스로한테도 과연 유리한가는 확신하고 있지 못했습니다. 새로운 조건을 제시한다고 해서 주문이 밀려들 것이라고 확신하지 못한 상태였죠. 이렇게 내심 불안하게 생각하고 있었는데 구매자가 회의적인 반응을 보이면 어떻게 되겠습니까?"

"우리 쪽에서는 구매 담당자들이 진정으로 원하는 환상적인 조건을 내걸었는데, 구매 담당자들은 새로운 조건에 별로 관심이 없는 듯 회의적인 반응을 보인다고 생각했겠군."

상황이 눈에 선했다. 재미있는 일이군.

"영업사원들은 전문가들이니까, 그런 생각을 고객한테 대놓고 말하지는 않았겠지?"

"네, 아까도 말씀드렸지만 다들 전문가들입니다. 그런 실수는 안 하죠. 하지만 무의식적으로 행동이나 표정에 배어나올 수밖에 없었습니다. 그다음부터는 일이 풀릴 수가 없었죠."

"정확히 짚었군. 그래서 어떻게 고쳐주었나?"

"우선은 거래 조건을 설명할 수 있도록 충분한 시간을 확보하게 했습니다. 고객과 만나는 회의는 최소 30분을 확보하도록 했습니다."

"그렇군. '영업사원이 시간적인 압박 없이 구매 담당자를 만난다'가 그 이야기로군."

"네, 그렇습니다. 그리고 구매 담당자의 현상분석체계도를 설명하는 것부터 시작합니다."

"잠깐, 어느 현상분석체계도를 말하는 건가? 피트 사장이 현상분석체계도를 작성했다고 한 기억이 없는데? 바로 구매 담당자의 구름에서 시작하지 않았던가?"

"맞습니다. 하지만 안 하고 넘어갈 수가 없더라고요."

내가 그래도 잘 이해 못 하는 표정을 짓자, 돈이 설명을 계속했다.

"피트 사장님이 새로운 조건을 개발할 때에는 자신이 워낙 이 분야를 잘 알고 있기 때문에 몇 단계를 건너뛸 수 있었죠. 하지만 영업사원이 새로운 조건을 설명할 방법을 찾다 보니, 유일한 방법은 맨 처음으로 돌아가서 원칙대로 모든 현상분석체계도를 작성하는 거였습니다. 조금 있다가 보여드리겠습니다."

"어쨌든 전체를 다 하긴 해야 된다는 이야기군."

왜 그런지는 완전히 이해가 되지 않았지만, 결과적으로는 그 점이 증명된 것 같았다.

"구매 담당자들의 현상분석체계도를 볼 수 있을까?"

돈이 종이 한 장을 건네주었다.

"별로 새삼스러운 내용은 없습니다. 피트 사장님이 새로운 방법을 설명할 때 언급했던 내용입니다. 맨 아래는 인쇄회사의 방침들이고요. 그리고 구매 담당자의 UDE를 특히 철저하게 분석했다는 점이 주목할 만합니다. 영업사원이 분석체계도의 아래에서 위로 읽어 올라가다 보면 처음에 나오는 UDE는 주로 저희 자신을 탓하고 있는 것들이라, 구매 담당자 입장에서는 그런 시작을 그리 싫어하지는 않습니다. 이 점이 중요합니다. 설명을 그렇게 시작하지 않으면 구매 담당자들은 쓸데없는 이야기 그만하고 견적이나 내놓으라고 할 것이고, 영업사원이 실제로 그렇게 하면 그때부터 회의는 걷잡을 수 없게 됩니다."

"구매 담당자들이 현상분석체계도를 이해하는 데 어려움은 없었나?"

"전혀 없었습니다. 사실 어려워할 이유도 없습니다. '만약 뭐뭐 하면 뭐뭐 하다'라고 하는 것은 누구나 이해할 수 있으니까요."

맞는 말이다. 현상분석체계도를 작성하는 것과 일단 작성된 현상분석체계도를 이해하는 것을 내가 혼동했다. 특히 자신이 잘 아는 주제에 대한 현상분석체계도일 경우, 어린아이들조차 아주 쉽게 이해할 수 있다. 현상분석체계도를 처음 접한 사람도 마찬가지다.

"계속하게."

"영업사원은 수치를 계산한 자료를 내놓으면서, 가용자재 단가의 개념을 설명합니다."

여기에 대한 자료도 나에게 보여주었다.

"구매 담당자들이 그 개념을 이해하는 데 어려움은 없었나?"

"전혀 문제없었습니다. 오히려 모두 상당히 유용한 개념이라는 반응을 보였습니다. 그 자리에서 그 용어를 따라 사용하기 시작했으니까요. 적당한 말로 표현을 못해서 그렇지, 구매 담당자들도 항상 의식해온 개념이라는 느낌을 받았습니다."

"그랬군. '구매 담당자들이 관심 있게 들었다'가 그런 이야긴가 보군."

"네. 자기 의견도 이야기하고 현상분석체계도에 새로운 항목을 추가하는 사람도 있었지만, 분석체계도의 어느 한 부분에라도 반대하는 사람은 한 명도 없었습니다. 자기가 하는 일을 너무 잘 알고 있었기 때문에 반대할 수가 없었죠. 여기부터가 가장 중요한 대목인데 현상분석체계도는 결국 인쇄회사의 방침에 따라 구매 담당자들이 그동안 얼마나 곤란한 상황에 처해 있었는지를 보여줍니다. 드디어 구매 담당자는 자기를 진정으로 이해하는 사람이 있구나 하는 사실을 절실히 느끼게 됩니다."

"대단하군. 구름을 어떻게 깼는지 알겠어. 제품을 소개하는 대신 구매 담당자 자신이 처한 어려움을 설명하면서 시작했군. 그것도 구매 담당자들이 좋아할 방식으로 말이야. 그것이 바로 상호 신뢰를 쌓는 방법이지. 쓸데없는 것을 이야기하는 게 아니고 실질적인 일을 다루면서 말이야. 그 정도의 신뢰를 쌓으려면 보통은 수개월, 심지어 수년은 걸렸을 거야."

"그렇겠죠. 어쨌든 저희는 이쯤에서 다시 한 번 저희의 조건과 구매 담당자가 겪고 있는 UDE 간의 관계를 설명할 필요가 있다고 생각했습니다. 간단히 요약만 해주는 거죠. 거기에 대해 구매 담당자가 보이는 반응은 기대하시던 대로였습니다."

돈은 실행체계도를 보고 읽었다.

"'한숨을 쉬거나 욕을 하거나, 아니면 그와 비슷한 반응을 보여도 영업사원을 직접 공격하지 않는다'입니다."

"물론 그렇겠지. 이제는 영업사원이 자기편이라고 생각하니까."

"그렇습니다. 그리고 나서 저희 영업사원은 회사 방침 때문에 구매 담당자가 문제를 겪고 있다면, 그 문제는 바로 우리 자신의 문제라는 걸 강조합니다. 구매 담당자의 문제를 풀어주지 못하는 건 자기 스스로 판매를 방해하는 거나 마찬가지라는 점을 강조하는 거죠."

"그런 고해성사 같은 이야기를 듣고 싫어할 구매 담당자는 없겠지."

"물론이죠. 그래서 대부분은 우리가 문제를 어떻게 풀어줄 생각인지 물어보는데, 영업사원은 이때 미래모습체계도를 건네주면서 '저희의 새로운 판매 지침입니다'라고 새로운 조건들을 소개합니다."

"나도 한 부 줄 수 있겠나?"

"물론이죠."

미래모습체계도의 아래 부분에는 다음과 같은 문장들이 있었다.

'2개월 단위로 주문을 하되 제품은 2주 단위로 받는다'와 '어떠한 불이익도 없이 첫 납품을 받은 다음에는 나머지 주문량을 취소할 수 있다.'

돈이 미래모습체계도를 제대로 그렸다. 이 두 문장은 기존 판매 정책의 변화 내용을 나타내고 있었다.

돈이 설명을 계속했다.

"영업사원은 구매 담당자에게 미래모습체계도를 읽어줍니다. 이렇게 함으로써, 왜 새로운 판매 정책이 긍정적인 결과를 가져올 수밖에 없는지 확실히 증명해주는 거죠."

"재미있는 것은 자네가 미래모습체계도를 읽을 때 구매 담당자가 이미 동의한 조건, 최종적인 논리 체계만 사용했다는 점이야. 아주 현명한 선택이야. 이제 구매 담당자도 반대할 수가 없게 됐군."

"네, 반대한 사람은 없었습니다. 하지만 그 자리에서 바로 수주 계약을 한 건 아닙니다. 실행체계도를 보시면 다음 단계의 걸림돌을 보실 수 있습니다. '영업사원이 지나치게 후하다는 생각을 한 구매 담당자는 의심을 하게 된다.'"

"그 경우 의심을 하게 되는 건 자연스런 현상인데 그 의심을 어떻게 불식시켰나?"

"가장 좋은 방법은 함정을 직접 보여주는 것이라고 생각했습니다. 일단은 지금까지 보여준 게 전부는 아니라고 한마디했습니다. 그리고 나서 구매 담당자에게 부정적 나뭇가지를 보여주었습니다."

"어느 부정적 나뭇가지? 그것은 또 무슨 이야기지?"

"아, 죄송합니다."

돈이 또 한 장의 종이를 보여주었다.

찬찬히 읽어봤더니, 그건 결국 내가 피트에게 지적했던 부정적인 점들이었다. 즉, 소량만 필요하지만 단가를 낮추기 위해 대량으로 주문한 후 첫 번째 납품만 받고 나머지는 취소해버리는 식으로 이 조건을 악용하는 곳이 있을 수 있다는 내용이었다.

"이걸 보고는 어떤 반응을 보이던가?"

"반응은 천차만별이지만 어쨌든 그 문제를 해결할 방법을 제시하더군요. 저희도 받아들일 수 있는 방법들이었습니다."

"그랬군. 그럼 이제 구매 담당자도 새로운 거래 조건을 정의하는 데 직접 참여하게 된 거군. 그렇게 되면 자기도 한 수 거들어 만든 조건에 반대할 구매 담당자는 없겠지."

"그렇죠. 옆에서 지켜보니 이 단계에서 구매 담당자들은 영업사원의 최후 공격을 예상해 방어 준비를 한다는 걸 눈치챌 수 있었습니다. 그래서 저희는 좀 특이한 방법을 취했습니다. 오히려 저희 영업사원이 '시간을 가지고 생각해보시고 다음에 한 번 더 만납시다'라고 제안하는 거죠. 그랬더니 구매 담당자들은 영업사원과 우리 거래 조건을 한층 더 신뢰했고, 이후 한 번 더 만난 경우는 실제로 딱 한 번밖에 없었습니다."

돈이 큰 소리로 웃으며 말했다.

"더 만나지 않고 그럼 어떻게 됐나?"

"모두 그 자리에서 당장 매듭짓자고 하던데요."

"훨씬 잘됐군."

"재미있는 것은 그다음입니다. 계약서에 서명하는 게 구매 담당자한테는 얼마나 민감한 사안인지 알고 있기 때문에, 저희는 조그마한 위험도 있어서는 안 되겠다고 생각했습니다. 그래서 피트 사장님은 구매 담당자가 계약서에 서명하기 전에 넘어야 할 장애물들을 목록으로 정리했죠. 저희는 이 목록을 구매 담당자에게 보여주었습니다."

나는 돈의 말에 깜짝 놀랐다.

"잠깐만. 구매 담당자한테 계약하지 않겠다고 말할 수 있는 구실을 알려줬다는 소린가? 계약서에 서명하면 안 된다고 구매 담당자를 설득할 생각이었나?"

나는 내 귀를 의심했다.

"겉보기에는 그럴 수도 있습니다. 하지만 기억하셔야 될 게 이쯤 되면 저희 조건이 완벽하다는 걸 구매 담당자가 더 잘 알고 있다는 겁니다. 그런 사람이 돌아설 위험은 전혀 없죠."

돈이 웃으면서 말했다.

"그렇군. 역할을 바꿔버린 거군. 우리가 먼저 힘들고 어려운 지점을 제시하면, 상대는 거꾸로 그 정도는 극복할 수 있다고 주장하지. 배짱 한번 좋군."

"그렇지는 않습니다. 실제로 구매 담당자들이 어떤 어려움은 그렇게 심각하지 않다고 무시하기도 했지만, 어떤 문제에 대해서는 이렇게 하면 해결될지도 모른다고 저희 영업사원들과 의논하기도 했습니다. 그 결과는 이미 알고 계신 대로입니다. 소규모 주문은 그 자리에서 성사시킬 수 있었고, 대규모 주문 고객과 만났을 때는 오히려 예상보다 많은 양에 대한 견적을 부탁받았습니다. 전망이 아주 좋습니다. 지금 피트 사장님은 밀려드는 주문을 어떻게 늦춰야 하나 고민입니다. 공장도 파도처럼 밀려드는 주문을 소화하느라 아우성입니다."

"수고했네, 돈. 정말 잘했어. 기대했던 것보다 훨씬 일을 잘 처리했어. 이 자료는 도노번 사장과 스테이시 사장한테도 전해줘야겠군. 그쪽에서도 마케팅 돌파구를 찾으면 자네가 개발한 자료가 필요할 테니까."

임무를 완수한 돈은 자랑스러운 표정으로 의자에서 일어나면서 다리를 폈다.

"이제 집에 가서 짐을 좀 풀어도 되겠죠?"

"아니, 짐은 나중에 풀게. 도노번 사장한테 가봐야겠어."

"하지만 부회장님, 출장 갔다가 2주 만에 온 데다 오늘 저녁에 약속도 있는데요."

"그래, 좋아. 그럼 자넨 내일까지 쉬게. 난 도노번 사장한테 가서 그쪽에서 개발했다는 해결 방법을 검토할 테니까. 나는 자네도 관심 있을 줄 알고 얘기한 건데, 미안하네."

"아닙니다, 부회장님. 그런 기회를 놓칠 수는 없죠."

돈이 문을 향해 가면서 중얼거렸다.

"이러니 내가 아직 총각 신세지."

23

문제를 직면한다고 해서 다 해결되는 것은 아니다.
그러나 직면하지 않고서 해결되는 문제는 없다.
—제임스 볼드윈

나는 밥에게 새로운 마케팅 솔루션을 개발하는 데 실제로 참여한 사람만 참석시키라고 당부했다. 회의 참석자 수를 최소로 줄이기 위해서였다. 약 12명 정도로 예상했는데, 밥은 영업 담당 부사장인 수잔 로막과 생산 담당 부사장인 제프 딜먼 둘만을 데리고 왔다. 제프는 나도 잘 아는데, 물류 시스템 개선 방안을 만드는 데 크게 기여했다. 수잔에 대해서는 별로 아는 바가 없었고 같이 일을 해본 경험도 없지만, 밥이 높이 평가하는 걸로 봐서 좋은 사람일 것이다.

"다른 사람들은 어떻게 됐습니까?"

커피와 도넛을 먹으면서 내가 물었다.

"다른 사람들은 없습니다요."

내가 놀라는 표정을 짓자, 밥이 덧붙였다.

"매각 계획이 발표된 이후 온갖 소문이 돌았습니다요. 소문이 많으면 회사 운영에 어려움이 많지요. 그래서 확실한 마케팅 솔루션을 찾아내서 부회장님 승인을 받을 때까지 최대한 보안에 신경을 썼습니다요. 그러자니 참여 인원이 적었습니다요. 회사 분위기가 뒤숭숭해서 그동안 어려움이 많았습니다요."

"그랬군요. 그럼 시작해볼까요?"

밥이 수잔에게 발표하라는 시늉을 했다.

"저희는 부회장님이 주신 현상분석체계도를 따랐습니다."

이렇게 말하면서 수잔은 플립 차트 앞으로 나섰다.

"현상분석체계도가 쓸모 있을 거라고 생각했습니까?"

나는 호기심이 일어 물어봤다.

"확신했다고는 말하기 어렵습니다. 이론적으로는 가능했지만 솔직히 마케팅 돌파구를 찾아내는 체계적인 방법론이 있다고 하면 누가 믿겠습니까?"

"하지만 결과적으로는 성공했죠?"

"그렇다고 생각합니다요. 그렇지 않으면 부회장님을 이 자리에 모시지 않았을 겁니다요."

밥이 대신 대답했다.

"성공 여부는 주문량에 따라 결정되는 겁니다. 그때까지는 멋진 이론에 불과합니다."

수잔이 말했다.

"그런 태도 마음에 드는군요. 계속하시죠."

내가 말했다.

수잔이 우선 첫 페이지를 펼쳤다.

"여기 보시는 건 저희가 출발점으로 삼은 시장의 UDE들입니다."

"저희는 최종 사용자가 아니라 화장품을 판매하는 매장을 시장으로 삼았습니다요."

밥이 끼어들었다.

"왜 그렇게 했죠?"

내가 물었다.

"부회장님께서 주신 지침에 따라 우선 가장 빠른 결과를 가져다 줄 수 있는 대상을 선택했고, 그래서 저희와 직접 거래를 하는 매장에다 초점을 맞추기로 한 겁니다요."

밥이 대답했다.

"게다가 저희의 새로운 방침을 소비자에게까지 전달하려면 막대한 광고 비용 지출도 불가피한데······."

수잔이 덧붙였다.

"물론 추가 지출은 부회장님께서 허락하시지 않으리라 판단했습니다요."

밥이 마무리 지었다.

"잘 생각했어요."

내가 맞장구를 쳐주었다.

나는 매장의 UDE들을 읽었다. 별로 새로운 내용은 없었다. 화장품 업계 경험이 없는 나도 이미 알고 있는 문제들이었다. 예를 들어 '상대적으로 오래된 제품은 매장에서 대폭 할인해서 팔아야 한다', '고객이 찾는 상품이 매장에 없는 경우가 많다', '거래처에 제때 대금을 지불하지 못하는 매장이 많다' 등이었다.

"다음은 매장의 현상분석체계도를 작성했습니다."

수잔이 다음 장으로 넘어갔다.

"분석체계도 작성에 어려움은 없었나요?"

내 물음에 수잔과 밥이 서로 쳐다보면서 웃음을 지었다.

"당황스러울 정도로 쉬웠습니다요."

밥이 대신 대답했다.

나는 수잔에게 계속하라고 했다.

"공급하는 쪽의 회사 방침 때문에 핵심 문제가 발생한다는 사실이 현상분석체계도에 나타나야 한다고 하셨잖아요? 부회장님의 그 지침대로 다시 작성했습니다. 사실 저희는 별도로 표현을 바꿀 필요가 없었습니다. 결과는 이렇게 나왔습니다."

그러더니 현상분석체계도를 밑에서 위로 읽기 시작했다.

"'화장품 회사에서는 매장의 주문량에 따라 할인을 해준다'와 '대량 주문의 할인 폭이 상대적으로 컸다'가 핵심 문제인 것으로 파악되었습니다. 여기에다 '매장 간의 경쟁이 치열하다'를 감안하면 필연적인 결과는 '매장들은 한 번에 많은 양을 주문할 수밖에 없다'로 귀결됩니다."

"그렇군요. 잠깐 다른 이야기를 해볼까요? 다시 말해 매장 입장에서는 소량으로 주문할 수 없다는 이야긴데. 도노번 사장, 지난번에 새로운 물류 시스템은 일일 단위로 공급이 가능한데 화장품 매장들이 이를 활용하지 않는다고 하지 않았나요? 혹시 그 원인이 이거 아닙니까?"

"네, 맞습니다요. 저희는 그것도 모르고 화장품 매장들이 변화를 거부하고 기존의 구매 습관을 버리지 못한다고 생각했습니다요. 그런데 알고 보니 그런 게 아니었습니다요. 저희 물류팀에서는 일일 단위로 거래를 하자고 애원하면서도 다른 한편에서는 저희의 판매 정책이 그렇게 하지 못하게 막고 있었습니다요. 정말 한심한 노릇이지요."

밥이 기막히다는 듯 웃으면서 말했다. 나는 수잔에게 계속하라고 했다.

"우선 재무적인 내용을 담고 있는 부정적인 나뭇가지부터 설명 드리겠습니다. 대량 구매의 직접적인 영향으로 '매장들은 재고를 많이 보유해야 한다'가 됩니다. 아시다시피 대다수 매장은 현금이 부족합니다. 저희가 상대하는 화장품 매장들은 대형 체인점이 아니라 약국을 비롯한 소규모 판매점들입니다. 따라서 많은 재고를 유지하기 위해서는 결국 '대부분의 매장이 많은 차입을 해야 한다'가 됩니다. 결과는 다음과 같습니다. '매장이 부담하는 금융 비용이 과하다.' 결국은 '매장의 수익성이 악화된다'입니다."

"사실 화장품 매장들이 처한 상황은 생각보다 어렵습니다요. 소형 매장의 주인들은 은행 좋은 일만 하고 있다고 불만이 대단합니다요. 차입금에 대한 이자 부담이 상당히 높으니까요."

밥이 덧붙였다.

나는 고개를 끄덕였다. 나도 이미 여러 차례 들은 바 있었다. 이는 비단 화장품 업계만의 문제가 아니었다.

수잔이 계속했다.

"만약 '대다수 매장의 차입 부담이 높고', '매장의 신용이 한정되어 있다'면, '제때 대금을 지불하기 어려운 매장이 생긴다'는 결론이 나옵니다. 물론 공급을 해준 저희 입장에서는 빨리 대금을 받고 싶죠."

"저희가 너무 야박하지요?"

밥이 한마디했다.

"그 결과 '상품을 공급받지 못하는 매장이 생기고' 이는 매장의 수익에 직접적인 영향을 주게 됩니다."

"그 영향이 얼마나 심각합니까?"

돈이 물었다.

"상당히 심각하죠. 파산하는 화장품 매장이 한 해에 여럿 있습니다. 저희도 그렇고 경쟁사도 그렇고 매장들의 현금난을 잘 알고 있기 때문에 비교적 유리한 지불 조건을 제공하고 있습니다. 업계 평균은 90일 정도 됩니다."

수잔이 대답했다.

"하지만 현실적으로 120일은 지나야 겨우 외상 매출금을 수금할 수 있습니다요. 심각한 문제지요."

밥이 덧붙여 말했다.

"계속할까요?"

수잔이 말했다.

"그 외에도 문제는 대단히 많습니다요."

밥이 수잔을 보고 웃으며 말했다.

"여기 이 문장을 보시면 '매장의 판매 예측이 매우 부정확하다'라고 되어 있습니다. 여기에 '매장들은 한 번에 많은 양을 주문할 수밖에 없다'라고까지 하면 그 결과는 불 보듯 뻔합니다. '매장의 재고와 고객의 수요 사이에 차이가 많다'가 되고, 그 결과 '재고를 많이 가져가도 품절이 생긴다'입니다."

"품절이라니 무슨 뜻입니까?"

나는 확인하는 차원에서 물어봤다.

"즉, 고객이 매장에 들어와 특정한 상품을 찾는데 그 물건은 없고 그렇다고 대체품은 소비자가 싫다고 하는 경우입니다."

"그 말은 품절이 생길 경우 그만큼 매출을 잃는다는 의미군요."

"네, 그렇습니다. 설상가상으로 '매장은 소량으로는 주문할 수 없다'이기 때문에 만성적인 품절 현상이 일어납니다. 다음 대량 주문을 할 수 있을 때까지 어떤 상품은 없더라도 그냥 버텨야만 하는 거죠."

수잔은 현상분석체계도를 가리키며 말했다.

"그럼 매장의 수익에도 타격이 크겠군요."

내가 화살표를 따라가며 읽었다.

"네, 그 피해가 상당합니다."

수잔도 나와 같은 생각이었다.

"알렉스 부회장님, 마지막 나뭇가지도 보셔야 합니다요. 이 업계가 얼마나 말도 안 되게 돌아가고 있는지 분명하게 보실 수 있습니다요. 수잔 부사장, 보여드리세요."

밥은 이 현상분석체계도를 자랑스럽게 여기고 있는 것 같다. 하지만 수잔은 밥과 달리 그렇게 열의가 있어 보이지 않았다. 그저 평범한 어조로 다음 문장을 읽기 시작했다.

"아시다시피 '새로운 브랜드를 계속 출시하고 신제품을 광고하고 있습니다.'"

"전례 없이 치열해졌죠."

나도 동의를 했다.

"그렇습니다. 거기다 '매장은 재고를 많이 갖게 된다'는 전제가 있습니다. 이런 재고를 오래 가지고 있을 수 없기 때문에 '매장은 비교적 오래된 제품을 대폭 할인한다'라는 결론이 나옵니다. 이것 역시 수지에는 도움이 안 됩니다."

"알렉스 부회장님, 보시다시피……, 저희는 막대한 예산을 써서 새로운 제품을 사라고 소비자들에게 홍보하고 있습니다요. 그런데 매장에서는 마진을 줄이면서까지 구제품을 판촉하고 있습니다요. 서로 손발이 안 맞는다는 말입니다요."

"정리해보면, 현상분석체계도에서 파악된 핵심 문제는 명백하군요. 우리의 판매 정책이 매장으로 하여금 대량 주문을 하도록 강요하고 있다는 겁니다. 그런데 대량으로 주문한다는 게 어느 정도를 의미합니까? 매장의 판매를 기준으로 봤을 때 몇 주 분량 정도 됩니까?"

내가 수잔에게 물었다.

"매장 규모에 따라 다르지만, 몇 주냐의 문제가 아니라 오히려 몇 달 분량입니다. 매장들의 주문 주기를 보면 대형 매장의 경우에는 한 번에 한두 달 분량을 주문하고, 소형 매장들은 거의⋯⋯ 한 6개월 분량을 한 번에 주문합니다. 평균은 약 4개월 분량 정도가 될 것으로 짐작합니다."

"그렇군요. 좋아요."

"왜 좋다고 하시는 건가요?"

돈이 의외라는 듯이 물었다.

"문제의 상당 부분이 우리 탓이니까. 다시 말해 해결의 열쇠도 우리 쪽에 많이 있다는 거지. 도노번 사장, 그래 이 문제에 대한 해결 방법을 보여주시겠습니까?"

"제프 부사장이 말해보세요."

밥이 지금까지 한마디도 하지 않던 제프를 향해 말했다.

그리고 밥이 플립 차트 쪽으로 손짓을 하자, 그제야 수잔이 안도하는 표정이었다. 다들 왜 나를 이렇게 무서워할까?

제프가 목을 가다듬었다.

"해결 방법은 비교적 간단합니다. 미래모습체계도는 현상분석체계도의 반대 이미지로 보시면 됩니다. 출발점으로 삼은 문장은 두 가지입니다. '주문량이 아니라 그 매장의 연간 거래 규모를 기준으로 할인을 한다'와 '매장 재고를 일일 단위로 보충한다'입니다. 이 두 문장을 출발점으로 삼고 현상분석체계도의 논리를 따라 작성한 결과 모든 것이 맞아떨어졌습니다."

제프는 말을 마치고 다시 자리에 앉았다.

나는 미래모습체계도를 살펴봤다. 특별한 점은 없었다. 그 두 문장에서 출발한 화살표들은 모든 UDE의 반대 문장에 다다랐다. 제프의 말이 옳았으므로 그림을 소리 내어 읽을 필요도 없었다.

"느끼셨는지 모르겠지만, 출발점으로 삼은 문장 중 하나는 저희의 새로운 물류 시스템을 기반으로 한 겁니다요. 그렇기 때문에 경쟁사들이 따라 하는 것은 불가능합니다요. 적어도 당분간은 그럴 겁니다요. 현재 경쟁사들의 운영 방식을 감안하면 적어도 2년은 있어야 우리 조건을 모방할 수 있습니다요."

밥이 말했다.

"정말 멋집니다. 저희의 청사진이 효과가 있군요."

돈이 밝게 웃으며 말했다.

"자네가 준 청사진이 워낙 좋아서 이쪽에서 한 일은 거의 없지."

밥이 돈의 말을 받아쳤다.

하지만 뭔가 문제가 있는 거 같았다. 문제가 없다면 밥이 여태 직원들한테 공개하지 않았을 리가 없다. 밥은 내가 승인하지 않을 거라고 예상한 모양인데, 왜지? 지금으로 봐서는 아무 문제도 없는 거 같은데……. 밥에게 물어볼 수도 있지만 내가 직접 찾아내는 게 더 좋을 것 같았다. 생각을 하기 시작했다.

나는 일어서서 커피를 따르러 갔다. 시간을 벌어야 할 때면 흔히 써먹는 방법이었다. 커피로도 도움이 안 되었다. 전혀 짐작조차 가지 않았다. 나는 포기하고 밥에게 물어보기 전에 마지막으로 수잔에게 질문을 했다.

"새로운 조건으로 거래를 하면 매출이 얼마나 증가할까요?"

"장기적으로는 상당히 증가할 겁니다. 거의 30퍼센트의 매출 신장을 기대하고 있습니다. 그 이상일 수도 있고요."

"단기적으로는요?"

"뭐라고 단정하기 어렵습니다."

수잔이 망설였다.

"그래도 대충 어림잡으면 얼마나 됩니까?"

내가 다시 물었다.

"아마 매출이 좀 줄어들 겁니다. 하지만 그렇게 큰 폭은 아닐 겁니다."

"매출이 줄어든다고요? 왜 그렇습니까?"

돈은 도저히 이해가 안 가는 모양이었다.

이제야 알겠다. 정말 심각한 문제였다.

"돈, 왜냐하면 이 새로운 조건으로 거래를 하면 매장들은 재고를 줄일 수가 있기 때문이지. 수잔 부사장, 지금 매장들이 지니고 있는 재고가 얼마나 되죠? 또 진열 상품들과 기본 재고량을 합해서 적정한 재고량은 얼마면 됩니까? 앞으로 매일매일 상품을 보충한다는 걸 감안해서 과장 없이 말해주세요."

내가 수잔에게 물었다.

"정말 가능할까라고 의심이 들기는 하겠지만, 현재 재고의 절반 정도까지는 줄일 수 있을 겁니다. 그것보다 조금 높을 수도 있고요."

"그 말은……, 대략 2개월분의 매출액을 잃는다는 뜻인가?"

나는 머릿속으로 재빨리 계산해봤다.

"잘 팔리는 상품의 주문이 늘어날 테니, 어느 정도는 메울 수 있을 거라 생각합니다. 그리고 지금까지 거래가 없었던 매장들과 새로 거래를 틀지도 모르고요. 그래서 매출이 줄기는 하겠지만, 2개월분이라기보다는 1개월분에 가까운 금액이 될 겁니다. 그 정도는 새로운 거래 방안을 실천하기 위해 감수해야 하는 희생이라고 봐도 될 것 같습니다."

"그럴 여유가 있을까요?"

밥이 천진스럽게 물었다. 마치 자기는 이런 문제가 있는지 전혀 몰랐다는 듯한 말투였다.

"저도 잘 모르겠습니다. 이미 올해 완제품 재고를 줄이는 바람에 1차 타격을 입었잖습니까? 상당히 충격이 컸죠. 거의 1,000만 달러 정도였는데……. 그런데 또다시 두 달분의 매출액이 사라진다면 올해 손실액이 너무 커질 것 같습니다. 출혈이 좀 클 거 같은데요. 솔직히 이사회를 설득할 수 있을지 자신이 없네요."

나는 자신 없는 목소리로 말했다.

"하지만 도노번 사장님의 계획대로 진행하면 내년과 후년에 엄청난 수익을 낼 수 있습니다. 트루먼 이사님과 다우티 이사님도 이해할 겁니다. 두 사람 다 철저한 사업가들 아닙니까?"

돈이 반박했다.

"그렇기는 하지."

내가 말했다. 우리가 이 계획을 추진하면 올해 안에 밥의 회사를 매각할 수 없다는 것쯤은 쉽게 짐작할 정도로 영리한 사람들이었다. 그들을 설득할 수 있을까? 전혀 가망이 없는 것은 아니었다.

"일단 다들 점심 식사를 하세요. 전 그동안 산책을 하면서 생각을 좀 했으면 합니다."

24

깊고 무서운 진실을 말하라.
자기가 느낀 바를 표현하는 데 결코 주저하지 마라.
깨닫기만 하고 실천하지 않으면 깨달음은 아무 소용없다.
―카를 힐티

아이코스메틱스 본사는 아름다운 공원 한가운데에 자리 잡고 있다. 화창한 날, 아름드리나무 그늘 사이를 걷고 있으니 어디 교외에 놀러라도 나온 것 같았다. 하지만 지금 그런 감상에 젖어 있을 때가 아니었다. 좁은 오솔길을 빠른 걸음으로 따라가며 열을 식히려고 했다.

또다시 단기적인 왜곡 현상 때문에 일이 어렵게 되었다.

'시간은 돈이야. 물가 상승보다 더 벌 수 있다고 자신하나? 유니코의 신용 등급은 너무 낮아. 이런 위험한 상태를 오래 내버려둘 수는 없어.'

트루먼의 말이 떠올랐다. 그 이야기는 질리도록 들었다. 하지만 그렇다고 이런 황금 같은 기회를 포기할 수 없다. 너무 어리석은 짓이다.

매각을 연기하도록 브랜든과 짐을 설득할 수 있지 않을까? 물가 상승보다 더 높은 수익을 낼 자신이 있었다. 밥이 찾아낸 이 방법을 실천할 경우, 어느 정도의 투자 수익률을 예상할 수 있을까? 이 경우 우리가 겪게 되는 두 달분의 매출 감소는 투자로 봐야 한다. 사실 여기에 돈이 들어가는 것도 아니다. 매장에서 제품을 판매해야만 우리 입장에서도 진정한 매출이 이뤄진다는 것을 생각하면, 매장에 미친 듯이 물건을 떠넘겨서는 안 된다. 그렇게 하면 오히려 우리만 최종 시장에서 그만큼 멀어지게 되는 것이다.

하지만 트루먼과 다우티에게 이런 주장이 먹힐 것 같지 않았다. 지금은 장부에 미칠 영향을 생각해야만 한다. 장부상의 매출이란 매장에 얼마나 팔았는가를 의미하기 때문에 결국 두 달분의 매출이 감소할 것이다. 그 대신 우리가 얻게 되는 것은? 수잔의 말에 따르면 장기적으로는 매출을 30퍼센트 정도 늘릴 수 있다. 그 이상을 기대할 수도 있다. 수잔은 상황을 낙관하는 성격이 아닌 것 같았고, 결국 실제로 매출을 신장시키는 것도 그녀의 책임이었다. 이 업계를 속속들이 아니까 수잔의 말을 믿어도 될 것 같았다.

하지만 그래도 안전하게 매출이 25퍼센트만 증가한다고 가정해보자. 이것만으로도 대단하다. 두 달분의 매출액을 희생하는 대신 매년 석 달분의 매출액을 더 얻을 수 있다는 계산이 나온다. 이건 매년 150퍼센트씩 돌려받는다는 의미다. 그러면 물가 상승이 문제가 아니라 노다지를 발견한 거나 마찬가지였다.

잠깐, 하지만 그런 결과를 얻으려면 얼마나 기다려야 하나? 그림의 떡은 정말 싫다. 순매출액이 증가하려면 얼마나 걸릴까? 그러려면 매장의 잉여 재고가 소진되어야 하는데, 그렇게 오래 걸릴 것 같지는 않았다. 적어도 넉 달 내지 여섯 달 안에 매출 신장을 볼 수 있고, 그보다 빨리 나타나는 경우도 있을 것이다. 그 정도라면 이사회를 설득해볼 수 있다. 하지만 철저한 준비가 필요하다.

뭐라고 이사회를 설득해야 할까? 아이코스메틱스의 매각을 연기해달라고? 하지만 언제까지? 적어도 이 계획의 효과가 나타나기 시작하는 내년까지는 시간을 벌어야 한다.

아니, 그렇게는 안 될 것이다. 젠장, 내가 빠진 함정은 생각보다 깊었다. 매각을 지연하도록 설득한다고 해도 나는 죽은 목숨이다.

일단 이사회의 가장 큰 걱정은 유니코의 신용 등급을 회복하는 것이다. 이것은 바뀔 수 있는 게 아니었다. 그리고 신용 등급 회복을 위해서는 자금이 필요한데, 그 자금을 우리 회사들을 매각해서 조달할 계획이었다. 내가 아이코스메틱스 매각을 막는 데 성공한다고 해도, 그것은 곧 가압증기사 매각을 승인하는 꼴이 된다. 이사회는 가압증기사를 팔아서 산산조각 내고 말 것이다.

그렇게 할 수는 없었다. 스테이시네 회사도 보호해야 한다. 밥은 걱정할 필요가 없었다. 이미 멋진 마케팅 돌파구를 찾았으니, 누가 인수하든 자신의 방식대로 방해받지 않고 회사를 운영할 수 있을 것이다. 어쩌면 밥의 기발한 아이디어 값으로 매각 대금을 더 받을 수도 있다. 그래, 그것은 내가 할 수 있을 것 같다.

그 정도에 만족해야 하나?

마음이 편치 않았다. 그렇게 된다면 밥과 그 직원들이 새로운 아이디어를 실행하는 시기를 매각 이후로 미루어야 한다는 의미였다. 그것은 바보짓이었다. 재무제표가 어떻게 되든 그건 내가 알 바가 아니다. 분명히 더 좋은 방법이 있을 것 같았다.

하지만 마음에 걸리는 게 또 있었다. 이 마케팅 아이디어의 문제점을 밥이나 수잔, 제프 모두 알고 있는데 왜 아직도 해결 방법을 찾지 못했을까? 셋 다 업계를 꿰뚫어보는 통찰력이 있었고 회사를 살려야겠다는 의지도 강했다. 회사를 살리는 유일한 방법은 파격적인 마케팅 솔루션 개발이라는 걸 그들도 알고 있다. 그리고 정말 탁월한 방법도 개발했다. 문제는 부정적인 나뭇가지가 하나 남아 있다는 것인데, 요나 교수의 말에 따르면 미래모습체계도를 성공적으로 그려낼 만큼 의욕과 직관을 가진 사람은 틀림없이 모든 부정적인 나뭇가지를 잘라낼 수 있다고 했다. 하지만 왜 그들은 아직도 해결을 못 한 걸까?

요나 교수가 이런 문제에 대해 얘기한 적이 있었나? 아니, 들은 기억이 없는데……. 나는 다시 회의실로 올라갔다. 다들 아직 점심 식사 중이라 아무도 없었다.

아내는 지금쯤 집에 있을 것이다. 풀리지 않는 이 의문을 아내한테 설명했다. 아내는 주의 깊게 들었다. 나는 상황을 설명한 후 물었다.

"요나 교수님이 이런 문제에 대해 뭐라고 말한 적이 있었어?"

"당연하지. 부정적인 나뭇가지를 자르는 열쇠가 되는 문장을 그냥 간과하는 경우가 흔하다고 했어."

아내가 확신에 차서 대답했다.

"간과한다고? 왜 그러지? 우리도 당연히 부정적인 나뭇가지를 자르고 싶은데. 꼭 잘라내고 싶지. 그런데 왜 간과하게 될까?"

"어떤 문장을 추가했다가 그 결과 새로운 부정적인 나뭇가지가 파생되면, 더는 검토를 하지 않고 비현실적이라고 무시하게 된대."

아내가 설명을 해주었다.

"그렇군."

"내 경험으로 볼 때 통상적으로 하는 실수야. 하지만 그런 문장을 붙잡고 조금만 더 연구를 하면, 거기에서 파생되는 부정적인 나뭇가지들도 쉽게 잘라낼 수 있어."

"이번 경우도 그럴까? 혹시 그 세 사람이 무시해버린 문장이 있을까?"

나는 궁금해졌다.

"그럴 수도 있지. 밑져야 본전이니까 한번 확인해봐."

그래, 아내 말이 맞다. 이 부정적인 나뭇가지는 꼭 잘라내야 한다. 너무 많은 것이 걸린 문제였다.

"그렇게 해볼게. 고마워."

"참, 그리고 그 새로 삽입한 문장 때문에 부정적인 나뭇가지가 많이 파생되더라도 놀랄 거 없어. 결국에는 다 해결되니까. 해보면 알 거야."

아내가 마지막으로 충고해주었다.

"이따 저녁때 얘기해줄게. 고마워."

나는 플립 차트에 부정적인 나뭇가지를 적었다. 출발점은 미래 모습체계도에서 나온 '매장의 불필요한 재고를 줄인다'였고, 결과는 우리 회사에서는 두 달 치에 해당하는 매출액이 감소한다는 것이었다. 부정적인 나뭇가지를 다 그리고 나니 네 사람이 돌아왔다.

"어떻게 결정하셨습니까?"

밥이 물었다.

모두 내 대답을 기다렸다.

"무슨 결정 말입니까? 아직 분석이 끝나지 않았습니다."

누구한테도 반대 의견을 낼 기회를 주지 않기 위해 나는 이야기를 계속했다.

"우리는 이 부정적인 나뭇가지 이야기를 하고 있었죠. 문제는 도대체 이 부정적인 나뭇가지를 어떻게 자르느냐 하는 건데…….
이미 비현실적이라고 논의한 것이지만 여러분의 의견을 듣고 싶
군요."

나는 플립 차트를 가리키며 말했다.

"몇 가지 가능성을 논의하기는 했지만 말이 되는 게 하나도 없
었습니다요. 저희도 어쩔 수가 없었지요. 그러니 가지를 치지 못
하면 어떻게 하죠? 추진할 겁니까요, 아니면 포기할 겁니까요?"

밥이 말했다.

"아직 결정하지 못했습니다. 결정하기에는 아직 이릅니다. 지금
은 현실성이 없다고 했던 이 문장들에 대해서 의견을 들어보고 싶
네요. 말씀을 해보세요."

다들 계속할 마음이 없었다. 지금 당장 내 결정을 듣고 싶어 하
는 눈치였다. 그들을 탓할 수는 없었다. 모두 엄청난 심리적 압박
을 받고 있을 테니까.

장래가 불투명한 회사에서 일한다는 것은 매우 힘들다. 지금,
그들은 불확실한 것보다는 가타부타 대답을 듣고 싶을 것이다. 하
지만 나도 질 수는 없다. 정말 방법이 하나도 없음을 확신하기 전
에는 포기할 수 없다. 그리고 아직도 나는 확신이 가지 않는다.

"최소한 이 부정적인 나뭇가지를 도저히 자를 수 없는 이유라도
말해보세요. 이렇게 중대한 문제를 제대로 생각도 안 해보고 결정
할 수는 없습니다. 도노번 사장, 일단 가장 가능성이 보였던 방법
이라도 말해보세요. 결국 비현실적이라고 판명이 난 것이라도 좋
습니다."

나는 그들을 설득하려고 노력했다.

"저희는 단기적으로는 매출을 증가시킬 수 없다는 전제를 다시 한 번 살펴봤습니다. 혹시 증가시킬 방법이 없나 찾았던 겁니다."

제프가 말을 시작했다.

"좋은 생각이군요. 문제의 정곡을 찌르는 생각이에요. 그래서 ……."

"그래서 한 가지를 발견하기는 했지만, 혹 떼려다가 혹 붙이는 격이 되었습니다. 또 부회장님께서도 절대 승인하지 않을 겁니다."

제프가 계속했다.

"한번 들어나 봅시다."

"그러니까 저희가 생각해본 것은 위탁 방식으로 매장에 물품을 제공하는 거였습니다요. 즉, 매장 입장에서는 제품을 받을 때 아무 부담이 없고, 실제로 그 제품을 판매하면 그때 대금을 지불하면 됩니다요. 수잔 부사장의 말에 따르면, 그렇게 할 경우 기존 매장들의 재고를 줄여서 잃은 매출 손실보다 더 많은 매출을 신규 거래를 통해 얻을 수 있다고 합니다요. 하지만 이 방식은 실현 불가능합니다요. 위탁 방식으로 전환하자면 당장 비용이 들 텐데, 부회장님께서 그걸 승인할 리가 없지요."

밥이 대답했다.

"그것 말고도 문제는 또 있었습니다. 위탁 방식으로 공급하면 매장들은 여유 현금이 늘어납니다."

수잔이 덧붙였다.

"그게 왜 문제가 되죠?"

위탁 방식으로 전환하는 데 필요한 비용을 어떻게 모아야 하나 궁리하면서 내가 물었다. 단기 융통은 가능할 것 같기도 했다.

"그게 왜 문제가 되느냐고요?"

수잔이 내 질문을 반복했다.

"그러면 매장들은 그 현금을 경쟁사로부터 더 많은 물건을 구입하는 데 쓸 겁니다."

"우리도 살고 그들도 살고, 윈-윈 아닌가요?"

내가 말했다.

"윈-윈이 아니라 저희가 큰 피해를 입게 됩니다. 매장에는 진열 공간이 한정되어 있습니다. 결국은 저희의 진열 공간이 현재보다 줄어든다는 의미죠. 아시다시피 진열되지 않은 상품은 판매되기 어렵습니다."

"수잔 부사장, 혹시 일정한 진열 공간 확보를 거래 조건에 포함시키는 건 어때요?"

"그러니까 대형 체인점처럼, 저희 제품을 일정한 공간에 진열하기로 사전에 약속하자는 말인가요? 아마 가능할 겁니다. 특히 상품을 진열 공간에 큰 어려움 없이 채울 수 있다면 별 문제가 안 될 겁니다. 또 위탁으로 상품을 공급해주면, 매장 입장에선 투자가 필요한 것도 아니죠. 저희의 새로운 물류 시스템으로 매일 공급을 하면 빈 공간도 생기지 않을 거고요. 오히려 지금보다 더 넓은 공간을 약속받을 수도 있을 것 같습니다."

"그렇게 하면 매출이 증가할까요?"

"물론입니다. 단기적인 매출 증가를 기대할 수 있습니다. 우선 늘어난 공간을 채우려면 저희 회사 제품이 더 필요한 매장이 많을 겁니다. 사실 매장들이 저희 회사의 모든 제품을 다 취급하는 건 아니니까요. 저희 제품 중에서 취급하지 않는 제품도 많거든요.

위탁 방식으로 전환한다면 상당한 도움이 될 겁니다."

하지만 수잔의 표정이 다시 어두워졌다.

"그렇지만 어떻게 관리를 하죠? 거래 매장은 수천 개나 되는데, 관리가 거의 불가능합니다."

"관리라니, 무슨 말이죠?"

"위탁 방식으로 상품을 공급한다는 것은, 우리가 상품을 출하할 시점에 매장에서 대금 지불을 하는 게 아니라는 겁니다."

수잔이 설명을 시작했다.

"제가 알기로는 지금도 상품 출하 시에 매장에서 대금을 바로 지불하지 않는 걸로 아는데요? 실제는 90일 후에나 지불하지 않나요?"

"네, 맞습니다."

수잔은 천천히 설명하려고 애썼다.

"하지만 거래는 일단 우리가 제품을 출하하면 이루어지는 겁니다. 위탁 방식으로 전환하면 물건을 팔았을 때에만 매장에서 대금 지불을 하게 됩니다. 현금 사정이 넉넉하지 못한 매장이 워낙 많으니까, 아예 판매를 신고하지 않을 수도 있습니다. 그런데 그걸 저희가 관리할 수는 없습니다. 경찰처럼 일일이 돌아다니면서 매장의 판매 실적을 확인할 수도 없고요."

"수잔 부사장, 그것은 문제가 안 될 거 같은데. 현재 우리가 하고 있는 방법으로 상품을 출하하자는 게 아니에요. 우리가 매장들에 보충을 해주는 거죠. 다시 말하자면 매장에서 물건을 공급받으려면 매일매일, 아니면 적어도 규칙적으로 판매 현황을 우리 회사에 보고해야만 해요. 내 생각에는 서로 우호적인 시스템을 구축할 수 있을 것 같은데요."

제프가 차분한 목소리로 말했다.

"음, 가능할지도 모르겠네요. 생각할 시간을 좀 주세요."

"다 좋습니다요. 그럼 위탁으로 전환하는 데 필요한 비용을 부회장님께서 구해주실 겁니까요? 위탁 방식이라는 것은 결국 매장에서 우리 재고를 떠안게 되는 겁니다요. 혹시 완제품 재고를 줄였을 때 우리가 유니코 쪽으로 넘긴 현금을 다시 끌어오는 방법은 없을까요?"

밥이 말했다.

나는 이미 해답을 찾았다. 수잔의 말에서 문제의 매듭을 풀었다. 하지만 이번 기회에 밥한테 한 수 가르쳐주기로 마음먹었다.

"그건 제가 책임지고 구하겠습니다. 필요한 만큼 얼마든지 구할 수 있어요. 하지만 그전에 정확히 얼마가 필요한지 알았으면 좋겠는데요."

"그건 어렵지 않습니다요. 새로 온 관리 담당자 모리스 씨한테 이미 계산을 부탁했습니다요. 아마 계산해놓았을 겁니다요."

"정확히 얼마가 필요한 건가요?"

"솔직히 말씀드리자면 모르겠습니다요. 왜냐하면 계산을 지시한 다음 날 이 방법은 현실성이 없다고 결론지었기 때문에 챙겨보지 않았습니다요. 지금 불러서 물어볼까요?"

"그렇게 하세요."

모리스가 올 때까지 그들은 매장의 오래된 재고 처리 문제를 논의했다. 몇 가지 괜찮은 생각이 나왔다. 위탁 방식으로 전환하겠다는 생각은 보면 볼수록 멋졌다. 다들 기분이 좋았다. 예상 밖으로 내가 순순히 돈을 구해주겠다는 약속을 하니, 다들 한시름 놓은 모양이다. 나는 그 광경을 혼자 재미있게 지켜봤다.

드디어 모리스가 왔다.

"계산을 다시 확인하느라 좀 늦었습니다."

"얼마나 되나?"

밥이 물었다.

"약 3,430만 달러 정도 됩니다. 출하 시점부터 매장에서 실제 판매될 때까지 약 45일이 걸린다는 수잔 부사장님의 예상을 기준으로 한 겁니다."

"가능하겠습니까요? 액수가 엄청납니다요."

밥이 눈을 크게 뜨고 나를 쳐다봤다.

"전제조건이 되는 가정을 검토해보죠."

내가 밥에게 말했다. 밥은 도무지 영문을 모르겠다는 표정이었다. 나는 모리스를 보면서 말했다.

"외상 매출금 결제 기간의 감소가 매출에 영향을 주지 않는다고 가정하면, 누가 누구에게 돈을 주는 건지 도노번 사장한테 설명해주시겠습니까?"

"그것은 당연하지 않습니까?"

모리스가 천진스럽게 물었다.

"현재 저희 외상 매출금은 5,790만 달러입니다. 대금 입금 때까지는 약 116일 정도가 걸립니다. 수잔 부사장님의 예상이 맞는다면, 앞으로는 외상 매출금의 결제 기간이 45일 정도로 줄어들 것이고 그렇다면 저희는 유니코에 약 3,430만 달러를 돌려줄 수 있습니다."

나는 참았던 웃음을 터뜨렸고 한 명씩 나를 따라 큰 소리로 웃기 시작했다.

25

새로운 발상에 놀라지 마라.
다수가 받아들이지 않는다고 해서
진실이 아닌 것은 아니다.
―스피노자

저녁을 먹으면서 나는 식구들에게 아이코스메틱스의 새로운 마케팅 솔루션에 대해 설명했다. 아내 줄리와 샤론은 자연히 관심을 보였고, 의외로 데이브도 진지하게 들었다.

"다른 화장품 회사를 몇 개 더 인수하는 거 어때요?"

데이브가 제안했다.

"새로운 판매 방법이 아이코스메틱스한테 그렇게 좋은 거면, 다른 회사들도 그러지 않을까요?"

일리가 있었다. 현금을 쪼개는 대신에 더 넓은 진열 공간만 요구하고 또 매일 재고를 보충해준다고 약속하는 이와 같은 거래 조건이라면, 성공할 수밖에 없었다.

"물류망이야 그대로 이용하면 될 테고……. 지역 창고들도 요즘 거의 비어 있다면서요?"

데이브가 나와 같은 생각을 하고 있었다.

"데이브, 아주 좋은 생각이지만 현재 유니코는 그렇게 투자할 돈이 없어."

"그건 문제가 안 될 거 같은데……. 도노번 사장님 조건으로는 100일 이상 걸리던 외상 매출금 결제가 이제는 약 45일로 줄어든다면서요? 그럼 그건 현금을 찍어내는 기계나 마찬가지 아닌가? 대출을 받아서 다른 기업을 인수하고, 대출금은 그 회사의 외상 매출금을 현찰로 바꿔서 들어오는 돈으로 갚으면 되죠. 그럼 안 돼요?"

데이브가 자기 나름대로 생각을 펼쳤다.

"그게 그렇게 간단한 게 아니야. 하지만 그런 식으로 나가면 너도 머지않아 아주 뛰어난 사업가가 될 수 있을 것 같다."

아들의 총명함에 기분이 좋았다.

"아빠, 오빠는 이미 성공한 사업가야. 벌써 골동품 캐딜락을 가지고 있잖아. 차 완전 멋져."

샤론이 데이브를 치켜세웠다.

"그래? 그 클래식카를 복원하기로 했구나. 성공을 빈다."

나는 웃으며 데이브한테 말했다.

"내가 아빠한테 말 안 했어요? 깜박했나 보네."

데이브가 약간 미안한 표정을 짓더니 다시 말을 이었다.

"아빠, 고마워요. 아빠가 가르쳐준 대로 해서 허비랑 함께 차를 복원하기로 했지. 근데 56년형 올즈모빌이 아니라 46년형 캐딜락을 고치기로 했어요. 이미 작업도 시작했고. 내가 뻔쩍뻔쩍한 아주 잘 빠진 캐딜락을 타고 있는 거야. 아빠, 상상해봐요. 멋지죠?"

"아빠, 멋지지? 오빠, 잊어먹으면 안 돼! 나랑 데비랑 태워주기로 했다. 사람들이 우리를 완전 신기하게 볼걸. 야, 신난다!"

"샤론, 진정해라. 그러기 전에 우선 차를 고쳐야지. 엔진이라도 제대로 있는지 모르겠네."

내가 말했다. 샤론의 상상력은 정말 아무도 못 말렸다.

"엔진은 물론 있지."

데이브가 확신에 찬 목소리로 말했다.

"그것도 원래 엔진인데 얼마 전에 수리한 거예요. 환상적으로 잘 돌아가요. 물론 도로에 가지고 나가려면 손을 많이 봐야 하지만."

"그런데 56년형 올즈모빌이 어쩌다가 46년형 캐딜락이 됐어? 또 그만한 돈은 어디서 구하고? 좋은 엔진이 달린 46년형 캐딜락을 1,500달러로는 구할 수 없었을 텐데. 1만 5,000달러를 주고도 살 수 없겠다."

나는 일이 어떻게 된 건지 궁금했다.

"그게 다 아빠 덕분이야."

"내 덕이라고?"

"생각해보면 그렇다는 거지. 아빠가 그런 거 있잖아요. 지미 외삼촌하고 배 이야기……."

"배?"

샤론이 귀를 쫑긋했다.

"꼬마는 좀 조용히 하고, 내가 나중에 얘기해줄게."

데이브가 샤론의 입을 막았다.

"어쨌든 그걸 가지고 부정적인 나뭇가지를 적어봤어요. 근데 정리하니까 두 가지밖에 안 되더라고요……."

"데이브, '사고 프로세스' 방법 이야기로 화제를 돌리지 말고 도대체 그 차를 살 큰돈이 어디서 났냐니까?"

"지금 설명하잖아요."

데이브가 짜증난 듯이 말했다.

"조금만 기다려봐. 사연이 재미있어."

아내가 말했다.

"그래서 부정적인 나뭇가지를 두 가지 적었는데, 하나는 허비와 차를 같이 사용하고 유지하는 것에 대한 문제점들이 담긴 가지였어요. 왜 아빠랑 지미 외삼촌 사이에 있었던 것들 말이에요. 나머지는 허비가 돈을 구하는 문제였고."

데이브는 아직도 약간 언짢은 듯했다.

데이브의 이야기는 내 귀에 제대로 들어오지도 않았다. 1,500달러도 겨우 구할까 말까 했는데? 대체 얼마나 줬을까? 한 3,000달러쯤? 아니, 5,000달러는 하겠지?

"우선 쉬운 거부터 해결하기로 했어요. 같이 차를 나눠 쓰는 문제는 먼저 허비랑 현상분석체계도를 검토하는 걸로 시작했지. 허비한테 한 자도 빼놓지 말고 다 읽어보라고 했어요. 내가 그걸 쓰느라 얼마나 시간을 많이 투자했는데. 그 녀석도 읽는 데 그 정도 시간은 들여야지. 근데 5초도 안 걸려서 해결했어요."

"아빠한테 어떻게 해결했는지도 얘기해줘."

내가 상황을 자세히 알 수 있도록 아내가 말했다.

"간단해요. 둘 다 9월이면 각자 대학에 가니까 8월 말에 그 차를 팔기로 한 거지. 그때까지는 그리 긴 시간도 아니고, 또 그때까지 우리가 충분히 해낼 수 있고."

"차는 언제까지 완성할 계획인데?"

내가 물었다.

"7월 초가 목표예요. 그러니까 누가 쓰겠다고 싸우고 할 시간도 없지."

"그렇게 해서 첫 번째 부정적인 나뭇가지는 쳤다? 그래 좋아. 두 번째 것은 어떻게 했는데?"

"두 번째 건 더 민감했어요. 아빠한테도 얘기했지만 허비가 돈을 구할 수 있을지 걱정이 됐으니까. 알고 보니 허비는 마리화나를 팔아서 돈을 모을 생각이었더라고요."

"뭐! 그런 얘기는 안 했잖아?"

아내가 큰 소리로 말했다.

"아, 엄마, 진정해. 내가 설마 그런 계획에 찬성했겠어? 허비도 이미 내 성격 알고 있고. 내가 당연히 안 된다고 할 테니까 얘기 안 한 거죠."

"그래서 그 계획은 포기했지?"

아내가 재차 확인하며 물었다.

"그럼요. 하지만 차를 복원하겠다는 계획은 포기하지 않았지. 허비는 첫 번째 나뭇가지를 친 방법으로 두 번째 나뭇가지의 해답을 도출해냈어요. 어차피 차를 팔 거면, 장래의 구매자한테 돈을 꾸지는 거지. 차와 필요한 부품을 사려면 약 1,500달러가 필요하다는 건 이미 알고 있었고. 왜냐하면 이때만 해도 아직 올즈모빌을 고칠 생각을 하고 있었거든요. 기본적으로 드는 비용에다가 우리 둘이서 약 3개월 동안 매달려야 하니까 팔 때 2,500달러 정도를 부르면 적당하지 않을까 생각했지."

"누구한테 팔 생각인데?"

내가 물었다.

"아빠요."

데이브가 웃으며 대답했다.

"뭐라고? 그게 무슨 말이야? 내가 올즈모빌을 살 거라고?"

정말 황당했다.

"그래서 새로운 생각을 하게 됐어요. 지난번에 아빠가 같은 물건이라도 공급자와 시장이 생각하는 가치가 다르다고 했죠?"

데이브가 나를 쳐다보며 말했다.

"그래. 그런데 그게 이 문제랑 무슨 상관이지?"

나는 이해가 가지 않아 물었다.

"나랑 허비가 그 차의 값을 정할 때 사용한 방법이에요."

데이브가 설명했다.

"맨 처음에 아빠를 설득할 궁리를 하다 보니, 아무래도 아빠 관점에서 상황을 보게 됐지. 우리가 내세울 수 있는 유일한 방법은 아빠가 올즈모빌을 사주면, 내가 다시는 아빠 BMW에 손을 안 대겠다고 약속하는 거죠."

"그렇군."

정말 내 아들은 수단이 좋았다.

"하지만 우리가 그런 방법을 쓸 거면, 아빠보다는 허비네 아빠한테 말을 꺼내는 게 좋겠다는 생각이 들었어요. 아빠도 알 거야. 허비가 자기네 아빠의 값진 클래식카를 몰고 나갔다가 사고를 내서, 견적이 어마어마하게 나온 적이 있었잖아요."

"그러니까 그런 약속은 나보다는 허비 아빠가 더 절실히 원할 거라고 생각했다는 거지? 그래, 말씀드렸어? 뭐라고 하던?"

안심이 되었다.

"허비네 아빠가 훨씬 더 좋은 제안을 했어요. 이미 구입을 해놓은 캐딜락이 있었거든요. 필요한 부품도 구해놓은 상태였고. 그래서 그 차 복원을 우리한테 맡기기로 한 거지. 물론 그러기 전에 허비가 다시는 자기 아빠 다른 차에는 손대지 않겠다는 각서에 서명을 하고요."

"그래, 복원을 하는 대가로 뭘 얻는데?"

"우선 대학에 갈 때까지는 허비랑 공평하게 차를 나눠 쓸 수 있어요. 2,500마일을 달리고도 아무 문제가 없으면 허비 아빠가 나한테도 1,000달러를 준다고 했고. 그렇게 되면 내가 가진 돈도 쓸 필요가 없고, 할머니가 주실 용돈도 아낄 수 있지. 오히려 대학 가서 쓸 돈이 더 늘어난 거지. 어때요?"

"정말 잘했다."

나도 일이 이렇게 풀려서 정말 기분이 좋았다.

"그래서 아빠가 날 두 번 도와준 거예요. 하나는 부정적인 나뭇가지 만드는 방법을 가르쳐줘서 사고를 치는 대신 허비랑 현실적인 해결 방법을 찾게 했고, 또 하나는 가치를 평가하는 관점의 차이를 가르쳐줬죠."

"데이브, 정말 잘했다. 내가 가르치기는 했지만 그걸 훌륭하게 활용한 건 너니까. 아빠가 설명한 개념을 응용까지 하고. 아빠가 공급자와 시장의 가치 평가 기준이 다르다고 한 건 기업이 제품을 계속 생산하는 경우를 얘기한 건데, 넌 단 한 번의 거래에도 적용하고. 잘했어. 그런 경우에도 적용시키다니. 어떤 거래든 적용할 수 있겠는걸. 아빠도 하나 배웠네."

"자기야, 회사 매각 문제에도 적용할 수 있지 않을까? 어떻게 보면 각각 독립된 한 건의 거래들이라고 할 수 있잖아."

아내가 끼어들며 말했다.

"하지만 회사 매각은 아주 엄격한 규칙에 따라 이뤄져서."

내가 말했다.

"어떤 규칙이오? 한 회사의 가치는 어떻게 정해요?"

데이브가 관심을 보였다.

"상당히 복잡하지만 기본적으로는, 그 회사의 당기순이익을 분석해서 거기에 해당 업종의 주가 수익률을 곱한 값으로 시작하지. 거기다 그 회사의 가치는 자산 상태에 따라 달라져. 그렇게 되면 기업 가치가 또 조정이 되지."

"하지만 그건 어디까지나 공급자의 가치 평가 기준이잖아요? 마치 제품 자체만 생각하듯이 기업 그 자체만을 봤을 때의 가치일 뿐이잖아요. 그 회사를 사려는 사람의 필요는 고려하지 않은 것 같은데요?"

"그렇기는 하지. 하지만 다들 그런 식으로 하고 있어."

"꼭 그런 건 아닌 거 같은데. 자기가 나한테 말한 가압증기사의 경우를 보면 말이야."

아내가 말했다.

생각해보니 아내 말이 맞다. 가압증기사 그 자체만 보면 얼마 값이 나가지 않지만 특정한 인수자의 입장에서 보면 아니었다. 예를 들어, 경쟁사가 인수한다고 생각하면 그 회사의 가치는 완전히 달라진다. 그 경우 4배나 더 주겠다고 했으니까.

나는 눈을 들어 아내를 봤다.

"그래, 자기 말이 맞아. 내가 방향을 완전히 잘못 잡은 거 같아. 피트네 회사랑 밥네 회사 모두 인수자 입장에서 보면 훨씬 많이 받을 수 있을지도 모르지. 근데 난 인수 희망자들이 뭘 원하는지 전혀 아는 게 없어……."

"인수 희망자가 누군데?"

"피트네의 경우에는 대형 인쇄업체들이 관심을 보이고 있고, 아이코스메틱스는 인수 희망자가 다양해. 이 문제는 브랜든 이사와 짐 이사가 전문가들이니까, 두 사람하고 얘기해봐야겠어."

"인쇄업계에 대해선 자기도 웬만큼 알잖아? 작년에 피트 사장네 회사에서 얼마나 많은 시간을 보냈어?"

"그러기는 했지. 하지만……."

"그런데 뭐가 문제야?"

아내는 잠시 기다린 후에 나를 보면서 다그쳤고, 나는 다시 말을 시작했다.

"인수할 당시 피트네 회사는 업계를 대표하는 인쇄업체였지."

"그래서?"

"인수할 때는 회사의 모든 활동이 원가 절감을 위해서만 이루어지고 있었어. 그것도 운영상의 원가가 아니라 단순한 원가 회계상의 원가를 절감하기 위해서라면 뭐든 마다하지 않았지. 그 결과에 대해서는 이미 수천 번 이야기해서 알지? 믿기 어려운 이야기지만, 문제는 업계 전체가 아직도 그런 식으로 운영되고 있다는 거야. 피트네 회사를 매각한다고 할 때 가장 걱정되는 건 새 주인이 그의 경영 방식을 용납하지 않을 가능성이 높다는 거지."

나는 피트네 회사에 대해 이야기하는 것을 너무 좋아해서 한번 시작하면 끝낼 줄을 몰랐다.

"그 회사는 이제 정말 멋진 회사야. 품질로 보나 납품일, 대응 속도 어느 면에서 보나 거의 완벽해. 거기다가 새로 개발해낸 마케팅 방법만 잘 구현된다면 올해 안으로 수익성이 크게 뛸 거야. 수익성만 향상되는 게 아니고, 인쇄업계에 전례 없는 성공 사례로 꼽힐걸. 그 회사는 어느 면으로 보나 모범 사례라고 말할 수 있어. 경영은 이렇게 해야 된다는 걸 보여주는 모범이지. 정말 그 회사가 너무 자랑스러워."

"자기가 그러는 거 이해해."

아내가 웃으며 말했다.

"아빠, 그런 모범 사례를 필요로 하는 사람은 없어요?"

"그러니까 재무적인 기준으로 팔지 말고, 업계 모범이라는 점에 초점을 맞춰서 팔아라? 한번 생각해볼 만한데."

"자기야, 데이브 말이 맞는 거 같아. 벤치마킹하는 데 기업들이 막대한 돈을 쓴다면서? 그럴 바에야 업계 최고 기업을 한식구로 갖는 게 백번 좋지 않아?"

아내도 같은 의견이었다.

"맞는 말이야. 또 컨설턴트 비용도 만만치 않지. 그 업계에서는 피트와 그의 사람들만 한 컨설턴트는 구하려야 구할 수가 없어. 어떻게 해야 하는지를 알고 있을 뿐만 아니라, 실제로 구현한 경험까지 갖추고 있으니 말이야."

나도 갑자기 여러 가지 생각이 들기 시작했다.

"그러니까 그 사람들이 좋은 선생님이 되는 거네."

샤론이 말했다.

식구들이 다 나만 처다보고 있다.

"그럼 우리가 무슨 이야기를 했는지 한번 정리해보자. 대형, 그러니까 초대형 인쇄업체에게 피트네 회사는 경영 체질을 바꿔줄 원동력이 될 수 있지. 단순히 가공적인 원가 지표가 아닌 실질적인 장단기 수익 면에서 가장 합리적으로 인쇄 작업을 계획하고 관리하는 완벽한 모범 사례니까. 효율적인 준비실 운영의 모범이기도 하고. 다른 회사는 수주일이 걸릴 일을 피트네는 나흘이면 할 수 있어. 하지만 가장 큰 자산은 독창적인 마케팅 아이디어를 찾아내고 마케팅 솔루션을 개발할 줄 안다는 거야. 벤치마킹 대상인 동시에, 컨설턴트 선생님까지 일인삼역을 할 수 있지."

나는 그동안의 이야기를 요약해봤다.

"하지만 피트 사장이나 그가 데리고 있는 사람들은 회사 매각을 원치 않잖아?"

아내가 나에게 상기시켜주었다.

"아니지. 대형 인쇄업체를 혁신하는 데 촉매 역할을 할 수 있다고 하면 얼른 나설걸. 누구나 꿈꾸는 일이기도 하고 개인적으로도 좋은 기회니까. 오히려 유니코에 계속 남아 있으면, 핵심 사업 부문이 아니기 때문에 주변 업체로서 여러 가지 제약받는 일이 많을 거야."

나는 상당히 흥분되었다. 이 발상은 여러 가지 장점이 있었다. 회사의 수익성이 크게 향상되기만 해도 상당히 유리한 조건에 팔 수 있는데, 거기다가 변화의 촉매라는 명목으로 대형 인쇄업체에 매각할 수 있다면 정말 부르는 게 값이 된다.

그렇게만 되면 모두 승리를 하게 된다. 유니코도, 또 그랜비 회장도 오점을 남기지 않고 명예롭게 퇴임할 수 있다. 트루먼과 다우티도 만족할 것이다. 무엇보다도 피트와 그의 직원들이 원하던 최상의 지위를 얻게 된다.

그리고 나는? 나도 어떻게든 될 것이다.

"그래서 아빠는 어떻게 할 거예요?"

생각에 잠겨 있는데 데이브가 물었다.

"그래, 네 말이 맞는 거 같다. 대형 인쇄업체 관점에서 보면 아주 드문 기회지. 이게 얼마나 귀하고 중요한 기회인지 잘 설명할 방법을 생각해봐야겠어."

"좋은 방법을 찾을 수 있을 거야."

다들 나를 격려해주었다.

26

햇빛은 하나의 초점에 모아질 때만 불꽃을 피운다.
—알렉산더 G. 벨

우리끼리 남게 되자, 아내가 예상했던 얘기를 꺼냈다.

"그럼 자기 자리는 어떻게 되는 거야? 회사를 매각해야 한다면, 좋은 값에 팔리게 힘써야 하는 게 맞지. 근데 그 뒤에 자기는 어떻게 되는 거야?"

"나도 모르겠어."

나는 절로 한숨이 나왔다.

"정말 모르겠어."

"지금까지는 부담될까 봐 말 안 했는데……. 이제 회사 매각 관련 일도 대충 정리되는 거 같으니까 자기 생각도 좀 해야지. 가족도 생각하고 말이야."

아내가 부드러운 목소리로 말했다. 아내가 무슨 생각을 하고 있는지 나도 알고 있었다.

"어떻게 하는 게 좋을까? 여기저기 부탁이라도 해야 되나? 이력서를 돌려볼까? 근데 지금 내가 그럴 형편이 아니잖아. 상황도 그렇고 내 위치도 그렇고. 사실 그렇게 한다고 지금 자리가 생기지도 않고 말이야. 게다가 전쟁은 아직도 진행 중이라서 딴생각을 할 겨를이 없어. 자기가 이해해주면 안 될까?"

아내가 한동안 말없이 생각을 하더니 마침내 말문을 열었다.

"그래도 자기한테 뭔가 계획이 있으면 마음이 훨씬 편할 거 같아. 회사도 중요하지만 앞으로 어떻게 할지 자신에 대한 계획 말이야. 내가 너무 큰 걸 바라는 거야?"

사람들이 생각하는 것과 달리 나는 계획 세우는 것을 무척 싫어한다. 특히 아내와 같이 세우는 거라면 더욱 그렇다. 아내가 계획을 세우자라고 할 때는 '이렇게 하겠다'라고 대강 목록을 정리하는 수준이 아니라 아주 철저한 분석을 하자는 의미였다. 그런 면에서 아내가 요나 교수보다 훨씬 철저했다. 물론 그게 나쁘다는 뜻은 아니다. 그런 철저한 계획이 있어서 나쁠 이유는 없다.

"아니야, 자기 말이 맞아. 이제 철저한 계획을 세울 때가 됐지."

"그래도 대강 생각한 건 있지?"

아내가 사무적인 목소리로 나왔다.

"뭐, 대강."

사실 지난 수개월 동안 계속 그 생각만 하지 않았는가?

"좋아. 지금은 자기 회사도, 유니코도, 또 자기 직원들 이야기도 아니고 자기 이야기를 하는 거야. 그러니까 목표는 이렇게 하면 어때? '현재와 같거나 더 나은 자리를 얻는다.'"

아내가 노트를 집어 들더니 바로 본론으로 들어갔다. 아내는 한번 시작하면 망설이지 않는다.

"좋아."

나도 아내만큼 사무적인 태도를 취하기로 했다.

"그렇다면 '사고 프로세스' 방법 중 어느 것을 사용할지는 결정됐네."

"그렇지. 전제조건체계도(Prerequisite Tree)를 써야겠지?"

나도 요나 교수한테 배웠으니 그 정도는 알고 있었다.

"응. 그럼 장애물부터 적어보자."

야심 찬 목표를 세워놓고 장애물부터 적으면 오히려 역효과가 나지 않을까 생각할 수도 있다. 하지만 요나 교수는 '사람들이 가장 잘하는 일부터 시작하라'고 말했다. 누구나 트집 잡고 핑계를 대는 데는 전문가다. 그래서 우선 장애물을 적으면서 왜 목표를 달성할 수 없는지 그 이유부터 정리하라는 것이다.

"스테이시네 회사는 아직 마케팅 솔루션을 개발하지 못했어. 상당히 큰 문제야."

내가 첫 번째 불평을 시작했다.

"그러네."

아내가 적었다.

"또 없어?"

"피트네와 밥네 회사의 수익이 지금보다 훨씬 더 늘어야 해. 물론 그렇게 하기 위해 적절한 방법을 찾기는 했지만 결론이 난 건 아니야. 지금 당장 매각한다면 많이 받지 못할 거야."

"그럼 그 말을 두 가지 장애물로 나눠서 적을게. 하나는 '인쇄회사와 아이코스메틱스 수익이 너무 낮다'고, 또 하나는 '두 회사의 가치가 너무 낮다.' 괜찮아?"

"좋아. 그럼 저녁 먹으면서 했던 이야기를 해볼까? 이 문제는 아직 완전히 끝난 게 아니야. 솔직히 말해서 난 아직 인수 희망자들이 정확히 뭘 필요로 하는지 몰라. 적어도 설득력 있는 설명을 할 정도가 아직 아니라는 거지."

“그게 중요해?”

“당연하지. 그걸 알아야 회사를 좋은 값에 흥정하잖아?”

나는 놀란 듯이 말했다. 아내는 이 부분을 종이에 적은 후에 덧붙였다.

“진짜 장애물들을 말해봐. 괜찮은 회사의 수석 부회장 자리를 얻으려면 우선 명망 있고 힘 있는 사람들의 추천을 받아야 하잖아. 아니야?”

“그렇지. 그것도 적어줘.”

“그다음은?”

“글쎄, 뭐가 또 있을까?”

“나보다는 자기가 더 잘 알겠지.”

“꼭 그런 건 아니지. 자기가 얘기해봐.”

나는 아내를 격려했다.

“내 생각에는 그런 자리가 쉽게 나지는 않을 거 같아.”

아내는 자기 입으로 이런 이야기를 직접 해야 한다는 게 별로 달갑지 않은 모양이었다.

“아주 완곡한 표현이네. 하지만 행여 그런 자리가 있다고 해도 추천만 가지고는 부족해. 그동안의 경력이 흠잡을 데 없어야지. 그렇지 않고서는 명함도 못 내밀어. 어느 회사나 그런 자리는 우선 회사 안에서 뽑으니까. 근데 말이야, 지금까지만 보면 난 수석 부회장으로서 별로 잘한 일이 없어.”

“밑 빠진 독이나 마찬가지인 회사를 살려냈잖아? 그거로는 부족한 거야?”

“그거로는 부족하지. 만약 그 회사들이 인수 가격보다 훨씬 낮은 가격에 매각된다면 오히려 약점이 되겠지. 게다가 스테이시네 회사도 생각해야지. 현재로서는 공중분해돼서 팔릴 판이야. 그런 오점이 따라붙으면 다른 회사에서 비슷한 자리를 알아보는 건 포기해야 돼."

"참, 정말 어렵네. 그 외에 추가할 건 더 없어?"

아내는 기운이 없어 보였다. 그래도 태연한 어조로 물었다.

"브랜든 이사와 짐 이사가 호락호락한 사람들이 아니야. 내가 만난 사람들 중에 가장 철저하고 분명한 사업가들이지. 지금 자기는 그 두 사람을 염두에 두고 추천 얘기한 거지?"

"응. 그 사람들이 자길 좋게 봤다면서?"

"세상이 그렇게 쉽겠어? 두 사람 다 확신이 서야만 추천할걸. 그전엔 어림도 없어. 자기들 이름도 있으니까 함부로 못하지. 그 사람들 추천을 받으려면 능력 면에서 정말 확실해야지."

"참, 정말 이해 안 돼. 자기 능력이야 두말해서 뭐해?"

아내는 나를 절대적으로 신임하고 있었다.

내가 사실대로 설명했다.

"이유가 어찌됐든 회사를 원하는 금액에 매각하지 못하면 날 별로 좋게 안 볼 거야. 이런저런 이유는 다 핑계일 뿐이지. 손에 들어오는 매각 대금이 중요한 거야. 난 무조건 그 두 사람이 원하는 바를 달성시켜줘야 해. 결과 말고는 다른 건 소용없어."

"알았어. 또 다른 건?"

아내는 내 말에 별 동요 없이 사무적으로 물었다.

"지금까지 적은 것을 읽어볼까? 중요한 장애요인은 다 적은 거 같은데. 그럼 다음 단계로 넘어갈까?"

나는 찬찬히 읽어보며 말했다.

목표 달성을 가로막고 있는 조건들을 나열하는 것은 생각만큼 그리 어렵지 않다. 다음 단계는 야심 찬 목표를 달성하기 위한 중간 목표를 수립하는 것이다. 이 중간 목표란 어디서 나오는 것인가? 중간 목표가 필요한 이유는 궁극적인 목표를 가로막고 있는 장애를 극복하기 위한 것이다. 따라서 지금 적은 장애마다 이를 극복할 수 있는 중간 목표를 세워야 한다.

"자기가 말한 첫 번째 장애는 '가압증기사는 아직 마케팅 솔루션이 없다'인데 어떤 중간 목표를 세워야 할까? 어떻게 하면 극복할 수 있어?"

나도 아내만큼 전문가적인 태도를 취하려 했지만 쉽지 않았다. 아내는 일의 성격상 상당히 감정적인 문제도 냉철하게 분석할 수 있는 능력을 계속 개발해왔다. 그래야 자신의 일을 제대로 할 수 있기 때문이다.

"대단한 건 아니야. 필요한 것은 적절한 방법을 실천할 수 있는 시간적인 여유야. 돈과 내가 개발한 방법이 워낙 뛰어나서 크게 걱정할 게 없어. 스테이시는 시간이 필요해. 그 외에는 없어."

아내는 이것을 적은 다음 말을 이었다.

"다음 장애는 '인쇄회사와 아이코스메틱스 수익이 너무 낮다'인데 여기서도 중간 목표는 같겠네. 즉, '필요한 조치를 취할 수 있는 시간이 충분히 필요하다.'"

"그래. 그리고 그 필요한 만큼의 시간도 벌 수 있을 거 같아. 이미 브랜든 이사랑 짐 이사를 만나기로 약속했는데, 분명히 밥이 개발한 방법에 찬성하고 시간을 더 줄 거야. 왜냐하면 밥의 생각대로라면, 두 이사가 생각하는 매각 대금보다 더 많은 현금을 앞으로 수개월 내에 벌 수 있거든. 그렇게 되면 결국 회사를 현재 가격보다 적어도 3배는 높은 값에 매각할 수 있어. 밥은 시간을 버는데 문제가 없을 거고, 피트네 회사는 처음부터 시간이 확보돼 있었고."

"좋아. 그럼 다음은 '두 회사의 가치가 너무 낮다'인데, 여기서 중간 목표는 '인쇄회사와 아이코스메틱스의 가치를 높인다'가 될거 같아. 또 이미 그렇게 만들기 위한 방법도 실천하고 있지?"

"사업의 세계에는 확실한 게 없어. 하지만 개념적으로는 자기 말이 맞아. 다음 장애는 뭐지?"

"'인수 희망자들을 설득하고 이해시키려면 그들의 필요를 알아야 하지만, 나는 그걸 충분히 알지 못한다'라고 적었어. 이걸 극복하려면 어떻게 해야 돼?"

"여러 가지를 해야지. 우선 두 이사와 함께 분석을 해야 될 거야. 우리 셋이면 설득할 방법을 찾을 수 있을 것 같고, 또 결국 직접 판매를 할 사람들은 그들이니까. 그 두 사람을 참여시키는 게 여러 면에서 좋을 거 같아. 결국 이 문제도 이런 일을 할 수 있을 만큼의 충분한 시간이 필요하다는 거지. 그렇게 심각한 문제는 아니야."

이 일은 자신이 있었다.

"그렇게 하면 다음 장애도 해결이 되겠네. '인쇄회사와 아이코스메틱스를 높은 가격에 흥정하지 못했다'인데 '인수 희망자에게 인쇄회사와 아이코스메틱스가 모범 사례라는 점을 설득한다' 정도면 해결이 될 거 같아."

내가 고개를 끄덕이자, 아내가 계속했다.

"그럼 지금까지는 문제가 없는 거지? 이제 중요한 문제들이 남았네. '힘 있는 사람들에게 반드시 추천을 받아야 한다.' 브랜든 이사랑 짐 이사가 가장 좋겠지?"

"그렇지. 그리고 그랜비 회장의 추천도 필요해. 전직 상관이 좋은 평을 해준다고 점수를 더 주지는 않겠지만, 부정적인 평가는 치명타가 될 테니까."

"그렇게 적고 있어. '트루먼 이사, 다우티 이사, 그랜비 회장이 추천을 해준다.' 앞에서 이야기했던 목표만 달성되면 이것도 저절로 풀릴 거 같은데."

"그렇겠지."

"다음 장애는 '찾는 직위에는 빈자리가 많지 않다'인데, 여기에 대한 중간 목표는 '적당한 자리를 찾는다'가 되겠지? 여기에 대한 계획은 있어?"

"요나 교수님이 그랬잖아. 그런 문제는 중간 목표의 순서를 모두 정한 다음에 질문해야 한다고."

나는 아내에게 놀리듯 얘기했다. 그리고 다시 말을 이었다.

"장애를 해결하지 못하면 다른 자리를 찾을 필요도 없어. 일단 발등에 떨어진 불을 끄고 나면 시간을 가지고 여유 있게 다른 자리를 찾아볼 수 있을 거야. 앞의 중간 목표들을 달성하면 유니코에서 엄청난 퇴직금을 받을 수 있을 거고, 그럼 여유 있게 다음 자리를 찾을 수 있어."

아내는 내 대답이 못마땅한 것 같았다.

"다음 장애는……."

아내는 잠시 머뭇거리다가 계속했다.

다른 중간 목표도 문제없이 정할 수 있었다.

다음은 이 중간 목표들을 계획의 형식으로 정리하는 것이다. 일단 중간 목표들 중 동시에 달성할 수 있는 것과 순차적으로 달성해야 되는 것을 분류했다. 미리 각 중간 목표를 가로막고 있는 장애를 적어두었던 것이 도움이 되었다. 따라서 중간 목표들을 순서대로 나열하기는 매우 쉬웠다.

어떻게 하는지 그 방법을 말하자면 이렇다. 예를 들어 X라는 중간 목표를 달성하고 나서 Y를 달성해야 할 이유가 무엇인지를 스스로에게 질문해본다. 이때 Y를 달성하지 못하도록 가로막는 장애물이 있는데, 그 장애물은 X의 달성으로 제거할 수 있다면 Y를 달성하기 이전에 X를 달성하도록 해야 한다. 당연한 논리다. 중간 목표의 순서를 정하기 위해서는 각각의 중간 목표를 가로막고 있는 장애물을 찾으면 된다. 아주 쉬운 일이다. 이렇게 중간 목표의 순서를 정하고 나면 그 결과로 생기는 전제조건체계도를 검토한다. 우리의 전제조건체계도는 훌륭했고, 아주 마음에 들었다.

"이 체계도에 따르면 '적당한 자리를 찾는다'라는 중간 목표는 어느 중간 목표로도 가로막혀 있지 않아. 지금 당장이라도 시작할 수 있다는 얘기지."

아내가 말했다.

"하지만……."

"맞아. 자기 말이 맞아. 지금 당장 다른 자리를 찾을 필요는 없어. 궁극적인 목표를 달성하려면 세 가지 필요조건이 있는데, 이건 그중 하나에 불과해. 다른 필요조건인 좋은 경력과 추천에 비하면 상대적으로 덜 중요하지. 그래, 지금 당장 해결할 필요는 없을 거 같네.”

아내는 잠깐 쉬었다가 다시 말을 이었다.

“나도 자기 계획이 마음에 들어. 지금 생각해보면 처음부터 자기가 한 일들은 모두 계획에 따른 거였어. 잘했어, 자기야!”

아내가 말을 끝내고 노트를 내려놓으며 내 품에 안겼다.

아내는 이제야 안심이 되는 모양이었다. 나도 그랬으면 좋겠지만, 스테이시네는 전혀 진전이 없었다. 회사 매각에 대한 이야기가 나온 후로 모두들 전전긍긍하고 있는 것 같았다. 내가 직접 가봐야 할 것 같았다. 내가 간다고 해서 뭐가 나아질지는 모르겠지만, 이 문제가 해결되지 않으면 모든 게 소용없어진다.

나는 여러 가지 문제로 시간을 허비했고, 솔직히 사소한 서류 결재에 하루의 반을 보내고 있었다. 내가 너무 많은 일을 동시에 하고 있는 것은 아닐까?

전제조건체계도의 결론에 따르면, 나는 지금 그러고 있는 것 같다. 이 체계도에 따르면 내가 지금 당장 해야 할 일은 스테이시네 회사에 결정적인 경쟁 우위를 가져다줄 마케팅 솔루션을 개발하는 것이다. 그리고 ‘인쇄회사와 아이코스메틱스를 우수 사례 모형으로 매각한다’에 브랜든과 짐의 동의를 얻고, 밥의 마케팅 솔루션이 가능한 한 순조롭게 진행되도록 해야 한다. 그런데 여기서 가장 중요한 것은 내가 이 일에 전념할 수 있게 어떤 것에도 방해받지 않아야 한다는 사실이다.

27

할 수 없다고 생각하는 것은
사실 하기 싫다고 다짐하는 것과 같다.
그래서 실행하지 못하는 것이다.
―스피노자

오늘은 아주 멋진 하루였다.

일주일 전, 밥과 수잔, 제프로부터 새로운 마케팅 솔루션에 대한 진행 상황을 보고받았다. 그래서 나는 뉴욕에 가서 브랜든과 다우티에게 그동안의 경과를 보고하겠다고 했다. 우리는 쌍둥이 빌딩의 거의 꼭대기에 있는 브랜든의 사무실에서 만났다. 그의 사무실에서 내다본 경치는 정말 환상적이었다. 온 세상이 내 발 아래 있었다. 그러나 한편 생각해보면, 높은 만큼 떨어질 때 그 충격도 엄청날 것이다.

일단 이 회의의 목표 가운데 하나는 스테이시네 회사를 위해 시간을 버는 것이었다. 가압증기사도 파격적인 마케팅 돌파구를 찾아낼 수 있다고 두 사람을 설득해야 했다. 이를 위해 우선 밥네 회사에서 개발한 해결 방법부터 이야기하면서 그동안의 진척 상황을 보고하기로 마음먹었다. 이런 새로운 방법이 우연히 천재적인 감각으로 발견된 게 아니라, 미래모습체계도의 일반적인 방법론을 철저하게 지켰기 때문이라는 점을 보여줘야 했다. 돈과 내가 작성한 미래모습체계도가 경쟁 우위를 확보하게 했고, 그 사실을 두 사람에게 보여주는 것으로 충분했다. 그리고 브랜든과 짐도 이미 미래모습체계도에 대해서는 잘 알고 있었다.

나는 밥, 제프, 수잔이 작성한 고객의 UDE 목록을 두 사람에게 보여주었다. 브랜든과 짐은 이 목록을 읽는 데 별로 표정 변화가 없었다. 그리고 나서 이 목록을 기초로 하여 작성된 현상분석체계도를 같이 읽었는데, 그때도 마찬가지였다. 브랜든은 영국에서 작성한 현상분석체계도에 비하면 이것은 애들 장난이라고 평했다. 짐도 동의했다.

현상분석체계도를 검토한 다음에는 핵심 문제를 쉽게 찾아낼 수 있었고, 그로부터 해결 방법을 도출하는 것도 금방 해냈다. 구름 그림이 거의 필요 없을 만큼, 우리는 바로 미래모습체계도로 넘어갔다. 미래모습체계도는 아주 중요했다. 새로운 거래 조건이 매장들 입장에서 왜 중요한지 그 체계도가 설명해줬다.

물론 예상했던 대로 두 사람은 여러 가지 부정적인 나뭇가지를 제시했다. 재미있는 것은, 그들이 열심히 제시한 부정적인 나뭇가지 중에 이미 밥이 철저하게 분석하지 않은 것은 하나도 없었다는 사실이다. 그래서 두 사람이 걱정하는 점을 이야기할 때마다 이미 밥이 분석해놓은 내용과, 밥이 그 나뭇가지를 어떻게 해결했으며 그 결과 오히려 더 많은 장점이 생긴다는 자료를 그들 앞에 내놓기만 하면 되었다.

정말 순조롭게 진행되었다.

더는 부정적인 나뭇가지를 제시할 수가 없자, 이번에는 새로운 거래 조건을 실천할 경우에 걱정되는 사항들을 늘어놓기 시작했다. 거기에 대해서도 나는 철저히 준비가 되어 있었다. 밥의 팀은 이미 필요한 답변 자료를 모두 준비해주었고, 트루먼과 다우티는 단순히 감탄하는 지경이 아니라 완전히 넘어갔다. 솔직히 나도 두 사람에게 설명하기 전까지는 밥이 생각해낸 방법이 이렇게 뛰어난 것인지 몰랐다.

모든 게 계획대로 순조롭게 진행되었다. 브랜든은 이제 자기도 '사고 프로세스' 신봉자가 되었다고 인정했고, 짐은 언제 시간을 내서 요나 교수의 방법을 제대로 가르쳐달라고 부탁했다.

그때 나는 숨겨두었던 카드를 꺼냈다. 나는 밥의 방법이 앞으로 넉 달 동안 얼마만큼의 현금을 끌어올지 계산해보자고 했고, 두 사람은 믿을 수가 없었는지 계산을 확인, 또 확인했다. 하지만 결과는 확실했다. 최악의 경우를 가정해도, 대금 결제 기간의 단축으로 얻게 되는 현금은 회사를 팔아서 얻으려던 금액보다 훨씬 많았다. 그래서 일단 현금을 거두어들이기 전에 회사를 매각하는 것은 현명한 처사가 아니라고 설득하는 데는 전혀 어려움이 없었다.

이제는 다음 이야기를 꺼낼 차례였다. 하지만 스테이시네 회사에 시간을 더 달라고 직접적으로 말할 수는 없었다. 트루먼과 다우티를 설득하려면 결과를 보여주는 수밖에 없었고, 그들에게 결과란 유니코에 현금을, 그것도 많이 끌어오는 것밖에 없었다.

나는 먼저 아이코스메틱스의 향후 연간 수익을 계산해보자고 했다. 그 엄청난 효과를 두 사람이 직접 확인해보도록 하기 위해서였다. 계산을 해보니, 밥이 새로운 거래 조건을 실천할 경우 아이코스메틱스는 순매출 대비 이익률이 18퍼센트까지 올라갈 수 있었다. 그것도 현재 매출액이 아니라 증가된 매출액에 대한 이익률이었다. 대략 연 3,700만 달러의 당기순이익이 난다는 이야기였다. 일주일 전만 해도 3,000만 달러만 줘도 기꺼이 팔려고 했던 회사의 수익치고는 괜찮은 편이었다. 대차대조표의 순자산을 계산하는 방법이 이상해서이기도 했지만, 순자산 수익률은 무려 연 60퍼센트가 넘었다. 특허나 독자 기술이 없는 회사에서 60퍼센트라고 하는 높은 순자산 수익률은 유례를 찾아볼 수 없었다.

브랜든과 짐은 짐작했던 대로 밥의 회사를 얼마 정도에 팔아야 하는지 계산하느라 정신이 없었다. 하지만 이 놀라운 성과에도 매각 결정을 번복하지는 않았다. 유니코의 신용 등급을 향상시키려면 돈이 필요했다.

아이코스메틱스의 가격을 결정하기 위해 판매 이익률을 7로 잡았다. 그랬더니 회사 가치가 무려 2억 5,000만 달러라는 계산이 나왔다. 그럴 수밖에 없는 것이 이익이 급격히 늘면 그에 비례해서 기업의 가치도 뛰기 때문이다.

현재로서는 수익이 과거 경험에서 나온 실제 기록이 아니라 예측치에 근거한 것이기 때문에, 그 값을 그대로 받을 수는 없을 거라고 브랜든이 말했다. 그래도 1억 5,000만 달러 정도는 받을 수 있을 거라고 했다. 엄청난 변화였다. 얼마 전까지만 해도 사업다각화 부문의 세 계열사를 전부 매각해 그 정도만이라도 받기를 바랐었다. 그런데 이제는 밥의 회사 하나만 팔아도 그 정도는 받을 수 있게 되었다.

이쯤에서 스테이시네 이야기를 꺼내야 할 것 같았다. 가압증기사 경쟁사와의 매각 협상은 거북이걸음을 하고 있었다. 브랜든과 짐이 보기에는 거북이걸음이었지만 내가 보기에는 급행열차보다도 빨리 진행되고 있었다. 현재대로라면 연말쯤에는 성사시킬 수 있을 것 같았다. 일단 나는 진행 상황을 전혀 모르는 척했다. 그리고 만약 스테이시네도 유사한 방법을 통해 경쟁 우위를 달성하고, 경쟁사의 시장을 잠식하기 시작하면 어떻게 될 거 같으냐고 물었다. 그렇게 되면 다이너마이트를 등에 달고 있는 것처럼, 경쟁사는 치명타를 입을 거라고 두 사람이 재빨리 대답했다. 그럼 우리는 더 높은 가격을 경쟁사에 요구할 수 있게 된다. 이렇게 해서 앞으로 6주 동안은 협상을 동결하겠다는 약속을 쉽게 받아낼 수 있었다. 가압증기사도 당연히 경쟁 우위를 확보할 방법을 찾아낼 거라는 믿음을 이제는 나보다도 두 사람이 더 가지고 있는 것 같았다.

일단 이 전투에서 이길 자신이 있었기 때문에, 나는 다음 목표로 넘어갔다. 나는 아이코스메틱스를 팔 경우 상당한 액수를 받을 수 있다는 것을 상기시켜주었다. 훨씬 더 많이 받을 방법이 있는데도, 현재 우리는 이 문제에 대해 완전히 잘못 접근하고 있다고 주장했다. 이런 말을 해도 두 사람은 놀라는 기색조차 보이지 않았다. 이제는 내가 무슨 소리를 해도 놀라지 않는 모양이었다. 나는 데이브한테서 얻은 아이디어를 그대로 설명했다. 즉, 현재는 회사의 재무 상태를 기준으로 그 값을 계산하고 있지만 인수하는 기업의 입장에서는 인수를 통해 얻게 되는 효용성으로 인수할 회사를 평가해야 한다고 말했다. 그리고 그것은 회사 인수를 통해 얻게 되는 직접적인 이윤에만 국한되는 게 아니라는 점도 말해주었다.

훨씬 규모가 큰 기업에게 우리 회사들을 일종의 모범 사례, 혹은 변화의 촉매로서 판매하는 방안에 대해 논의했다. 처음에는 선뜻 받아들이지 않던 두 사람은 초점을 피트네 회사와 인쇄업계로 돌리자 훨씬 쉽게 수긍했다.

우리는 세 시간 동안 대형 인쇄업체를 설득할 내용을 준비했다. 짐과 브랜든이 큰 도움이 되기는 했지만 내용이 뭔가 성에 차지 않았다. 아주 훌륭한 프레젠테이션 자료가 아닌 것 같았다. 이렇게 복잡한 내용을 쉽게, 또 효과적으로 설명하게 하려면 두 사람에게 실행체계도의 개념을 가르쳐주는 방법밖에 없을 것 같았다.

두 사람과의 회의에서 얻은 것들을 정리해봤다. 우선 스테이시네 회사를 위해 시간을 벌었고, 밥이 맡고 있는 아이코스메틱스의 매각도 4개월 정도 늦췄다. 그리고 대형 인쇄업체를 설득할 멋진 내용도 준비하기로 했다. 그 내용이 확정되어야 피트네 회사 매각을 완결 지을 수 있을 것이다.

우리는 피트네 회사도 1억 달러 이상을 받고 매각하기로 했다. 하긴 1억은 두 사람의 생각이고, 내가 보기에는 프레젠테이션을 잘만 하면 2억도 받을 수 있을 것 같았다. 두고 볼 일이다.

생각해보면 괜찮은 성과였다. 특히 3개월 전 날벼락 같은 이사회의 결정을 들었을 때를 돌이켜보면, 기대 이상의 성과였다.

그러고 나서 나는 스테이시네 회사로 가기로 했다. 먼저 돈을 공항에서 만난 뒤, 다음 날 가압증기사 관리자들과 시간을 보내기로 했다. 어떻게든 추진력을 실어주어서 그 사람들이 해결 방법을 찾을 수 있게 해야 했다. 그 사람들은 틀림없이 할 수 있을 것이다. 그들은 직관과 경험을 모두 갖추고 있었고, 어떤 해결 방법을 찾아내든 직접 실천할 사람들 또한 그들이었다. 내가 열심히 설득해서 시간을 충분히 벌었다고 하는 것보다는, 트루먼과 다우티가 나서서 기꺼이 기다려준다고 했다고 해야 더 용기를 얻을 것이다.

공항에는 돈뿐만 아니라 스테이시도 직접 마중 나와 있었다. 주차장으로 가는 길에 나는 좋은 소식을 알려주었다. 하지만 스테이시는 별로 기뻐하지 않았다.

"시장의 현상분석체계도는 완성됐나요?"

내가 물었다.

"농담 마세요. 아직 시장의 UDE에 대해서도 합의를 못 봤어요."

스테이시가 씁쓸한 목소리로 대답했다.

"그럼 언제쯤이나 완성될까요?"

나는 애써 화를 참으며 태연한 목소리로 물었다.

"알렉스 부회장님, 이번 일은 힘들 거 같아요. 물류 시스템 개선에도 사람들이 진지하게 참여하지를 않습니다."

"그게 무슨 말입니까? 한 달 전에 구체적인 계획을 다 마련했다고 하지 않았나요?"

"그랬죠."

"스테이시 사장, 문제가 뭡니까? 시간이 충분하지 않은 겁니까? 6주 정도로는 새로운 마케팅 솔루션을 찾을 수 없다는 건가요? 도노번 사장은 2주 만에 현장에 바로 적용할 수 있을 정도로 새로운 마케팅 솔루션을 다듬었는데."

스테이시는 아무 대답도 하지 않았다. 나는 더는 참을 수가 없었다.

"물론 6주로는 부족하겠죠. 지금 UDE 목록 하나를 작성하는 데 3주 이상이 걸리는데 당연하죠. 좀 실망스럽네요. 나는 내 목을 걸면서까지 시간을 벌어다주는데, 가압증기사 직원들은 이렇게 시간을 버리고 있다니. 이게 말이 됩니까?"

내가 강경하게 말했다.

"알렉스 부회장님, 죄송합니다만 지금 상황을 잘못 파악하는 쪽은 부회장님입니다. 지금 요구하시는 것은 불가능한 일이에요. 현재 저희 회사가 어떻게 돌아가고 있는지 아세요?"

스테이시가 이렇게 절망적인 표정을 짓는 걸 본 적이 없었다.

"지난번 보고는 받으셨어요? 출하량이 계속 줄고 있어요."

"사기가 떨어진 건 이해할 수 있어요. 그럴 수 있죠."

나도 호응해주려고 했다.

"사기가 떨어진 정도가 아니라 완전 바닥입니다."

스테이시가 말했다.

"스테이시 사장, 그럼 가압증기사 직원들은 이미 포기한 겁니까?"

이건 도저히 용납할 수 없었다.

"환상을 버리기로 한 거죠. 다들 먹여 살릴 식구들이 있는데 모아둔 돈은 없고, 더군다나 집 장만을 하면서 떠안은 대출금도 갚아야 하는 사람들입니다. 지금 같은 상태에서는 모두 다른 일자리를 알아보느라 정신이 없습니다. 부회장님! 유니코가 4년 전 저희를 인수한 이래 저희한테 해준 게 뭐가 있나요? 회사를 현대화하는 데 얼마를 투자했나요? 전혀 없어요. 한 푼도 투자하지 않았어요. 그리고 이제 와서 팔아넘기려고 하는 거죠. 재미는 유니코가보고 직원들은 거리로 쫓아내는 거죠. 더는 안 됩니다. 불가능해요. 저희와 뜻을 같이해줄 사람이 하나도 안 남았어요."

스테이시는 완전히 패배자의 모습이었다. 스테이시가 제대로 마음을 다잡지 못하면 내가 할 수 있는 일은 한 가지밖에 없었다. 그녀를 즉시 해고하고 내가 직접 맡는 수밖에. 마지막으로 설득해봐야겠지만, 과연 내 말을 들을지 확신할 수 없었다.

호텔에 도착했다. 나는 스테이시를 쳐다봤다. 그리고 그녀가 나를 볼 때까지 기다렸다.

"스테이시 사장, 지금 잘못 생각하고 있어요. 정말 잘못하고 있는 겁니다. 이건 그 사람들한테서 마지막 기회마저 빼앗는 겁니다. 상황을 반전시킬 수 있어요. 아직 기회가 있어요. 가압증기사 직원들을 잘나가는 회사에서 계속 일하게 해줄 수 있어요. 하지만 그러려면 스테이시 사장부터 태도를 고쳐야 합니다. 아직 싸워보지도 않고 패배를 선언하면 안 되죠. 가압증기사의 사장은 당신이고, 사장으로서 회사의 발전과 생존을 보장할 책임이 있어요. 그런데 지금 스테이시 사장은 어때요? 시작도 하기 전에 가망 없다고 미리 포기하고 있잖아요? 그건 아니죠. 그래요. 위에서 회사를 매각하고 공중분해시킨다고 합시다. 그렇다고 그 결정을 바꿀 방법이 없는 건 아니잖아요? 물론 지금처럼 이대로 손을 놓아버린다면 어쩔 수 없죠. 그런데 냉정하게 봅시다. 회사의 형편없는 매출 실적을 개선할 책임이 누구한테 있습니까? 왜 시간이 없다고 생각하죠? 철저히 계획을 세우고 제때 필요한 성과만 달성하면, 시간은 문제가 되지 않아요. 이사회 탓을 할 수도 있고 내 탓을 할 수도 있어요. 시장 상황이 안 좋아서, 사람들의 능력이 부족해서라고 할 수도 있죠. 하지만 결국 최종적으로 책임져야 할 사람은 스테이시 사장 당신입니다. 할 수 있다고 마음먹으면 가능해지고, 불가능하다고 생각하면 그 어떤 일도 불가능해요. 모든 게 스테이시 사장한테 달려 있어요. 한번 잘 생각해보세요. 그럼 내일 봅시다. 돈, 그만 가지."

28

자신이 해야 할 일을 결정하는 사람은
세상에서 단 한 사람,
오직 자기 자신뿐이다.
—오손 웰스

현관에서 돈과 나는 본회의실로 안내받았다. 회의실 가득히 들어찬 사람들이 우리를 기다리고 있었다. 스테이시가 모두를 회의실로 불러 모은 것이다. 영업부뿐만 아니라, 생산 관리자들과 노조 간부들도 와 있었다. 자리가 모자라 벽을 따라 의자를 더 놓아야 했다.

나는 책상 끝으로 가면서 아는 사람들과 악수를 했다. 나를 대하는 태도가 딱딱하긴 했지만 노골적으로 적대감을 보이지는 않았다.

돈은 분위기를 파악하고 문 옆 구석 자리에 앉았다.

"여러분, 안녕하십니까?"

스테이시가 시작했다.

"여러분."

다시 주의를 환기시켰지만 회의실이 조용해지는 데는 시간이 좀 걸렸다.

"알렉스 로고 수석 부회장님을 소개합니다. 수석 부회장님께서 친히 와주신 이유는 가압증기사의 미래를 믿고 계시기 때문입니다. 우리의 힘으로 회사의 해체를 막을 수 있다고 확신하고 계십니다. 어제 수석 부회장님께서는 이사회의 중요 인사 두 명과 담판을 짓고, 당분간 우리 가압증기사의 매각을 보류하기로 했다고 합니다."

몇 군데에서 박수가 나왔다. 스테이시가 나를 지지해줄까? 내 뜻을 따라줄까? 그러지 않는다면 내 계획은 또다시 심각한 타격을 입을 것이다. 현재는 그럴 여유가 없다. 오늘 아침에 마음먹은 대로 스테이시를 믿고 도박을 할 수밖에 없다. 스테이시는 능력이 충분히 있다. 문제는 의지였다.

"그럼 알렉스 로고 수석 부회장님의 말씀을 들어보겠습니다."

스테이시가 자리에 앉았다. 이제는 내가 일어날 차례였다.

나는 사람들을 둘러봤다. 다들 패배감에 젖어 있는 것 같았다. 일단은 전체적인 상황부터 설명해야 했다. 하지만 무조건 분위기를 띄우는 것보다는 사실을 있는 그대로 조심스럽게 전달하는 게 나을 것이다. 막막했다.

"저는 본사에서 나왔습니다. 저에게는 숫자, 특히 흑자를 나타내는 숫자가 중요합니다. 사업다각화 부문의 세 계열사는 지난 1년간 상당한 발전을 이루었지만, 그렇다고 회사 사정이 좋아진 건 아닙니다. 엄청난 적자에 허덕이던 세 계열사는 이제 겨우 손익분기점만 맞춘 상태입니다. 우리는 손익분기점을 넘겨서 이익을 만들어내야 합니다. 유니코는 돈이 필요합니다. 아주 절실하게 필요합니다. 하지만 우리 세 계열사 중 이익을 남겨서 본사에 자금을 가져다주는 곳은 한 곳도 없습니다. 그러니 이사회에서 사업다각화 부문의 세 계열사를 매각하기로 결정한 것은 어찌 보면 당연합니다. 사업은 어디까지나 사업입니다. 냉혹한 사업의 세계를 잊으면 안 됩니다. 이사회가 세 계열사를 매각하기로 결정한 것은 3개월 전입니다. 세 계열사 모두 문을 닫게 생겼고, 지금 이사회의 결정을 번복할 방법도 없습니다. 살아남을 단 하나의 방법은 실적을 빠른 시간 안에 향상시키는 것뿐입니다. 회사가 누구에게 넘어가든지, 회사 운영에 함부로 참견할 수 없을 만큼의 경영 성과를 내야 합니다. 그러기 위해 지금 우리가 할 일은 이익을 증대시키는 겁니다. 10퍼센트도, 100퍼센트도 아닙니다. 500퍼센트도 아닙니다. 최악의 당기순이익을 기록하고 있는 지금의 상태에서 충격적일 만큼의 이익을 만들어내야 합니다. 이것은 원가를 절감한다고 해결될 일이 아닙니다. 또 더 열심히 일한다고 달성할 수 있는 것도 아닙니다. 이미 여러분은 불가능하다고 생각할지도 모르겠습니다. 하지만 그러면 우리는 끝입니다."

내 말에 사람들이 반응을 보였다. 하지만 불행히도 내 마지막 말에 동의한다는 반응이었다.

"이익을 증대시킬 유일한 방법은 참신하고 획기적인 매출 신장 방안을 마련하는 것입니다."

내 말에 대한 사람들의 반응이 그대로 얼굴에 드러났다. 혹시라도 내가 무슨 해결 방법을 제시하지 않을까, 한 가닥 희망을 가졌던 사람들마저 이제는 포기한 모양이었다.

"잠깐만요. 그러지 마시고 제 말을 들어보십시오."

내가 강조해서 말했다.

"세 계열사 가운데 한 곳은 이미 성공했습니다. 두 달 전만 해도 올해 당기순이익을 겨우 90만 달러로 예상하던 곳입니다. 하지만 지금은 1,000만 달러 이상의 수익을 올릴 것으로 보고 있습니다.

유니코 본사는 이 회사에 단 한 푼도 투자하지 않았습니다. 시장 상황이 갑자기 좋아진 것도 아닙니다. 오로지 직원들 스스로의 노력으로 이 엄청난 일을 해냈습니다. 그들은 시장을 확보하기 위해 새롭고, 독창적인 마케팅 솔루션을 만들어낸 겁니다."

나는 사람들이 내 이야기를 충분히 소화할 시간을 준 후에 다시 계속했다.

"아이코스메틱스도 우리 가압증기사보다 훨씬 악조건이었습니다. 작년에는 거의 100만 달러의 적자를 냈습니다. 올해는 겨우 수지만 맞출 것으로 예상했습니다. 그런데 이제 그 회사 역시 마케팅 돌파구를 찾아냈습니다. 이제는 당기순이익 3,000만 달러를 달성할 것으로 확신합니다. 사업다각화 부문의 이 두 계열사에서는 실직 걱정을 하는 사람이 단 한 명도 없습니다. 그들의 일자리는 보장되어 있습니다. 이제는 여러분 차례입니다. 가압증기사의 문제를 해결할 마케팅 돌파구를 찾아야 합니다. 그러기 위해서는 고정관념을 탈피해야 합니다."

다들 무표정한 얼굴로 나를 쳐다봤다. 그지없이 차가웠다. 그럴 수밖에 없었다. 이미 패배했다고 생각하는 사람들에게는 아무리 설득하고 성공 사례를 알려주어도 아무 소용없었다. 이들에게 필요한 것은 분명하고 실현 가능한 해결책이었다. 이들은 자기 눈으로 자신들을 구해줄 마케팅 솔루션을 직접 보지 않는 이상, 손가락 하나 움직이지 않을 것이다.

"현재 매출을 늘리지 못하는 이유가 무엇입니까?"

내가 물었지만 아무도 대답하지 않았다. 다시 한 번 물어봤다.

"여러분의 고객들이 가지고 있는 가장 큰 불만이 무엇입니까?"

계속 묵묵부답으로 나오자, 오히려 내가 당황했다.

"고객이 요구하는 것은 무엇입니까?"

나도 포기하지 않았다.

"계약을 맺을 때 고객들이 요구하는 조건은 무엇입니까?"

"값을 깎아달라는 거죠."

여기저기서 이런 대답이 나왔다. 사람들은 내가 곤란한 상황에 처한 것을 은근히 즐기고 있었다. 실정도 모르고 떠들어대는 본사에서 온 높으신 양반을 망신 주는 게 재미있는 모양이었다.

가입증기사 직원들이 시장의 UDE를 말해주지 않으니, 다른 방법을 쓸 수밖에 없었다. 절대 빠져나갈 방법 같은 건 없다고 나에게 보여주려 작정한 거 같았다. 혹시 이들의 구름을 그려주면 도움이 될까? 구름을 그릴 수 있다면, 그것을 이용해서 내가 해결 방법을 찾아낼 수 있을까? 그럴 가능성은 극히 낮았지만 밑져봐야 본전 아닌가?

"더 낮은 가격을 요구한단 말이죠. 좋습니다. 그럼 가격을 낮춰주면 어떻게 됩니까?"

구름을 그리기 시작했다.

"변하는 건 없습니다. 똑같습니다."

영업 담당 부사장인 조가 무뚝뚝하게 대답했다.

"이유가 뭐죠?"

"왜냐하면 경쟁사들도 그만큼 값을 깎아주니까요."

"변화가 없는 건 아니네요. 우리 수익이 그만큼 줄어드는군요."

이 농담에 웃는 사람은 아무도 없었다.

나는 OHP 앞으로 다가가 구름을 그리면서 설명했다.

"목표는 '매출 신장'입니다. '매출 신장'을 위해서는 '고객의 요구에 대응해야 합니다.' 그것은 '가격을 내린다'는 것을 의미합니다. 하지만 다른 한편, '매출 신장'을 하기 위해서는 '경쟁사들이 즉시 따라 할 수 없는 조치를 취해야 합니다.' 그렇다면 '가격을 낮추면 안 된다'는 결과가 나옵니다."

나는 잠시 방금 그린 구름을 쳐다봤다. 일단 다들 스크린 속 구름을 읽어볼 시간을 준 후에 다시 물었다.

"이것이 지금 처한 현실입니까?"

"네."

조가 조용히 대답했다.

"다른 영업 관리자분들은 어떻게 생각하십니까? 지금 처한 모순이 이런 건가요?"

"네."

다들 대답했다.

"상당히 곤란한 상황이군요. 곤란하긴 한데……. 조 부사장, 잠시 도와주시겠습니까?"

"무엇을 도와드릴까요?"

조가 마지못해 일어났다.

"이 궁지에서 빠져나올 방법이 있는지 한번 같이 고민해봅시다."

조가 믿기지 않는다는 표정을 지으며 앞으로 나왔다.

"조 부사장, 이 구름 모양의 그림에서 가장 마음에 안 드는 부분이 어디입니까?"

"아래 부분에는 문제가 없는 거 같습니다. 저도 고객을 만족시키고 싶으니까요. 가장 마음에 들지 않는 것은 가격을 내려야 한다는 부분입니다."

조는 한참을 들여다보더니 대답했다.

"모두 동감하십니까?"

다른 사람도 공감하는지 확인해봤다. 그렇다고 대답하는 사람도 있고 고개를 끄덕이는 사람도 있었다.

"좋습니다. 그러면 그 화살표 밑에 깔려 있는 전제를 한번 찾아봅시다. 고객의 요구에 대응하기 위해 '가격을 내려야 하는' 이유가……, 그 이유가 뭡니까? 조 부사장, 이유가 뭐죠?"

"왜냐하면 고객이 그렇게 해달라고 요구하니까요."

조가 대답했다. 대답이 너무 무성의했다.

"조 부사장, 문제를 회피하려 하지 말고 고객이 정말로 무엇을 원하는지 고객의 입장에서 한번 생각해보십시오."

내가 민감한 부분을 건드린 모양이다. 영업하는 사람은 본래 자신이 항상 고객의 입장에서 생각한다고 자부하는 사람들이니까.

"고객이 원하는 것은 가격 인하입니다."

조가 딱딱한 목소리로 대답했다.

"왜 그렇습니까?"

나는 학교 선생이 질문하듯이 물었다.

"왜냐하면 어느 고객이든지 각자 자신들의 본사로부터 재무적인 압박을 받고 있기 때문입니다. 우리의 고객은 회사들입니다. 저희와 같은 처지죠. 어느 회사나 재무 상태를 향상시키려고 난리 아닙니까?"

그래도 나한테 시비를 걸 기운은 남아 있는 모양이다. 그런 힘이라도 남아 있으니 다행이다.

"이제 좀 진전이 있군요."

나는 조의 말에 박힌 가시를 무시하면서 오히려 그것을 명쾌하게 문장으로 정리했다.

"'고객의 요구에 대응하기 위해', '가격을 내려야 하는 이유'는 '고객의 재무 상태를 향상시키는 유일한 방법이 가격 인하이기 때문이다.' 이런 말이죠?"

"고객이 요구하는 것은 우리가 가격을 내리는 겁니다."

조는 한 번 더 자기가 한 말을 반복한 다음 말을 이었다.

"이건 확실한 사실입니다. 하지만 저희가 백번 양보해서 가격을 낮춰주려고 해도, 그 사람들은 자신들의 재무 부담을 모조리 저희한테 덮어씌우려 할 겁니다. 심지어 위탁 방식으로 기계 부품을 공급해달라는 곳도 있습니다. 정말 정도를 몰라도 유분수지."

조가 이 문제에 대해 얼마나 불만이 많은지 분명히 알 수 있었다.

조가 나한테 협조할 생각이 추호도 없다는 것은 분명했지만, 나는 어떻게 그를 이용해야 할지 깨달았다. 조한테는 너무한 건지도 모르지만, 지금은 진도를 나가야 하니까 달리 방법이 없었다. 나는 조를 한 번 본 후, 구름을 쳐다보고 나서 청중을 봤다.

"그러니까 조 부사장은 우리의 전제 사항이 틀렸다고 생각하는 겁니다. 하지만 가격 인하만이 고객의 재무 부담을 해결해주는 유일한 방법은 아닙니다. 예를 들어 조 부사장이 말했듯이 기계 부품을 위탁 방식으로 제공하는 것도 한 가지 방법이 될 수 있습니다."

조는 기막혀 아무 말도 못했다.

동부 지역 영업 책임자인 필이 더는 두고 볼 수가 없었던 모양이다.

"하지만 부회장님, 도대체 차이가 뭡니까? 위탁도 가격을 인하하는 또 다른 방식일 뿐이잖습니까?"

그나마 나한테 하는 이야기니까 그 정도였지, 다른 사람 같았으면 훨씬 더 노골적으로 말했을 것이다.

"가격을 인하하는 것과 기계 부품을 위탁 방식으로 공급하는 것 간에는 엄청난 차이가 있습니다."

나는 침착하게 말했다.

"무슨 차이가 있습니까?"

조가 다시 싸움에 끼어들었다.

"예를 하나 들어 설명하죠. 고객이 10만 달러어치의 기계 부품을 재고로 가지고 있고, 그중 한 달에 평균 약 1만 달러어치를 사용합니다."

나는 OHP 필름 위에 숫자를 적었다.

"전형적인 중형 고객이라고 했을 때, 이 고객에 대한 부품 값을 10퍼센트 인하해주면 고객에게 돌아가는 재정적인 효과가 얼마나 됩니까?"

"그건 말이 안 됩니다. 지금 손해 보는 장사를 하자는 겁니까? 또 그렇게 한다고 쳐도 매출은 늘지 않을 겁니다. 그런데도 그렇게 하겠다는 겁니까?"

필은 나의 말도 안 되는 질문을 도저히 참을 수 없는 모양이었다.

"물론 저희는 사업상 말이 되는 행동만 할 겁니다."

나는 필을 안심시켰다.

"지금은 가격 인하와 위탁 공급의 차이에 대해 알아보고 있습니다. 지금 차이가 없다고 얘기했는데, 저는 있다고 생각합니다.

그럼 어디 확인해볼까요?"

다들 불만스러운 표정이었다. '원론적인 이야기', '시간 낭비', '어디까지 가나 보자' 등의 소리가 들렸다. 나는 이를 무시하고 숫자를 가리키면서 조에게 다시 한 번 질문했다.

"고객의 재무 상태에는 어떤 효과가 있겠습니까?"

"부품의 가격을 10퍼센트 인하하면, 저희는 한 달에 약 1,000달러를 덜 받게 됩니다. 그것뿐입니다. 제가 보기에는 별로 현명한 결정 같지 않습니다."

조는 고객의 입장에서 생각하길 거부하고 있었다. 시장의 입장에서 생각하게 만들지 않는 한, 뭔가 의미 있는 진전을 이룰 수가 없을 것 같았다.

"다시 말해서, 고객의 이익과 현금 사정이 한 달에 1,000달러씩 개선되는 직접적인 효과를 얻을 수 있을 겁니다. 하지만 그러는 대신 위탁 방식으로 부품을 제공하기로 하면, 고객에게 미치는 재무적인 영향은 무엇입니까? 다시 강조하지만, 우리 회사 입장이 아니라 고객에게 미치는 영향을 말씀해주세요."

내가 표현을 바꿔서 질문했다.

조는 대답하지 않았다. 대신 필이 나섰다.

"고객에게 미치는 재무적인 영향은 그쪽 관리 담당한테나 물어봐야죠."

나는 필을 무시하고 조를 쳐다봤다.

"조 부사장, 우리가 지금 위탁 방식으로 전환을 하면 어떤 결과가 생깁니까? 첫 달에 고객이 1만 달러어치의 부품을 가져가는데 우리가 그걸 위탁 방식으로 대주는 겁니다. 그렇게 되면 고객은 현금을 1만 달러 아낄 수 있고 동시에 장부상의 재고도 그만큼 줄일 수 있습니다. 이렇게 되면 위탁 방식으로 공급하는 게 10퍼센트 할인해주는 것보다 고객한테는 훨씬 좋은 조건입니다. 그다음 달이 되면……."

조가 더는 참을 수 없는 모양이었다.

"그야 고객 입장에서는 유리할 수밖에 없죠. 하지만 고객의 현금 사정은 1만 달러만큼 개선되겠지만, 저희는 1만 달러만큼 악화될 겁니다. 고객의 재고는 그만큼 줄었지만, 저희의 재고는 그만큼 늘었으니까요."

"스티브 부장, 이 이야기가 맞나요?"

나는 가압증기사의 관리 부장인 스티브에게 물었다.

"저희의 재고는 2,500달러만큼만 증가합니다. 장부상의 값이 그렇습니다. 저희는 재고를 판매가로 평가하고 있지 않습니다."

스티브는 내 예상대로 대답했다.

"그게 어쨌다는 겁니까?"

조는 상당히 기분 나빠했다.

"그러려면 애초에 장비를 공급할 때도 위탁 방식으로 하지 그러십니까?"

"좋은 생각입니다. 그렇게 하면 고객은 설비 투자 예산이 필요하지 않게 될 겁니다."

내가 침착하게 말했다.

"하지만……."

조는 할 말을 잃었다.

"또한 고객의 투자 수익률도 향상될 거고요. 그러면 그 회사의 본사에서도 좋아하겠죠. 더군다나 우리처럼 재정 상태가 어려운 회사라면 도저히 거절할 수 없을 겁니다. 단기적 현금 압박을 받지 않으니까요."

"부회장님, 지금 농담하십니까?"

"아닙니다. 농담을 하는 게 아닙니다. 고객의 입장에서 고객이 좋아할 조건들을 생각하고 있습니다."

나는 냉정한 어조로 대답했다.

"좋아할 조건이라니요! 고객이 좋아할 조건은 수도 없이 말씀드릴 수 있습니다. 문제는 우리한테 모두 말도 안 되는 조건이라는 겁니다."

조가 드디어 폭발했다.

"예를 하나 들어보세요."

"정말 고객이 거절할 수 없는 조건을 알고 싶으세요? 고객에게 모든 것을 다 제공하는 겁니다. 고객이 가장 이상적으로 생각할 조건은 저희가 직접 설비를 소유하고 유지, 운영하면서 고객에게 가압증기를 직접 공급하는 겁니다. 이런 말도 안 되는 이야기를 하고 있다니!"

조는 당장 맞받아 말했다.

나는 한동안 아무 말없이 조를 가만히 쳐다보고만 있었다. 정답을 찾은 것이다. 너무나 간단했다. 정말 이것이 그토록 찾던 열쇠일까?

조가 내 시선을 의식하고 몸을 움츠렸다.

갑자기 스테이시가 큰 소리로 말했다.

"조 부사장, 방금 한 말을 그대로 다시 해봐요. 한마디도 바꾸지 말고."

"고객이 거절할 수 없는 조건은 저희가 설비를 맡아서 그들을 대신해 운영하는 거라고 했습니다."

조가 분노한 목소리로 절망적으로 내뱉었다.

"못할 이유가 뭐죠? 우리는 설비도, 기계 부품도, 또 보수 인력도 가지고 있어요. 모든 것을 갖고 있죠. 고객한테 필요한 만큼의 가압증기만 공급하지 못할 이유가 있나요? 설비나 부품이 아닌 증기를 판매하면 되잖아요? 여러분, 무상으로 주겠다는 게 아닙니다. 돈을 받으면 되지 않습니까?"

스테이시가 일어서서 말했다.

"어떻게 돈을 받습니까?"

조가 바로 받아쳤다.

"킬로칼로리나 BTU 단위로 가격을 매기면 되지 않을까요?"

스테이시가 대답했다.

"아니요, 그렇게 하면 안 됩니다. 용광로부터의 거리도 감안해야 합니다. 그뿐 아니라 시스템에 들어가는 모든 것, 파이프와 밸브 그 모든 것을 감안해야 합니다."

조가 대답을 했다. 조는 자기도 모르게 함정에 빠져들고 있었다.

"야드당 BTU 단위로 가격을 부과하면 안 될까요?"

누군가가 크게 외쳤다.

"가격 문제는 어떤 식으로든 해결할 수 있습니다. 그것이 문제가 아닙니다. 어떻게들 생각하세요? 물리적인 쇳덩어리가 아니라 고객들이 실제로 원하는 것, 즉 증기를 고객이 원하는 곳으로, 원하는 때에, 원하는 만큼 판매하는 겁니다. 이 개념에 대해서 어떻게 생각하세요?"

스테이시가 청중을 향해 돌아앉으면서 물었다.

아무도 대답하지 않았다. 회의적으로 고개를 흔드는 사람도 있었다. 천장을 쳐다보거나 서로를 쳐다보는 사람도 있었다. 하지만 반대하는 사람은 없었다. 다들 그렇게 할 수 있을까 궁리하고 있을 뿐이었다. 나는 자리에 앉았다.

필이 가장 먼저 말문을 열었다. 그는 딱 한마디를 했다

"제록스."

"그래, 제록스야. 우리도 대형 복사기를 구입한 것은 아니잖습니까? 저희 소유가 아니지요. 유지도 저희가 하지 않습니다. 대형 기종은 저희가 작동시키지도 않습니다. 다 제록스에서 알아서 해주지 않습니까? 그리고 저희는 그 대가로 매달 기본요금에다 복사 매수당 얼마씩을 지불하지 않습니까? 제록스는 저희한테 복사기를 판매한 것이 아니라, 무엇이든 저희가 원하는 복사물을 판매한 겁니다. 조 부사장, 어떻게 생각합니까?"

스테이시가 조에게 다시 질문을 던졌다.

"가망 없습니다. 저희 매출의 대부분과 수익의 전부는 예비품 판매에서 나오고 있습니다. 위탁 방식으로 전환하면 저희는 굶어 죽습니다."

"누가 모두 위탁 방식으로 하겠다고 그랬나요? 저는 지금 신규 고객들에게 새로운 조건을 제시하자는 이야기를 하고 있는 겁니다. 공장을 신축하거나 기존 공장을 확장하는 고객들 말이에요."

스테이시가 조의 말에 반박하면서 말했다.

"그렇다면 이야기가 다르죠."

조가 안심이 되는 모양이었다.

"그럼 어떻게 생각하나요?"

"잘 모르겠습니다. 하지만 효과가 있을 것 같기도 합니다. 손해를 볼 것도 없죠. 어차피 시장 침투를 위해서 신규 고객들한테는 설비를 거의 원자잿값 수준으로 제공하고 있으니까요."

조가 많이 누그러졌다.

"그럼 매달 기본요금에 사용한 양에 비례해서 추가 요금을 부과하면 고객들이 좋다고 할까요?"

스테이시가 계속 조에게 질문을 던졌다.

"물론 그 값이 얼마냐에 달렸지만 가격만 맞는다면 저희가 수주할 수도 있습니다. 문제는 수지를 맞추기 위해서는 얼마나 받아야 하느냐입니다."

"결국은 우리의 비용에 따라 가격이 결정되는 건데, 가장 큰 비용 부담은 설비 부품이 되겠죠? 새로운 물류 시스템을 구현하면 필요한 모든 부품을 몇 시간 내에 구할 수 있게 될 거고, 그러면 고객의 현장에 가지고 있어야 하는 부품 재고도 많이 줄일 수 있을 겁니다. 그렇게 하면 비용을 상당히 줄일 수 있어요."

스테이시가 계속 가능성을 분석했다.

"어느 정도는 줄일 수 있겠죠."

조가 불만스럽게 대답했다.

"또 고객이 설비 유지에 쓰는 비용보다 훨씬 적은 돈으로 우리는 충분히 설비를 대신 유지해줄 수 있죠. 그 점도 감안해야죠."

스테이시가 덧붙였다.

"그건 확실합니다. 사실 고객들은 설비 유지 방법도 제대로 모릅니다. 유지한다고 손을 대는 게 오히려 기계만 고장 내는 경우가 많습니다."

필이 거들었다.

"그렇다면 고객이 설비 유지에 쓰는 비용의 극히 일부만으로도 우리가 대신 유지해줄 수 있다면, 아주 좋은 가격 조건을 제시할 수 있을 겁니다. 정말 좋은 가격으로 말이에요."

"계산을 해봐야 알겠죠."

조는 여전히 회의적이었다.

"조 부사장, 그 정도는 계산해볼 필요도 없어요. 현재 우리가 가지고 있는 엄청난 부품 설비 능력을 감안하면, 어떤 값을 받든지 신규 고객만 확보할 수 있다면 우리한테는 이득이죠. 그렇죠?"

스테이시가 자신 있게 말했다.

"하지만 그 방법이 효과가 있으면, 경쟁사들도 즉시 따라 할 텐데 무슨 소용이 있습니까?"

조가 끝까지 버텼다.

"그런 일은 없을 겁니다. 만약 저희가 몇 시간 안에 모든 예비품을 구할 수 있다면, 저희는 고객들에게 확실하게 신용과 믿음을 줄 수 있습니다. 예를 들어 24시간이 지나도 고장이 수리되지 않으면 벌금을 물겠다는 약속을 할 수도 있고……."

필이 대답했다.

"벌금을 내? 왜 우리가 벌금을 내?"

조가 즉시 방어적인 태도를 보였다.

"그래야지 경쟁사들이 즉시 따라 하는 걸 막을 수 있으니까요."

스테이시가 대답했다.

"또 따라 하더라도 잘못하면 되레 당하게 되겠죠."

필이 대답했다.

조는 아무 말이 없었다. 이 광경을 보고 웃는 사람이 많았다. 다른 사람들도 조를 좋아하지 않았던 모양이다. 솔직히 나도 조를 별로 좋아하지 않았다.

스테이시가 사람들을 보면서 이야기했다.

"그럼 고객들이 이 조건을 얼마나 좋아할지 신중히 검토해보는 게 어떻습니까?"

다들 이야기를 시작했다. 점점 많은 사람이 토론에 참여했다.

스테이시가 곧 빈 OHP 필름을 집어 들더니 아래쪽에 이렇게 적었다.

"우리는 필요한 곳에, 필요한 때에, 필요한 만큼의 증기를 제공한다."

서서히 미래모습체계도가 그려졌다. 걱정되는 문제를 하나하나 해결해가며 체계도에 몇 가지 항목을 더해갔다.

두 시간 동안 열띤 토론을 한 결과, 3페이지의 서류가 완성되었다. 이제 고비는 넘어섰다. 새로운 방법에 반대하는 사람은 단 한 명도 없었고, 다들 방법을 다듬는 데 여념이 없었다. 빠진 점이 없도록 철저히 확인하고 있었다.

미래모습체계도를 그려보니 예상했던 것보다 훨씬 다양하고 엄청난 효과를 거둘 수 있다는 사실이 드러났다. 스테이시네 회사뿐 아니라 고객에게도 놀라운 효과를 줄 수 있었다.

구체적으로 들어가면 상당히 복잡하겠지만 개념은 쉽게 설명이 가능했다. 지금까지의 영업 방식은 마치 자동차를 구입하는 것과 리스하는 것의 차이와 비슷했다. 리스가 인기 있는 이유는 세금상의 혜택이 있기 때문이지만, 이들이 구상한 새로운 판매 방식에서는 이 세제상의 혜택은 일부에 불과했다.

새로운 판매 방식이 얼마나 엄청난 파장을 가져다주는지 실감하려면 이런 경우를 예로 들어보면 된다. 전에는 자동차를 구입하면 자동차를 유지하기 위해 정비소와 부품, 주유소가 필요했는데, 이제는 원하는 차를 원하는 때 사용하면서 운행 거리만큼만 요금을 내면 된다. 가압증기사가 제시하는 가격도 괜찮았으며, 거기다 별도의 유지 인력과 운영 경비가 필요 없다는 점을 고려하면 오히려 저렴하기까지 했다.

두 가지 조건의 차이점은 천양지차다. 더군다나 경영진이 재무제표를 얼마나 중요시하는지 생각해보면, 설명하기에 따라 스테이시네 회사는 새로운 공장에서 나오는 가압증기 수주는 모조리 딸 수 있을 것 같았다. 현재의 유휴 생산 능력을 감안하면 엄청난 수익을 얻게 될 것이다. 과연 얼마나 될까? 아마 한두 주 뒤에 이 사람들이 상세한 계획을 수립하면 알 수 있을 것 같았다.

다들 점심 식사를 하러 가려는 순간 필이 말을 꺼냈다.

"새로 기계를 설치하는 회사에만 이 조건을 제시할 필요는 없지 않습니까? 경쟁사의 고객들을 겨냥해서 안 될 건 없죠. 이런 조건이라면 경쟁사들도 충분히 먹어치울 수 있고 경쟁사들도 속수무책일 겁니다."

회의실이 온통 시끄러워졌다. 한 명도 빠짐없이 토론에 열중했다. 쳐내야 할 부정적인 나뭇가지가 상당히 많을 것이다.

이제는 내가 자리를 떠도 될 것 같았다. 내가 있다고 도움이 되지 않을 것이고 오히려 역효과가 날 수도 있었다. 스테이시가 상황을 완전히 장악했다. 게다가 스테이시는 말보다는 실천하는 성격이었다. 매출을 신장시킬 방법이 없다고 생각하는 사람은 이제 한 명도 없었다. 오히려 경쟁사를 잡아먹지 못해 혈안이 되어 있었다.

돈은 남아 있고 싶어 했고, 스테이시도 흔쾌히 승낙했다.

29

쉽고 편안한 환경에서는 강한 인간이 만들어지지 않는다.
시련과 고통을 통해서만 강한 영혼이 탄생하고,
통찰력이 생기고, 일에 대한 영감이 떠오르며,
마침내 성공할 수 있다.
—헬렌 켈러

6개월 뒤, 우리는 내 사무실에 앉아 있었다.

"도대체 왜 이렇게 오래 걸리는 거야?"

밥이 같은 말을 열 번쯤 반복했다.

"도노번 사장, 커피 더 마실래요?"

밥은 내 말을 들은 척도 안 했다.

"변호사들 정말 독하네……. 도대체 저 안에서 뭣들 하기에 이렇게 오래 걸린답니까요? 몇 가지 사소한 사항만 변경하면 된다면서 왜 이렇게 오래 걸립니까요?"

변호사들이 안에서 최종 합의 문서를 수정하는 동안 우리는 밖에서 기다리고 있었다. 수정이 끝나면 그랜비 회장과 넬슨 회장이 서명을 할 것이고, 그러고 나면 아이코스메틱스는 이제 유니코의 계열사가 아니게 된다.

밥은 뭐가 그렇게 불안한지 일어서서 사무실을 이리저리 왔다 갔다 했다.

"저는 아직도 우리가 제값을 못 받았다고 생각합니다요."

"도노번 사장, 이제 그만 잊어버려요. 2억 7,000만 달러면 적당한 가격입니다. 게다가 어차피 도노번 사장하고는 상관없잖아요.

한 시간 후면 저쪽 편이 되는데 오히려 싸게 샀다고 좋아해야죠. 떠나기 전에 마지막으로 아쉬운 점 같은 건 없습니까?"

"네, 시원합니다요. 저야 매각되는 거에 전혀 불만 없습니다요. 특히 피트 사장과 이야기를 한 다음부터는 그런 생각이 더 굳어졌습니다요."

"그럴 겁니다. 피트 사장은 지금 물 만난 고기처럼 행복해하고 있으니까요."

내가 웃으며 말했다.

"그럴 수밖에 없을 겁니다요. 하루가 다르게 사세가 계속 커가고 있으니까요."

"하지만 피트 사장이 더 좋아하는 건, 아마 제대로 일하는 방법을 다른 사람들한테 가르쳐줄 수 있어서일 겁니다. 피트 사장은 가르치는 걸 워낙 좋아하잖아요. 제가 들은 바로는 그룹 전체의 모든 간부들이 피트 사장네 회사에서 교육을 받는다고 하던데요. 본사 관리 담당까지도 거기서 2주 동안 교육을 받아야 한다더군요. 피트 사장이 어떻게 할지 한번 상상해보세요."

밥이 사무실이 울릴 정도로 껄껄 웃어댔다.

"그런데 알렉스 부회장님, 아직 말씀 안 해주시지 않았습니까요? 어떻게 그렇게 작은 회사를 1억 6,800만 달러에 팔았는지, 그 비결이 뭔지 좀 알려주시지요?"

"글쎄, 보배로 여기는 회사를 손톱만큼이나 작다고 하면 피트 사장이 가만히 안 있을 텐데."

"아, 당연하지요. 아마 절 죽이려 들 겁니다요. 그래도 작은 건 사실이잖습니까요? 매출이 얼마였죠? 1년에 한 7,000만 달러 정도

나 됐을까요? 그러면 연 매출의 두 배는 더 받은 거 아닙니까?"

"연 수익이 1,400만 달러라는 것도 무시하면 안 되겠죠. 하지만 진짜 비결은 아이코스메틱스를 흥정할 때와 같은 방식을 썼다는 겁니다. 그저 회사를 처분한 게 아니라 그 회사가 지니고 있는 어떤 가치를 판매한 거죠. 그리고 이 개념을 실현하는 데 꼭 필요한 경영진과 회사를 하나로 묶어서 매각한 거죠."

"그랬군요. 아직도 부회장님께 배울 게 많이 남아 있는 거 같습니다요. 그래서 아직 유니코를 떠날 때가 아니라는 생각이 들기도 합니다요."

밥이 갑자기 진지해졌다.

"도노번 사장, 지금 무슨 말이에요? 유니코에 남아 있으면 이런 기회가 오겠어요?"

"아, 부회장님, 농담이었습니다요. 이렇게 꿈같은 기회가 세상에 또 있겠습니까요? 아이코스메틱스를 제가 직접 관리할 뿐만 아니라, 거기다가 약국에 상품을 공급하는 그룹 내 회사들을 모두 맡게 되지 않았습니까요? 아드님 생각이 그대로 적중했습니다요. 제가 무려 5개 계열사, 9개 공장, 200개 판매사를 맡게 되리라고 누가 생각이나 했겠습니까요? 예산도 두둑하고요. 어서 새 자리에 앉았으면 좋겠는데, 저 지독한 변호사들은 왜 이렇게 꿈지럭거리는 겁니까요?"

밥이 다시 안절부절못했다.

나는 비서에게 차를 내오라고 했다. 커피는 그만 마시는 게 좋을 것 같았다.

"그런데 부회장님, 스테이시 사장의 회사까지 매각이 끝나면 부회장님은 어떻게 하실 겁니까요? 뭐 생각해둔 거라도 있으십니까요?"

"도노번 사장 밑에 가서 일하면 어때요? 몇 가지 궁리하고 있는 건 있는데 아직 구체화된 건 없습니다. 하지만 걱정 마세요. 잘 풀릴 겁니다."

나는 농담을 던지면서 말했다.

"물론 그럴 겁니다요. 어느 회사든지 부회장님을 쌍수 들고 환영하면서 모셔가려고 할 겁니다요. 부회장님 경력에 그 연줄이면 걱정할 필요가 전혀 없습니다요. 저는 그냥 결정한 게 있나 궁금해서 물어봤습니다요."

솔직히 나도 이제 앞으로가 좀 불안했다. 그동안 알아본 바로는 내가 가고 싶은 수준의 자리는 별로 나와 있지 않았다. 시간을 갖고 찬찬히 살펴보면 분명히 좋은 자리가 나올 것이다. 아직 시간도 많이 있고 하니 그렇게 되길 바랄 뿐이다.

"부회장님."

생각에 빠져 있는 내 귀로 밥의 목소리가 들렸다.

"사실 새 자리로 옮기는 것에 대해 한 가지 아쉬운 점이 있다면 그건 더는 부회장님께 의지할 수 없다는 점입니다요. 오랫동안 이런 말씀을 드리고 싶었지만 왠지 어색했습니다요. 하지만 이제는 부회장님께 아부를 할 필요가 없는 사이가 되었으니까……."

"아니, 아부를 해야죠. 아직 계약서에 서명한 것도 아닌데."

"아, 제발 그만하세요. 사실 저도 이런 말씀드리기가 그리 쉽지가 않습니다요. 부회장님, 농담으로 하는 말이 아닙니다요."

"그럼 아무 말도 하지 마세요. 말 안 해도 압니다. 다 알고 있습니다."

몇 초 동안 밥은 아무 말없이 앉아 있었다.

"아니요, 꼭 말을 해야겠습니다요. 제가 부회장님보다 여섯 살이나 많고, 또 오늘 이 자리까지 누구의 도움도 없이 힘들게 일해서 올라왔습니다요. 특히 부회장님은 절 가장 많이 피땀 흘리도록 만든 분입니다요. 하지만 지난 8년간 부회장님을 모시면서 저는 부회장님을 제 아버지라고 여기게 되었습니다요. 아니, 웃지 마세요. 진심입니다요. 부회장님은 항상 절 지켜보고 돌봐주셨습니다요. 그것도 불필요하게 간섭을 하는 것이 아니라 제가 클 수 있는 기회를 주고, 시행착오도 겪게 내버려두고, 그러다가 방향을 잃고 도저히 저 혼자 빠져나오지 못하게 되면 반드시 제 곁에 계셨습니다요. 어떤 경우에라도 부회장님이 절 다시 제자리로 이끌 거라고 믿었습니다요. 그렇게 믿을 수 있는 사람이 있다는 게 어떤 기분인지 아십니까요? 감사합니다요, 알렉스 부회장님. 아, 이제야 마음이 후련해집니다요. 이제 아무 말 마십시오."

나도 뭐라고 할 말이 없었다.

계약서에 사인이 끝나자, 그랜비 회장이 나에게 남으라는 눈치를 주었다. 사람들이 회의실을 하나씩 혹은 삼삼오오 나서고 있었다. 하나같이 기분 좋은 표정이다. 인수한 사람, 매각한 사람 모두 만족한 거래였다.

마침내 그랜비 회장, 다우티, 트루먼 그리고 나까지 네 명만이 넓고 호화로운 회의실 한쪽에 남았다. 우리는 한쪽 구석에 자리를 잡았다. 워낙 공을 많이 들여 성사시킨 거래인 만큼 그 여운을 조금이라도 더 즐기고 싶었다.

"알렉스 부회장, 축하하네. 개인적으로 자네한테 고맙다는 말을 해야겠어. 자칫 난장판이 될 뻔했는데 이렇게 대승으로 역전시킨 건 어디까지나 자네 공이야. 나도 훨씬 가벼운 마음으로 회사를 떠날 수 있게 되었네. 정말 고맙네!"

그랜비 회장이 말했다.

다우티와 트루먼도 나에게 고마움을 표했다.

잠시 후 그랜비 회장이 나를 보며 물었다.

"가압증기사 건은 어떻게 진행되고 있나? 그쪽도 이제는 매각할 수 있는 단계에 접어들었나?"

"아직은 시기상조입니다. 물론 경과가 좋습니다만, 새로운 판매 조건이 정확히 어느 정도의 여파를 가지고 올지 파악되기 전에는 매각 조건을 정리하기가 어렵습니다."

이렇게 말해도 듣는 사람들은 별로 걱정하지 않는 표정이었다.

"좀 자세히 말해줄 수 있겠나?"

브래드이 물었다.

"모두 계획대로 진행되고 있고 큰 문제가 없습니다. 현재 네 개회사와 신규 계약을 맺었고 협의 중인 회사도 수십 곳이 넘습니다. 이제 관건은 상황을 잘 관리하는 겁니다. 고객을 더 확보하되 예상치 못한 병목이 나타나지 않도록 신중을 기해야 합니다."

"가압증기를 사용하는 회사라면 모두 그 신규 고객들의 향방을 예의 주시하고 있겠군."

그랜비 회장이 말했다.

"그럴 겁니다. 그래서 신중을 기하는 게 더욱 중요합니다. 조금이라도 실수가 있으면 경쟁사들이 과장해서 공격할 게 불 보듯 뻔합니다. 처음에는 저희 생각을 웃어넘기더니 이제는 경쟁사들도 당황하기 시작했습니다."

"당연히 그렇겠지. 아직도 자네가 어떻게 그런 일을 해냈는지 잘 모르겠어. 물론 자네가 준 체계도는 살펴봤네. 부정적인 나뭇가지만 47개, 장애 요소는 100개가 넘더군. 그렇게 철저한 계획은 내 평생 본 적이 없네."

브랜든이 말했다.

"그럴 수밖에 없었습니다. 워낙 촉박해서 실수 같은 건 있어서는 안 되니까, 그만큼 계획을 철저하게 세워야 했습니다."

나는 약간 비아냥거리듯 말했다. 그리고 다시 말을 이었다.

"하지만 스테이시 사장과 그쪽 사람들이 놀라울 정도로 일을 성공적으로 해낸 게 큰 힘입니다. 특히 신규 고객들에게 설비를 설치해야 되는 시기에 맞춰서 지역 창고의 부품 재고를 줄인 건 정말 감탄할 만합니다. 덕분에 유니코로부터 현금을 전혀 지원받지 않고도 추진할 수가 있었습니다. 처음부터 끝까지 완벽하게 척척 움직였습니다."

"내가 가장 감탄한 건 현장 보수 인력을 확보한 방법이었어. 거래의 조건으로 고객사의 가장 우수한 보수 인력을 흡수한 건 정말 천재적인 발상이었어. 그 한 가지로 많은 사람들이 고민을 덜게 되었으니까. 정말 감탄했네."

그랜비 회장이 말했다.

나는 미소를 지었다. 사실 유니코의 고용 동결 방침 때문에 이 점을 관철시키느라 그랜비 회장과 심하게 신경전을 벌여야 했다. 그런데 지금은 기억도 못하는 모양이었다.

"그럼 협상은 언제 재개할 수 있겠나?"

짐이 물었다.

"잘 모르겠습니다. 아직 뭐라고 하기에는 너무 이릅니다. 언젠가는 결정을 해야겠지만, 확실한 건 지금은 아니라는 사실입니다."

"한두 달 후면 시장 점유율이 얼마나 될지 가닥이 잡힐 거 같은데, 그때쯤이면 추진해도 될까?"

브랜든이 물어봤다.

"어떤가, 자네 생각은?"

그랜비 회장이 나를 보며 물었다.

"그때쯤 되면 스테이시 사장도 부품 생산 능력을 모두 소진할 거고, 결국은 새로운 기술자를 얼마나 빠른 속도로 양성할 수 있느냐에 따라 확장세가 결정될 겁니다. 경쟁사에서 기술자들을 빼오는 것도 생각해볼 수 있지만, 그렇게 하더라도 가압증기사의 운영 방법이 다른 회사와 워낙 달라서 적응 기간이 필요할 겁니다. 아마 두 달 후면 적당할 것 같습니다."

"흐음, 두 달 후라……."

그랜비 회장은 묘한 표정을 지어 보였다.

"문제라도 있습니까?"

브랜든이 정중하게 물었다.

"그런 건 아니고, 책상 정리할 시간을 좀 가졌으면 했소. 정년은 3개월 남았지만 마지막 몇 달은 각 계열사를 방문하고 싶어요. 두 이사 분께서 이미 애를 많이 쓰셨지만 폐가 되지 않는다면 나머지 하나도 직접 처리해주실 수 없으시겠소?"

"더 좋은 생각이 있습니다. 사실 지금까지의 두 거래를 성사시킨 사람은 알렉스 부회장입니다. 매각을 새로운 시각에서 접근하자고 제안한 것도 알렉스 부회장이고, 상대할 회사를 선택한 것도 부회장이었습니다. 그 외 설명회와 이 모든 걸 진행시켰죠. 그리고 솔직히 매각 가격도 부회장이 정한 거나 마찬가지 아닙니까? 처음에는 우리한테 그렇게 강요하고 그다음에는 상대방 측에게도 그랬고. 짐, 그렇게 생각하지 않나?"

브랜든이 말했다.

"인정할 건 해야지."

짐이 말했다.

"물론 우리도 도와주겠지만 이번 거래의 공식적인 책임은 알렉스 부회장이 맡는 게 어떨까요?"

"제가 맡을 일은 아니라고 생각합니다."

"너무 겸손하게 굴지 말라고. 겸손은 자네한테 안 어울려."

짐이 웃으며 말했다.

"겸손하려고 그러는 게 아니라, 제기 맡아서는 안 되는 이유는 사실 개인적으로 매각 자체에 반대하기 때문입니다."

"자네다운 폭탄선언이군. 그래, 이번에는 무슨 뜻인가?"

브랜든이 한숨을 쉬었다.

"나폴레옹과 종 이야기를 아십니까?"

내 생각을 그대로 보여주는 일화가 있었다.

"한번은 나폴레옹이 작은 마을을 방문했는데 자기가 왔는데도 그 마을에서는 환영의 종을 안 치더랍니다. 화가 머리끝까지 난 그는 마을의 우두머리를 불러서 어떻게 된 일인지 추궁했다고 합니다. '거기에는 세 가지 이유가 있었습니다.' 그 사람이 겁에 질려서 대답을 했는데, '우선 오시는 줄 몰랐고요, 두 번째 종치기가 몸이 아픈 데다가, 세 번째 저희 마을에는 종이 없습니다'라고 대답했다고 합니다."

"재미있는 농담이군."

짐이 제일 좋아했다.

"그런데 그 이야기를 왜 하나?"

"우리가 가압증기사를 매각하면 안 되는 이유가 세 가지 있습니다. 우선 더는 매각을 해야 할 이유가 없습니다. 두 번째, 이제는 좋은 조건에 인수할 사람도 남지 않았습니다. 세 번째 가압증기사는 우리에게 더 절실히 필요합니다."

"이번에도 설명을 좀 자세히 해줘야겠는걸."

"애초에 사업다각화 부문의 계열사들을 매각하기로 한 이유가 뭐였습니까? 유니코의 신용 등급 때문이 아닙니까? 또 그때 세 회사를 매각해서 얼마나 받을 생각이었습니까? 셋 다해서 1억 5,000만 달러도 안 됐습니다. 하지만 지금까지 얼마를 벌었습니까? 오늘 계약까지 계산하면 4억 3,800만 달러입니다. 얼마나 더 필요하십니까? 이미 신용 등급은 정상으로 돌아왔고, 솔직히 매각 대금으로 받은 돈도 어디다 써야 할지 고민 아닙니까?"

나는 대답을 기다리지 않고 이야기를 계속했다.

"두 번째 이유는 가압증기사를 가장 좋은 조건에 인수할 기업들은 경쟁사들인데, 문제는 경쟁사들이 내놓을 수 있는 돈이 얼마 안 된다는 겁니다. 그렇다고 다른 기업에 팔자니 그것도 제값을 받지 못할 겁니다. 세 번째 이유는 유니코의 계열사 중 업계 최고라고 자부할 수 있는 게 있습니까? 업계 10위에 드는 경우라도 있습니까? 하나도 없습니다. 내부적으로 활용할 수 있는 우수 사례 기업이나 변화를 위한 촉매 역할을 할 기업이 필요합니다. 피트 사장의 인쇄회사는 워낙 유니코의 업종과 거리가 있었기 때문에 부적합했고, 도노번 사장의 회사도 마찬가지입니다. 하지만 스테이시 사장의 회사는 바로 저희가 필요로 하는 업종입니다. 유니코의 핵심 계열사 대부분은 기계 설비와 전기를 혼합해서 사용하는 업종입니다. 그리고 대다수가 우리 실정에 맞게 바꾼 고유한 엔지니어링 기술을 많이 활용하고 있습니다. 사실 이들 핵심 주력 회사들을 크게 보면 거대한 규모의 잡숍(job-shop, 공정이 연속적으로 이어져 흘러가는 플로우숍과 대조되는 것으로서 단절적인 공정들의 집합체로 구성된 공장 형태)이라고 할 수 있습니다. 이러한 형태를 대표하는 모델 회사를 찾는다면, 당연히 가압증기사를 가장 좋은 사례로 꼽을 수 있을 겁니다. 유니코를 예전과 같이 다시 정상에 올려놓으려면 가압증기사가 필요합니다. 우리에겐 이 회사가 꼭 필요합니다.”

다들 내가 한 말을 생각해봤다. 몇 분 후 브랜든이 그랜비 회장을 보고 말을 했다.

“다음 주에 투자 계획을 이사회에 발표하시기로 되어 있죠? 투자 계획이 뭔지 지금 말씀해주실 수 있습니까?”

“사실 투자 계획을 제출하지 않기로 했습니다. 빌 피치 부회장과 힐튼 스미스 부회장이 투자 계획을 준비하느라 애를 많이 썼지만 별로 만족스럽지 않았습니다. 그래서 그 부분은 후임자에게 넘기기로 했습니다.”

그랜비 회장이 대답했다.

"그랬군요."

브랜든은 별로 놀라지 않는 표정이었다. 브랜든이 나를 보며 물었다.

"알렉스, 자네는 투자 계획에 대해 어떤 생각을 하고 있나?"

어떻게 제안을 해야 되는지는 분명히 알고 있었지만 내가 말할 문제는 아닌 것 같았다.

"알렉스, 한번 이야기해보라고. 분명히 자네 나름대로 생각이 있을 거야. 좀 들어보자고."

짐도 부추겼다.

"글쎄, 별로 안 하고 싶은데요."

"우리 사이에 어때? 무슨 생각이 있는지 한번 이야기해봐."

짐이 계속 독촉했다.

"투자 계획만 따로 이야기할 수는 없을 것 같습니다. 투자 계획이라는 것은 기업의 전략 방향에서 나와야 합니다. 그러니까 투자 계획에 대한 생각을 이야기해보라는 것은 유니코의 전략 방향에 대해서 물어보시는 건데, 그 이야기는 한 시간 안에 도저히 끝낼 수 없으니까 애초에 시작을 하지 않았으면 합니다."

"좋은 생각이야."

브랜든이 말했다.

"그럼 우리 넷이 저녁을 같이하는 게 어떻겠습니까? 어차피 축하할 일도 있는 거 같은데."

브랜든이 그랜비 회장을 보며 말했다.

"좋죠. 대찬성입니다."

그랜비 회장도 찬성했다.

나는 내키지 않았다. 기업 전략에 대해서는 아직 초보적인 단계밖에 생각해놓지 못했기 때문에 별로 떠들고 싶지 않았다. 하지만 이런 저녁 초대를 마다할 수도 없었다.

아내가 새로운 자리를 구하는 데 도움이 될지 모르니 한번 생각해보라고 일러주었던 게 다행이다. 어느 회사를 가게 될지 몰라 나는 기업 전략 구상을 미루기는 했지만, 그나마 해놓은 작업이 요긴하게 쓰이게 됐다.

저녁 식사 때까지는 거의 4시간이나 남았다. 체계도를 다시 검토해보면 좋은 자료를 얻을 수 있을 것 같았다. 4시간이면 충분하다. 하지만 그전에 처리할 일이 있었다. 그 말을 하기에 가장 적당했다.

나는 그랜비 회장을 따라 회장실까지 갔다.

"무슨 일인가?"

"이제 제 향방을 결정해야 할 거 같습니다. 아이코스메틱스도 매가되었고 가압증기사는 안 팔지도 모르고…… 이제 할 일은 다 한 거 같습니다. 그리고 제가 스테이시 사장의 앞길을 막는 것도 그리 건설적이지는 않고요."

그랜비 회장이 빈말로 걱정하지 말라고 하기 전에 나는 계속했다. 솔직히 앞으로 몇 달을 앉아서 소일하고 싶은 생각은 없었다.

"생각을 많이 했습니다. 계열사, 모든 계열사의 수익을 올릴 수 있는 방법도 연구했고, 점진적인 개선이 아니라 획기적이고 대폭적인 개선을 이룰 수 있는 방안도 생각해놓은 게 있습니다. 사업 다각화 부분에서 얻은 성과를 다른 곳에도 적용할 수 있도록 거의 과학 이론처럼 완벽하게 개발했습니다."

"기대되는군."

그랜비 회장이 정중하게 대답했다.

"그러니까 제가 말씀드리는 것은 전략 기획 담당 부회장직을 신설해서 제가 맡으면 좋겠습니다."

아무 대답이 없었다.

"빌 피치 부회장님하고도 호흡을 맞출 자신이 있습니다. 빌 피치 부회장님도 저를 기꺼이 받아줄 겁니다. 문제는 힐튼 스미스 부회장이 어떻게 나오느냐인데, 그 문제는 회장님께서 해결해주실 수 있을 거라고 생각합니다."

"글쎄, 좀 기다려봐야겠어. 지금 그 이야기는 회사의 조직 구조에 상당한 파장을 가지고 올 수 있어. 퇴임이 3개월밖에 남지 않은 나로서는 그런 결정을 할 입장이 아니네. 새 회장이 올 때까지 기다려야 할 거야."

그랜비 회장이 내 어깨에 손을 얹으며 말했다.

기업의 진정한 목표

"이윤 추구를 넘어 기업의
사회적 책임은 무엇인가?"

실천은 생각에서 나오는 게 아니라
책임질 준비를 하는 데서 나온다.
—디트리히 본회퍼

칵테일을 시키자마자, 짐 다우티가 말을 꺼냈다.

"알렉스, 유니코를 위한 최선의 전략 방향에 대해 얘기할 준비가 됐나? 우리는 자네 말만 기다리고 있네."

"우선 저는 유니코에 국한시켜서 이야기하지 않았으면 합니다."

"그런 이야기라면 그만두게. 어떻게 전략을 결정하는가에 대한 일반론이라면 신물 나게 들었어. 좀더 구체적인 이야기를 해주면 좋겠네."

브랜든이 즐거운 표정으로 말했다.

"죄송해서 어쩌죠? 저는 지금까지 들으셨던 것보다도 더 일반적인 이야기를 할 생각인데요. 기업의 목표는 무엇인가라는 질문부터 시작하죠. 이런 질문을 처음 받으신 건 아니죠?"

"그렇지. 이미 여러 번 들었지."

"회사를 매각한 그 돈을 가지고 무엇을 해야 되는지 제 의견을 듣고 싶다면 협조를 하셔야죠. 그럼 기업의 목표가 뭡니까? 우리 같은 공업 계열 회사의 경우에 말입니다."

"그래 가지고서야 오늘밤 안에 투자 계획까지 이야기할 수 있겠나?"

브랜든이 애원하듯 이야기했다.

"우리 회사의 목표는 지금도 그렇고 앞으로도 그렇고, 돈을 버는 거지."

짐이 대답했다.

"그렇다면 아주 좋은 전략이 있습니다. 은행을 터는 겁니다. 그것도 밤늦은 시간에 털면 됩니다."

내 농담에 다들 한바탕 크게 웃었다. 그리고 나는 다시 이야기를 계속했다.

"목표를 결정하기란 그리 간단한 일이 아닙니다. 목표만을 따로 떼어내서 논의하기가 불가능하기 때문이죠. 모든 일에는 한계가 있고, 그 범위 안에서 이루어져야 합니다. 목표 달성을 위한 활동 범위의 한계를 정하지 않고 목표를 정의하는 건 무의미한 일입니다."

"목표 달성이라는 명목 아래 무슨 일을 하든 상관없다는 건 말이 안 되지. 그러니까 목표를 정의할 뿐만 아니라 위반해서는 안 될 필요조건들도 함께 고려해야 된다는 거군. 그럼 필요조건들에는 어떤 게 있겠나?"

브랜든이 수긍을 했다.

"직접 한번 생각해보십시오."

"오늘은 아니야. 너무 많아서 밤을 새우고도 모자랄걸."

"우리가 처음 했던 이야기 기억하세요? 왜 9개월 전에 런던으로 가면서 비행기 안에서 했던 이야기 말입니다."

"매출을 신장시킬 방법이 없다고 했던 그때 말인가?"

"네, 기억하시는군요. 그때 그렸던 구름 그림도 기억나세요? 주주의 이해를 보호하는 것과 직원들의 이해를 보호하는 것 간에 갈등이 있다고 하지 않았습니까?"

나는 미소를 지으며 말했다.

"그걸 어떻게 잊어버리겠나? 우리가 '사고 프로세스' 방법을 알게 된 게 다 그 구름 덕이잖나. 계속하게."

짐이 말했다.

오늘은 왠지 짐의 재촉이 심했다. 왜 그럴까 생각하면서 이야기를 계속했다.

"'지금도 그렇고 앞으로도 그렇고 돈을 번다'는 목표는 확실히 주주의 권리는 보호할 수 있지만 직원의 권리는 어떻게 되겠습니까? 그들의 권리와 이익도 똑같이 보호해야 된다고 다 같이 동의하지 않았습니까?"

"그렇지."

브랜든도 동참하기 시작했다.

"그게 필요조건 가운데 하나가 되겠군. 그래서 무슨 이야기를 하려던 참이었나?"

"그러니까 '지금도 그렇고 앞으로도 그렇고 직원들에게 안정되고 만족스런 환경을 제공한다'라고 할 수 있습니다. 말이 됩니까?"

"아주 어려운 문제야. 솔직히 우리는 그 목표를 완전히 달성하지는 못했다고 생각하네. 하지만 달성할 수만 있다면 많은 도움이 될 거야."

그랜비 회장이 말했다.

그랜비 회장은 내 이야기를 제대로 이해하지 못했지만, 굳이 그를 난처하게 만들 필요는 없었다. '도움이 될 거야' 정도가 아니었다.

필요조건을 위반하고는 목표를 달성할 수 없다. 그것이 필요조건이라는 단어의 정의였다.

우리는 유니코에서 이 필요조건을 위반했다. 수천 명의 직원들을 해고하면서도 그 사람들에게 안정되고 만족스러운 자리를 마련해주는 게 바로 우리의 책임이라는 것조차 자각하지 못했다. 유니코가 돈을 벌지 못한 것은 당연했다. 직원들의 사기가 땅에 떨어졌는데 돈을 벌 회사가 어디 있겠는가?

나는 큰 소리로 말했다.

"필요조건은 또 있습니다. 현재의 시장 분석 결과에서 우리가 이끌어냈던 것 기억하시죠? 시장의 기대를 만족시키지 못하는 기업들은 버림을 받는다고 우리가 동의하지 않았습니까?"

"소수의 고객을 오랫동안 속이는 것도 가능하고 여러 고객을 잠시 속이는 것도 가능하지만, 여러 고객을 오랫동안 속이는 건 불가능하다."

브랜든이 옛 경구를 고쳐서 말했다.

맞는 말이었다.

"그러니까 우리는 또 한 가지의 필요조건을 만족시켜야 합니다. '지금도 그렇고 앞으로도 그렇고 고객을 만족시킨다'입니다. 그것 외에는 필요조건이 더 없습니다."

"그게 다라니? 필요조건이 자네가 말한 겨우 그 두 가지밖에 없다고? 사회 규율을 따르는 것은 어떻고? 자네가 말한 예와 같이 '밤늦게' 은행을 털면 안 되잖아?"

짐이 동의하지 않았다.

"그것은 이미 '지금도 그렇고 앞으로도 그렇고 고객을 만족시킨다'에 해당합니다. 생각해보세요. 모든 도덕적인 규범들은 두 가지 필요조건에 이미 포함되어 있습니다."

짐의 표정을 봐서는 아직 이해하지 못한 것 같았다. 그럴 수밖에 없는 것이 너무 오랫동안 사업과 사회의 가치관은 서로 배타적이라는 관점이 팽배했다. 예전에는 그러했다. 하지만 이제는 그렇지 않다.

짐의 이해를 돕기 위해 나는 설명을 했다.

"그럼 지금까지 합의한 내용을 정리해보죠. 우선 '지금도 그렇고 앞으로도 그렇고 돈을 번다'에 동의했고, '지금도 그렇고 앞으로도 그렇고 직원들에게 안정되고 만족스러운 환경을 제공한다.' 또 '지금도 그렇고 앞으로도 그렇고 고객을 만족시킨다'고 했습니다. 처음 것은 회사 소유주의 전통적인 생각을 나타낸 것이고, 두 번째는 노조나 직원 대표의 견해를 전통적으로 나타낸 것입니다. 세 번째는 모든 신경영 방식이 강조하는 견해를 나타낸 거고요. 한 기업의 고위 경영자로서 우리는 우리 회사들이 이 세 가지를 모두 달성하게 할 책임이 있습니다."

"말은 쉽지만 문제는 세 가지가 서로 자주 상충한다는 거지."

그랜비 회장이 한숨을 쉬었다.

"그렇지 않습니다. 어떤 경영 방식을 취하면 세 가지 중 어느 하나만 충돌하는 듯 보일 때도 있지만, 장기적으로 보면 그런 방식은 언젠가 세 가지 전부와 상충하게 됩니다."

"그러니까 자네 말은 세 가지 조건이 서로 상충하는 게 아니라 오히려 상호 보완 관계라는 거군."

짐이 이해하려 애를 썼다.

"그렇습니다."

"알렉스 말이 맞는 거 같아. 돈을 벌어야 한다는 것을 신조로 삼는 우리도 나머지 두 조건이 우리의 목표를 달성하기 위한 필요조건이라는 사실을 인정하지 않았나?"

브랜든이 나와 의견을 같이했다.

"나머지 진영에서도 마찬가지 현상이 벌어지고 있습니다. 그 어떤 노조 지도자도 연일 적자만 내는 회사에서 고용 안정을 기대하지 않을 겁니다. 또한 품질 제일주의자라도 회사가 적자를 내고 있는 상태에서 좋은 고객 서비스를 제공할 수 있다고 믿지 않을 겁니다."

"그러니까 이 세 가지가 다 마찬가지로 중요하다는 이야기군. 그렇다면 왜 모든 사람이 셋 중에서 돈 버는 것이 목표라고 말하고 있을까?"

"월스트리트에서는 다들 그렇게 생각할 수도 있겠죠. 하지만 요지는 짚으신 것 같습니다. 돈을 버는 게 나머지 둘보다 더 구체적입니다. 다시 말해 세 가지 중에 측정할 수 있는 것은 그것 하나니까요."

나는 이 기회를 놓치지 않고 이야기했다.

"그것 봐, 우리 생각이 맞잖아."

브랜든이 웃으며 말했다.

"그렇다고 첫 번째 항목이 가장 중요하다고 착각하지는 마십시오. 돈을 버는 게 측정 가능하다는 건 우연입니다. 선사 시대 때 어떤 천재가 밀과 염소를 비교할 수 있는 방법을 발견했기 때문입니다. 누군가가 화폐라는 추상적인 단위를 개발했는데, 아직 직업

안정이나 만족도를 측정할 수 있는 단위는 개발되지 않았기 때문입니다."

"나는 3.7X만큼 안정되어 있고 짐은 14.5Y만큼 짜증 나 있는 것 같은데."

브랜든이 예를 들었다.

"저녁부터 주문하는 게 좋을 거 같군. 이야기가 자꾸 따분한 쪽으로 흐르는데."

짐이 제안했다.

애피타이저를 기다리는 동안 짐이 또 재촉했다.

"알렉스, 지금까지의 이야기도 재미있었지만 아직 전략이나 투자에 대해서는 아무 말이 없지 않았나?"

"그렇지 않습니다. 지금까지 저는 좋은 전략과 나쁜 전략의 차이점에 대해 정의를 내렸다고 생각합니다."

"그랬었나? 그런데 나는 그 이야기를 놓친 것 같은데."

"전략이 결국은 목표를 달성하기 위해 가야 할 방향이라는 점에는 동의하십니까?"

"물론이지."

짐이 동의했다.

"그리고 앞서 이야기한 세 가지 조건 중 어느 하나라도 저해된다면 목표를 달성할 수 없다는 점에도 동의하십니까? 셋 중 어느 하나를 목표로 정하더라도 다른 둘의 조건을 무시할 수 없다는 것에 동의하시리라 생각하는데요."

"그러니까 좋은 전략이라면 어느 조건과도 상충되지 않을 거라는 얘기군."

브랜든이 정리해주었다.

"하지만 그런 전략을 어떻게 찾아내지? 게다가 설령 그런 전략을 찾아낸다 하더라도 성공한다는 보장은 없지 않나?"

"우선 좋지 않다고 생각되는 전략을 추려내면 되죠. 지금 말씀하신 대로 세 개의 필요조건 중 어느 하나에라도 상충되는 전략이라면 과감히 버려야 합니다. 다시 말해 지금까지 검토해온 전략의 반은 버려야 한다는 이야기입니다."

"반도 훨씬 넘을 거 같은데."

그랜비 회장이 덧붙였다.

"아마 그럴 겁니다."

나도 그랜비 회장의 말에 동의했다.

'지금까지의 전략들은 합리적으로 기획된 거라기보다는 위기를 벗어나기 위해 급조된 경우가 많았습니다. 사업다각화 부문 계열사들을 매각하기로 한 처음의 결정처럼 말입니다'라고 덧붙이려다가 참았다.

"그러니까 기획한 전략이 셋 중 어느 하나와도 상충된다면 그것은 포기하고 계속 다른 전략을 찾아봐야 한다는 의미입니다."

"그렇지만 어떻게 거기에 꼭 맞는 전략을 찾지?"

짐이 계속 재촉했다. 나는 개의치 않고 하던 말을 계속했다.

"우선 하면 안 되는 일에 대해 마저 말씀드리겠습니다. 일단 시장 예측을 바탕으로 전략을 짜서는 안 됩니다."

"그렇다면 그나마 남아 있던 전략도 다 버리라는 이야긴데. 시장 예측을 전략 수립의 출발점으로 삼지 말라는 건 말도 안 돼. 시장 상황은 전략 수립의 가장 자연스런 출발점이야."

그랜비 회장이 웃었다.

"그렇지 않습니다. 시장을 정확히 예측하는 건 뜬구름 잡기나 마찬가지입니다. 지금까지 저희는 수십 년 동안 매출을 예측해왔지만, 제대로 맞춘 적이 있었습니까? 기업의 영업 예측만큼 못 믿을 게 또 있습니까?"

'힐튼 스미스……'

나는 마음속으로 그 이름을 되뇌어봤다.

"하긴 수년 동안 예측이 부정확한 것은 예측 방법의 한계 때문이라고 생각했지만, 최근에 읽은 카오스 이론에 따르면 관측기를 더 설치하고 더 큰 컴퓨터를 동원한다고 해서 기상 예측이 더 정확해지는 건 아니라고 하더군. 정확한 기상 예측은 이론적으로 불가능하다는 거야. 구체적인 시장 예측도 마찬가지가 아닐까 싶군. 알렉스, 그럼 자네는 어떤 걸 출발점으로 삼아야 한다는 건가?"

짐이 말했다.

"저는 우선 결정적인 경쟁 우위부터 개발해야 한다고 생각합니다. 회사가 고유 기술이나 특출한 제품이 없다면, 사업다각화 부문에서 했던 것처럼 시장이 불편하게 생각하는 부정적인 문제를 해결하는 작은 변화에 집중해야 합니다."

"지금 자네가 한 일을 작은 변화라고 했나?"

그랜비 회장은 내 말에 놀라 샐러드를 먹다가 사레가 걸릴 뻔했다.

일단 그랜비 회장이 진정할 때까지 기다린 후 계속했다.

"우리는 물리적인 제품 자체를 바꾼 적은 없습니다. 판매 정책을 대폭 수정하긴 했지만 제품은 그대로입니다. 그래서 작은 변화라고 하는 겁니다. 물론 결과적으로는 어울리지 않는 말일 수도 있지만 그 방법을 개발하는 과정에서 어쩌다 보니 그런 이름을 쓰게 되었습니다."

브랜든과 짐도 고개를 끄덕였다.

"하지만 그게 전부가 아닙니다. 그다음에는 바로 시장을 세분화할 방법을 찾아야 합니다."

"우리도 그렇게 했나?"

짐이 물었다.

"가압증기사에서 그렇게 했는데 어렵지 않았습니다. 각 고객마다 제품 사양이 다른 경우에는 시장을 세분화하는 게 어렵지 않습니다. 피트 사장과 도노번 사장의 회사는 아직 시장 세분화를 하지 못했지만, 다음 단계에서 어떻게 해야 되는지는 확실하게 일러두었습니다. 시장의 여러 부분에서 완전히 경쟁 우위를 장악할 때까지는 여전히 안전하지 않다고 생각해야 합니다."

"왜 그런가?"

"왜냐하면 경쟁사들이 계속 쫓아오기 때문입니다. 완벽한 경쟁 우위는 없습니다. 언제든지 그 기회의 창이 닫힐 수 있습니다."

"그러니까 자네 말은 경쟁사들이 쫓아오지 못하게 계속 움직여야 한다는 거군."

짐이 결론지었다.

"물론입니다."

"그럼 언제쯤이나 안심하고 쉴 수가 있지?"

브랜든이 농담조로 물었다.

"그거야 우리가 은퇴할 때쯤."

그랜비 회장이 대답했다.

은퇴할 때까지 기다릴 필요는 없었다. 사실 경쟁사들이 따라 하기 어려운 방법으로 경쟁 우위를 확보하는 방법도 알고 있었지만, 그 이야기를 꺼내면 정말 내일 새벽까지 이 사람들이 나를 붙들고 있을 것 같았다. 그래서 나는 그 얘기를 꺼내는 대신 '시장의 여러 부분에서 결정적인 경쟁 우위를 갖춘다는 것만으로는 부족합니다'라고 했다.

"그것도 부족하단 말인가? 자네 입에서 '충분하다'는 말을 들어봤으면 좋겠네."

브랜든이 놀라워했다.

"모든 필요조건이 만족되면 충분합니다."

"그럼 시장의 여러 곳에서 결정적인 경쟁 우위를 달성하는 것으로도 최고경영자의 책임이 다 끝난 게 아니란 말인가?"

짐이 내 반응을 살폈다.

"어떻게 끝났다고 할 수 있습니까? 어차피 시장을 정확히 예측한다는 것은 불가능하다고 우리가 서로 동의했습니다. 시장의 변덕에 대해서는 두 분이 더 잘 아실 겁니다. 오늘은 호황이다가도 내일은 갑자기 불황이 될 수도 있습니다."

내가 놀란 듯이 짐을 보면서 말했다.

"그러니까 좋은 시절에 돈을 넉넉히 벌어서 후일을 대비해야지."

그랜비 회장이 대답했다.

나는 그 말을 하려던 게 아니었다. 더 직설적으로 이야기하는 수밖에 없겠다.

"시장이 갑자기 식어서 수요가 회사의 공급 능력 이하로 줄어들면 어떻게 할 겁니까? 직원들을 해고할 겁니까? 아니면 직원들이 앉아서 시간만 때우도록 하실 겁니까?"

"어려울 때는 허리띠를 졸라매는 수밖에."

그랜비 회장이 다시 대답했다.

그랜비 회장의 생각은 익히 알고 있었다. 나도 그랜비 회장 밑에서 허리띠를 졸라맨 적이 있었다.

분위기로 봐서 계속하는 것은 예의가 아닌 것 같았다. 좋은 일자리를 구하려면 이 사람들의 도움이 절실히 필요했다. 또 도움을 받은 만큼 열심히 일했다.

"두 번째 조건을 잊어버리셨습니까?"

나도 모르게 튀어나왔다.

"직원들에게 안정되고 만족스런 환경을 제공한다."

다들 아무 말이 없다. 무슨 생각을 하고 있을까? 왜 나를 저렇게 빤히 쳐다보고 있나?

"그러니까 회사의 수지가 아무리 악화되더라도 해고를 반대한다는 말인가?"

짐이 조심스럽게 말했다.

"그렇습니다."

재미있는 일이다. 이 사람들은 지금 양의 탈을 쓴 늑대를 발견했다고 생각하나 보다. 하지만 셋 중 누구도 웃고 있지 않다. 서로를 쳐다볼 뿐이다. 분위기가 점점 무거워졌다.

짐이 드디어 말했다.

"하지만 그건 너무 비현실적인 생각이야."

"그건 너무 위험한 발상이네."

그랜비 회장도 말했다.

정말 더는 참을 수가 없었다. 왜 너무나 분명한 사실을 이 사람들은 직시하지 못할까? 그렇게 되면 그만큼 책임을 많이 져야 하기 때문에? 자기네들 마음대로 생각하도록 내버려두자. 자신의 책임을 제대로 인정하지 않으려는 높은 사람들은 이제 정말 신물난다. 자신이 마땅히 져야 할 책임을 회피하면 결국 피해를 보는 것은 주위의 다른 사람들일 뿐이다.

권한은 있는 대로 다 끌어모아 가지려 하면서 책임은 전혀 지지 않으려는 게 그들의 신조였다. 연줄이고 뭐고 다 필요 없다.

아내 줄리도 이해할 것이다.

31

지도자는 마땅히 자기의 텃밭을 가꾸어야 한다.
씨 뿌리고 살피고 일궈야 하며 그 결과를 거둬들여야 한다.
그리하여 지도자는 정원사와 마찬가지로
자기가 경작하는 것에 대해 책임져야 한다.
―넬슨 만델라

"그래서 그다음은 어떻게 됐어?"

아내는 별로 기분이 좋아 보이지 않았다.

"한동안은 아무 일도 없었지."

"아, 빨리! 그다음엔 어떻게 됐냐고? 딴소리 그만하고."

"일어났던 일 그대로 이야기하고 있잖아."

나는 천진스럽게 말했다.

"내가 자기랑 같이 산 게 얼마야? 내가 자기를 몰라? 자기 경력이나 장래는 어디 던져버리고, 생선이라두 훔쳐 먹은 고양이 표정을 하고 들어올 사람이야? 아니잖아. 그러니까 장난은 그만하고 무슨 일이 있었는지 빨리 말해."

"그렇다고 결론만 툭 얘기하면 재미없잖아? 얘기를 다 듣든지 아예 안 듣든지 선택해."

"알았어. 알았으니까 빨리 얘기해. 천천히 다 들을 테니까."

"그러고 나서 브랜든 이사가 나한테 묻더라고, 상황이 어떻게 되든 감원에는 반대하느냐고. 세상에 그런 바보 같은 질문이 어디 있어? 물론 잘못해서 회사가 자금난에 처하면 해고를 할 수밖에 없지. 그렇지 않으면 다 같이 일자리를 잃게 되잖아."

"그런데 왜 그랬어? 정말 그렇게 생각했으면 짐 이사의 질문에 왜 해고하지 않을 거라고 대답했어?"

"왜냐하면 난 해고를 반대하니까. 현금이 부족한 것과 수익이 나쁜 건 완전히 별개의 문제야. 7년 아니, 5년 전까지만 해도 유니코가 대량 해고를 했잖아. 그때 유니코가 수익은 나빴지만 자금은 두둑했다고. 해고를 할 이유가 전혀 없었어. 단지 최고경영자 입장에서는 당장 해고를 하는 게 단기적으로 이익을 올릴 수 있는 손쉬운 방법이니까 그렇게 처리한 것뿐이지. 알다시피 어떻게 하면 시장을 더 만족시킬 수 있을까 궁리하는 것보다는 비용 줄이기가 더 쉽거든. 물론 장기적으로는 도움이 안 되지. 해고를 했는데도 손실은 계속 늘었고, 그래서 추가로 해고를 하고……. 그렇게 계속 악순환이 반복된 거야. 내가 반대한다는 건 그런 경우를 말하는 거지."

"이제 이해했어. 근데 그 사람들은 반응이 어땠는데?"

"자기랑 똑같은 질문을 하더라고. 그래서 두 경우의 차이를 설명해줬지."

"그랬더니?"

"굉장히 기분 나빠하던데. 특히 그랜비 회장이. 시장을 확보하는 새로운 방법을 누구나 찾아낼 수 있는 건 아니라고 하면서."

"틀린 말은 아니지."

"아니, 그랜비 회장이 틀렸어. 우리는 좋은 전략이 무엇인가에 대해 논의하다가, 기업이 일단 경쟁 우위를 달성하고 나면 어떻게 해야 하는가에 대해 이야기했지."

"잠깐만, 이해가 안 돼. 만약 어떤 기업이 그 분야에서 최고라면 어떻게 적자가 날 수 있어?"

"다시 설명할 테니까 잘 들어봐. 한 기업이 시장에서 주도적인 경쟁 우위를 달성해서, 지금 자기가 이야기했듯이 그 분야에서 최고가 됐어. 다들 열심히 일하고 회사도 돈을 많이 벌고 있어서 다들 행복한 상태야. 하지만 그때 시장이 갑자기 침체돼서 수요가 감소한다면, 결과적으로 직원이 필요 이상으로 많은 셈이 되겠지. 그러면 어떻게 할 것인가? 이게 문제인 거지."

"이제 알겠어. 그럼 그런 경우에 어떻게 해야 돼?"

"회사를 올바른 전략으로 운영했다면, 애초에 그런 일은 일어나지 않았을 거야. 이게 내 답이야."

"또 이해 못 하겠어. 난 시장이나 기업 전문가가 아니라 부부 문제 상담가야. 내가 지금 듣고 싶은 건 회의에서 무슨 일이 있었느냐는 거야. 자기 기분이 왜 그렇게 좋은 거냐고?"

"그런 핑계는 안 통하니까 기다려. 그리고 자기가 모르긴 뭘 몰라. 상식적인 이야기야. 사업에 대해 잘 몰라도 알 수 있어. 신문을 읽을 수 있는 정도면 돼. 그래, 어느 부분이 이해가 안 간다는 거야?"

"잠깐 기억이 잘 안 나는데⋯⋯. 무슨 이야기를 하고 있었지? 아, 좋은 전략을 따르고 있었다면 절대로 수요가 갑자기 감소하지 않는다고 했어. 그게 무슨 뜻이야? 시장 경기가 침체되면 어쩔 수 없는 거잖아?"

"다른 사람들도 그 점을 이해하지 못했어. 짐 이사도 똑같은 질문을 했지."

"다행이네. 나만 무식한 게 아니라서."

"무식하다니? 자기는 물론이고 짐 이사도 무식하지 않아. 그 반대지. 제대로 대비만 하면 시장 경기가 안 좋아져도 문제가 없어. 문제는 제대로 대비를 안 해놨다가 나중에 다른 탓을 하면서 책임을 회피하는 거지. 그런 사람들이 너무 많아. 개미는 배부르고 등 따시게 잘 지내고 있는데, 베짱이는 겨울 탓을 하고 있는 거나 마찬가지야."

"너무 어린애 수준으로 낮춰서 설명하는 거 아니야? 그 정도는 아니야."

아내가 웃으며 말했다.

"그런데 시장에서 수요가 대폭 감소하는 걸 어떻게 방지해?"

"그건 나도 어떻게 할 수 없지. 하지만 전략만 제대로 세우면 적어도 시장 상황 때문에 직원들이 할 일 없어 노는 사태는 막을 수가 있지."

"그런 게 어떻게 가능해?"

"간단해. 그민큼 유연성을 가지고 있으면 돼. 한 가지 대비책은 모든 직원이 한 시장만이 아니라 여러 부문의 시장에서 일할 수 있게 하는 거야. 그 정도는 기획을 철저히 하면 가능하거든. 예를 들어, 현재 가지고 있는 것과 같은 종류의 자원으로 만들어낼 수 있는 신제품을 개발하면 되는 거지. 어때?"

"들어보니 가능할 거 같네. 근데 자기야, 진정해. 자꾸 목소리가 커지네."

"그런데 말이야. 대부분의 기업들이 그와 정반대로 자원을 활용하고 있어. 인적 자원을 유연성 있게 운영하려면, 인력 구조를 분화시킬 것이 아니라 시장을 세분화시켜야 해. 보통은 어떻게 하는지 알아? 시장이 저절로 세분화되어서 새로운 시장이 생기면, 이 바보들은 즉시 신규 공장을 설립하지. 자원도 같이 세분화시킨단 말이야. 하지만 합리적인 전략을 가지고 있다면 정확히 그 반대로 해야 하는 거야."

"그래, 알았어. 근데 벌써 새벽 1시가 넘었어. 이제 그냥 얘기해 주면 안 돼? 간단하게만 얘기해줘. 궁금해죽겠어. 무슨 일이 있었던 거야? 나머지 얘기는 다음에 꼭 들을게."

아내가 짜증내듯 말했다.

"알았어. 요점만 간단하게 말할게. 나는 그 사람들한테 좋은 전략의 바탕으로 삼을 만한 조건은 두 가지가 더 있다고 설명했어. 하나는 비록 시장의 일부분에서 우리가 주도적인 우위에 있더라도 그 부분 전체를 장악해서는 안 된다는 거야. 내 말 무슨 뜻인지 알겠지?"

"아니, 그런데 도대체 왜 그렇게 해야 하는 건지 모르겠어. 아, 미안해. 못 들은 걸로 해."

"곧 알게 될 거야. 또 하나는 세분화된 시장의 여러 부문으로 진출할 때는 동시에 침체될 가능성이 거의 없을 부문을 잘 선택해야 한다는 점이야. 이 마지막 개념은 상당히 중요해."

"그 영향에 대해서는 다음에 꼭 들을게. 그랬더니 그 사람들이 뭐래?"

나도 포기했다. 상대방이 듣고 싶어 하지 않는데 어떻게 중요한 이야기를 하겠는가?

"결론은 분명하잖아. 내가 지금까지 말한 대로 하는 기업이 있다면 세분화된 시장들 중에 이윤이 많이 남는 쪽이 호황이면 기업은 그쪽에 초점을 맞추고, 상대적으로 이윤이 덜 나는 시장은 비중을 줄여도 되는 거지. 그렇게 할 수 있는 건 인력의 유연성 때문에 가능해. 그러다가 어떤 한 부문의 시장이 불황기에 접어들면 초점을 다른 쪽으로 옮기면 돼. 즉, 회사가 이전까지는 잠재력을 발휘하지 못했던 사업 부문에 집중하는 거지. 그렇게 하면 감원할 필요가 거의 없게 되는 거야. 그러니까 결과적으로 세 가지, 즉 우리의 목표와 주주의 이익, 직원의 이익을 동시에 만족시킬 수 있다는 거지."

"아, 그래 정말 기발한 생각이네. 그랬더니 어떻게 됐어? 사람들 반응이 어땠는지 너무 궁금해."

"모두 감동받은 눈치였어. 자기보다 훨씬 감탄을 하더라고. 브랜든 이사는 심지어 날 보고 좋은 일로 사람을 놀라게 하는 재주가 있다고도 했고. 그러면서 '그저 유니코의 핵심 사업을 어떻게 하면 강화할 수 있는지 그 방법을 들을 줄 알았는데, 기대 이상이야'라고 하던데. 자기야, 내 말 듣고 있는 거야? 기대 이상이라고 했다니까!"

"짐 이사는 뭐라고 했어?"

"짐 이사가 한 말을 그대로 옮기면, '당당하게 합격이네'라고 하던데."

"하하하. 그래서 자기가 그렇게 기분이 좋았구나. 난 자기가 그 두 사람한테 일자리를 알아봐달라고 부탁하지 않았을까 하고 생각했지."

"그랬지."

"그랬더니 뭐래? 도와주겠대?"

"그냥 서로를 쳐다보더니 짐 이사가 웃으면서 확실히 도와주겠다고 했어. 나한테 좋은 일자리를 알아봐주겠다고. 그러고는 브랜든 이사가 '유니코의 다음 회장 자리가 어떻겠어?'라고 물어보던데."

사고 프로세스(Thinking Process) : 엘리 골드렛 박사가 개발한 문제 해결 방법. '무엇을 바꿀 것인가(What to change)?', '무엇으로 바꿀 것인가(What to change to)?', '어떻게 바꿀 것인가(How to cause the change)?' 등과 같은 일련의 과정을 논리적으로 파악해나간다는 점에서 '사고 프로세스'라 칭한다. 사고 프로세스를 실행하기 위한 도구로는 다음과 같은 것이 있으며, 각각 순차적으로 이용하거나 또는 독립적으로 이용한다.
① 현상분석체계도(Current Reality Tree)
② 구름(Cloud, 대립해소도)
③ 미래모습체계도(Future Reality Tree)
④ 전제조건체계도(Prerequisite Tree)
⑤ 실행체계도(Transition Tree)

현상분석체계도(Current Reality Tree) : 문제 해결 방법에서 '무엇을 바꿔야 최선의 결과를 얻을 수 있는가'를 명확하게 드러내기 위한 수단. 우선 현재의 문제점(바람직하지 않은 결과)을 열거하고, 이들의 인과관계를 파악하는 것으로, 그 안에서 '바꾸어야 할' 근본적인 문제를 도출해낸다. 사고 프로세스를 단계적으로 실행할 경우, 이 현상분석체계도를 구축하는 것이 첫 번째 할 일이다.

구름(Cloud, 대립해소도) : 문제의 근본적인 원인이 되는 모순이나 대립을 해소하기 위한 수단. '대립해소도'라고도 한다. 다섯 개의 상자가 화살표(인과관계)로 연결된 전형적인 형식을 사용한다. 이들 화살표 중에서 몇몇 화살표를 해소하는 획기적인 아이디어를 추가하여 모순이나 대립을 해소한다. 사고 프로세스를 단계적으로 실행할 경우, 현상분석체계도에서 근본적인 문제를 도출한 후, 이 구름을 이용해서 어떻게 해소해야 하는지(무엇으로 바꿀 것인가?)를 생각한다.

미래모습체계도(Future Reality Tree) : 구름(대립해소도)을 이용해 발견한 문제 해결책을 실행에 옮기면 어떻게 될지를 검증하기 위한 수단. 근본적인 문제를 해결한 상태에서 현상분석체계도가 어떻게 변화할 것인지를 보여주고, 새로운 문제(부정적인 나뭇가지)가 발생하지 않았는지를 검증한다.

전제조건체계도(Prerequisite Tree) : 사고 프로세스에서 '어떻게 바꿀 것인가 (How to cause the change)?'를 생각하기 위한 수단. 목표를 달성하는 과정에서 발생하는 장애(전제조건)와 그것을 극복하기 위한 중간 목표를 전개한다. 현상분석체계도나 미래모습체계도와 달리, 인과관계뿐 아니라 아이디어를 실행하는 시간적인 순서 등이 중요하다.

실행체계도(Transition Tree) : 사고 프로세스의 마지막 단계로서, 실행 계획에 해당한다. 전제조건체계도에서 전개한 각각의 중간 목표를 달성하기 위해 어떤 행동을 취해야 하는지를 나타낸다. 전제조건체계도와 마찬가지로 시간적인 순서가 중요하다.

바람직하지 않은 결과(UDE, UnDesirable Effects) : 현상분석체계도를 구축할 때 열거하는 현재의 문제점들. 보통 눈에 띄는 문제점 대부분은 본질적인 것이 아니라, 가장 근본적인 문제의 결과나 증상에 지나지 않는다는 점에서 이렇게 부른다.

부정적인 나뭇가지(Negative Branch) : 구름(대립해소도)을 이용해 발견한 대립 해소 아이디어를 실행에 옮긴 경우, 새롭게 발생하는 문제. 미래모습 체계도를 구축함으로써 나타난다.

바람직하지 않은 결과(UDE)

1. 경쟁이 유례없이 치열하다.

2. 가격 인하 압력이 점점 거세지고 있다.

3. 시장에서 결정되는 가격이 마진을 너무 적게 남긴다.

4. 고객의 기대에 못 미치는 업체는 시장에서 밀려난다.

5. 관리자들은 부분 최적화를 추구하며 회사를 운영한다.

6. 기업의 각 부서가 실적 부진을 남의 탓으로 돌린다.

7. 매출 신장 압력이 유례없이 거세다.

8. 유례없이 빠른 속도로 신제품을 출시해야 할 필요성이 높아졌다.

9. 잦은 신제품 출시로 시장이 혼란스러워지고 고객들의 버릇도 나빠졌다.

10. 새로운 점포나 신제품, 개선된 제품은 대부분 기존 점포, 기존 제품의 매출을 잠식한다.

11. 기존 영업 인력의 상당수가 영업력이 부족하다.

12. 영업사원의 업무 부담이 지나치게 크다.

13. 생산과 물류의 개선이 너무 느리고 미약하다.

14. 기술 부문의 신제품 개발 속도가 너무 느리고 신뢰성이 떨어진다.

15. 기업은 혁신적인 마케팅 아이디어를 찾아내지 못한다.

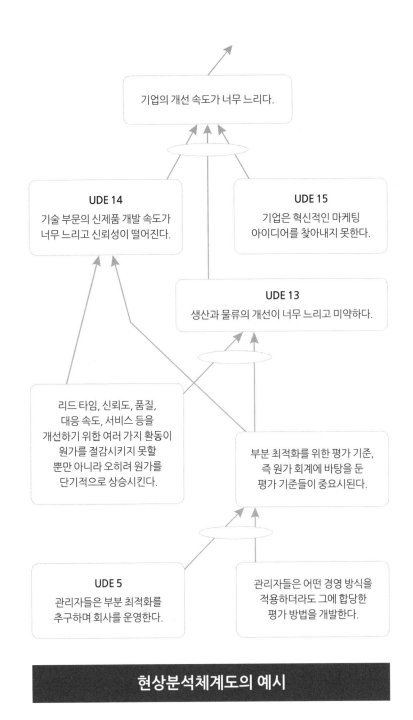

기업의 개선 속도가 너무 느리다.

UDE 14
기술 부문의 신제품 개발 속도가 너무 느리고 신뢰성이 떨어진다.

UDE 15
기업은 혁신적인 마케팅 아이디어를 찾아내지 못한다.

UDE 13
생산과 물류의 개선이 너무 느리고 미약하다.

리드 타임, 신뢰도, 품질, 대응 속도, 서비스 등을 개선하기 위한 여러 가지 활동이 원가를 절감시키지 못할 뿐만 아니라 오히려 원가를 단기적으로 상승시킨다.

부분 최적화를 위한 평가 기준, 즉 원가 회계에 바탕을 둔 평가 기준들이 중요시된다.

UDE 5
관리자들은 부분 최적화를 추구하며 회사를 운영한다.

관리자들은 어떤 경영 방식을 적용하더라도 그에 합당한 평가 방법을 개발한다.

현상분석체계도의 예시

엘리 골드렛
Eliyahu M. Goldratt

〈포춘〉으로부터 '비즈니스 업계의 대가', 〈비즈니스 위크〉로부터 '천재'라는 칭호를 받은 엘리 골드렛. 그는 이스라엘의 물리학자에서 전 세계 주요 기업 및 정부 기관의 컨설턴트 겸 고문으로 변신한 역사상 유례가 드문 사상가이자 교육자, 철학자, 과학자, 작가이자 경영학의 대가이다.

그가 창시한 TOC(제약이론, Theory Of Constraints), OPT(최적 생산 기술, Optimized Production Technology), DBR(드럼-버퍼-로프, Drum-Buffer-Rope), 사고 프로세스(Thinking Process), CCPM(애로 사슬 프로젝트 관리, Critical Chain Project Management), 그 밖의 TOC 파생 도구 등등은 세계의 수많은 기업과 경제에 지대한 영향을 미쳤는데 현재는 경영학뿐 아니라 보건, 교육, 카운슬링, 정부, 농업, 지기 계발 등등 각종 분야에서 널리 쓰이고 있다.

엘리 골드렛은 텔아비브 대학에서 이학(理學) 학사 학위를, 바 일란 대학에서 이학 석사 학위 및 철학 박사 학위를 받았으며 경영학과 교육학에 관한 업적 외에도 의료기기에서 점적관개(點滴灌漑, drip irrigation), 온도 센서 등등 수많은 분야에 특허를 보유하고 있는 발명가이자 과학자이다.

저서로는 『더 골1(The Goal)』, 『더 골2(It's Not Luck)』, 『한계를 넘어서(Critical Chain)』 등 10여 권이 있는데, 1984년에 출간한 대표작 『더 골1』은 35개국에서 1000만 부 이상 판매되었고, 전 세계 주요 경영대학에서는 지금도 필독 도서로 삼고 있다.

2011년 사망할 때까지 여러 분야의 TOC 개발을 위해 노력했던 엘리 골드렛은 다른 무엇보다도 타인의 생각을 유도해준 사상가로 앞으로도 오랫동안 기억될 것이다.

강승덕

한양대학교에서 산업공학 석사과정을 마치고 공장관리 기술사 및 ERP컨설턴트 자격을 취득했다. 한국능률협회컨설팅에 근무하면서 삼성 SDI(구 삼성전관)와 현대모비스(구 현대정공)를 비롯한 여러 대기업을 컨설팅했던 그는 TOC를 알게 된 후, 그 매력에 빠져 한국TOC컨설팅㈜을 세웠다. 호주 STG 사와 미국 리얼라이제이션(Realization) 사에서 OPT 솔루션과 TOC에 대한 컨설팅 트레이닝을 직접 받았고 TOC 창시자인 엘리 골드렛을 한국에 최초로 초빙한 바 있다.

10여 년 동안 LG전자, 삼성전기, 한화테크윈(구 삼성테크윈), 셰플러코리아(구 한화그룹), 웅진식품, 코아비스 등등 수많은 국내 기업에 TOC 컨설팅을 진행해 큰 성과를 이끌어냈다. 주요 논문으로 「TOC의 Throughput 회계기법을 이용한 라인별 이익관리 시스템 구축에 관한 연구」가 있다.

ssdkang@hanmail.net

김일운

연세대학교 경영학과를 졸업하고 미국 애리조나 주립대학에서 MBA 과정을 수료했고, 네브래스카 주립대학에서 경영학 박사 학위를 받았다. 현재 오하이오 주 애크런 대학에서 회계학 및 국제경영학 교수로 재직 중이며, 경영대학에서 국제경영학 프로그램도 맡고 있다. 미국의 세 개 대학에서 강의한 경험이 있으며 한국, 일본, 독일에서 초빙교수로 강의를 하기도 했다. 연구 분야는 원가 회계, 재고 관리, 공장자동화, 제약이론, 국제회계학 등이다. 미국 골드렛연구소에서 컨설팅 요원으로 활동한 바 있다.

THE GOAL

더 골2 행운은 우연히 찾아오지 않는다

1판   1쇄 발행 | 2002년 7월 25일
1판 21쇄 발행 | 2015년 3월 20일
2판   1쇄 발행 | 2019년 9월 10일
2판   7쇄 발행 | 2024년 9월 5일

지은이 | 엘리 골드렛
옮긴이 | 강승덕, 김일운
발행인 | 김태웅
기획편집 | 정상미, 엄초롱
디자인 | design PIN
마케팅 총괄 | 김철영
마케팅 | 서재욱, 오승수
온라인 마케팅 | 김도연
인터넷 관리 | 김상규
제 작 | 현대순
총 무 | 윤선미, 안서현, 지이슬
관 리 | 김훈희, 이국희, 김승훈, 최국호

발행처 | (주)동양북스
등 록 | 제2014-000055호
주 소 | 서울시 마포구 동교로22길 14 (04030)
구입 문의 | 전화 (02)337-1737 팩스 (02)334-6624
내용 문의 | 전화 (02)337-1739 이메일 dymg98@naver.com
네이버포스트 | post.naver.com/dymg98
인스타그램 | @shelter_dybook

ISBN 979-11-5768-541-7 04320
ISBN 979-11-5768-529-5(전 2권)